APRENDENDO A OUVIR

⸘

Uma vida dedicada às crianças

T. BERRY BRAZELTON

APRENDENDO A OUVIR

❧✿❧

Uma vida dedicada às crianças

TRADUÇÃO
Cristina Cupertino

martins fontes
selo martins

© 2015 Martins Editora Livraria Ltda., São Paulo, para a presente edição.
© 2013, T. Berry Brazelton, MD.
Esta obra foi originalmente publicada em inglês sob o título *Learning to Listen:
A Life Caring for Children* por Da Capo Press.

Publisher *Evandro Mendonça Martins Fontes*
Coordenação editorial *Vanessa Faleck*
Produção editorial *Susana Leal*
Capa e diagramação *Casa de Ideias*
Preparação *Luciana Lima*
Revisão *Ellen Barros*
Juliana Amato
Ubiratan Bueno

**Dados Internacionais de Catalogação na Publicação (CIP)
(Câmara Brasileira do Livro, SP, Brasil)**

Brazelton, T. Berry
Aprendendo a ouvir : uma vida dedicada às crianças / T. Berry Brazelton; tradução Cristina Cupertino. -- São Paulo : Martins Fontes – selo Martins, 2014.

Título original: Learning to Listen : A Life Caring for Children.

1. Brazelton, T. Berry, 1918 – 2. Crianças – Desenvolvimento 3. Psicologia infantil 4. Psicólogos infantis – Estados Unidos – Biografia I. Título.

14-11367   CDD-618.9289

Índices para catálogo sistemático:
1. Criança : Desenvolvimento psicológico :
Pediatria 618.9289

Todos os direitos desta edição reservados à
Martins Editora Livraria Ltda.
Av. Dr. Arnaldo, 2076
01255-000 São Paulo SP Brasil
Tel.: (11) 3116 0000
info@emartinsfontes.com.br
www.martinsfontes-selomartins.com.br

Para a minha mulher, Christina, que me acompanhou durante a maior parte de tudo que está neste livro – por 64 anos.

E para os meus quatro filhos maravilhosos, inclusive Christina II, que me ajudou na leitura e organização de grande parte deste relato.

Sumário

Capítulo 1 ❦ *De Waco a Princeton: "Berry é muito bom com crianças"* 9

Capítulo 2 ❦ *De Galveston a Boston: pediatria e psiquiatria* 29

Capítulo 3 ❦ *A descoberta da força dos recém-nascidos* 49

Capítulo 4 ❦ *Prestando atenção em outras culturas* 73

Capítulo 5 ❦ *Opondo-se ao sistema* 115

Capítulo 6 ❦ *Pontos de Contato* 141

Capítulo 7 ❦ *Em defesa das crianças* 151

Capítulo 8 ❦ *Em defesa das famílias de outros países* 185

Agradecimentos 203

Sobre o autor 205

Índice remissivo 207

capítulo 1

De Waco a Princeton:
"Berry é muito bom com crianças"

Waco, onde eu nasci no dia 10 de maio de 1918, filho de Pauline Battle Brazelton e Thomas Berry Brazelton, é conhecida como "O coração do Texas". Naquela época era uma cidade pequena, e, para desânimo dos seus moradores, continuou sendo uma cidade pequena. Quando eu era garoto, Waco tinha um único prédio alto. Eu sonhava que ele caía sobre a nossa casa e nos matava. Ninguém me convencia de que morávamos a muitos quarteirões de distância.

Em Waco havia diferentes classes sociais: brancos, negros e americanos-mexicanos. Os brancos eram donos de tudo e mandavam em tudo. Os negros faziam todos os trabalhos domésticos e os americanos-mexicanos faziam o resto. A mulher negra que basicamente me criou desde que eu tinha dois anos de idade era a nossa cozinheira, minha amada Annie May. Tinha um filho da minha idade com quem nunca me permitiam brincar. Na nossa cidade texana havia um declarado preconceito contra os negros, que, dizia-se, podiam ser muito "petulantes". Na escola, as crianças negras eram tratadas de modo diferente, como se o fracasso delas fosse esperado. Quanto às crianças americanas-mexicanas, poucas delas chegavam a frequentar a escola. Na minha lembrança, essa meia dúzia se vestia com trapos sujos, e nós, brancos, éramos logo orientados a evitá-las. Eu me lembro de querer brincar com elas e lamentar essas barreiras sociais. Olhando para trás, eu me pergunto se parte do trabalho da minha vida inteira não foi uma compensação pelas mágoas profundas e pelos preconceitos que eu vi serem impostos a tantas crianças naquela cidadezinha ultraconservadora.

Meus pais

Meu pai, Thomas Berry Brazelton, nasceu e cresceu em Waco. Sua família era dona de madeireiras em todo o estado do Texas. Depois de frequentar o Instituto Militar da Virgínia durante um ano, ele se mudou para Princeton. Enquanto estava ali ganhou troféus em futebol americano, equitação, remo e natação. Sua grande paixão era o mergulho, e ele foi vencedor do campeonato intercolegial disputado na cidade em 1914.

Meu pai era um rebelde em Waco. Embora fosse membro do conselho da cidade, bastante conservador, ele era um defensor dos direitos iguais para negros e americanos-mexicanos. Seu pai, meu avô Ba, famoso antes dele como liberal, tentou impedir o linchamento de um jovem negro que estava sendo julgado por, supostamente, ter estuprado uma mulher branca. Nós éramos uma família notável em uma cidade religiosa e conservadora. Pelo que me lembro, quando eu estava no pré-primário, a Ku Klux Klan queimou uma cruz diante da nossa casa. Meu pai desapareceu porque aquele pessoal o procurava com frequência. Minha mãe os afastava. Annie May pegava meu irmão, Chuck, e eu, e nos escondíamos embaixo da cama no quarto dos fundos, como se isso fosse nos proteger.

Durante a Lei Seca, no final dos anos 1920, meu pai também assumiu uma posição independente. Eu me lembro de ouvir um estrondo embaixo de nós, no porão, quando estávamos jantando. "Ah, meu Deus! Ninguém entra no porão enquanto não ouvirmos outros 29 estrondos." Ele fabricava cerveja artesanal, e a cerveja explodia. Meu pai era nervoso porque tinha hipertireoidismo; acabou tendo a tireoide extraída em 1925 pelo dr. George Crile, em Cleveland, Ohio. Antes disso, era bastante difícil viver com ele. A certa altura, fomos para um *resort* em Arkansas, tentando acalmá-lo.

Quando ele começou a tomar remédio ficou tranquilo e brando, mas minha mãe continuou preocupada com a doença dele e com frequência ficava alheia ao restante. Num esforço para deixar todo mundo mais feliz, roubei um trenzinho de brinquedo em uma loja para dá-lo a Chuck. Minha mãe me fez devolvê-lo e me desculpar com o proprietário. Fiquei arrasado.

Minha mãe era uma mulher valente e resoluta. Pianista talentosa, ela foi mandada para um conservatório em Cleveland e chegou a se apresentar como solista com a orquestra sinfônica de Fort Worth. Durante a adolescência teve, como muitos naquela época, um diagnóstico de tuberculose e foi mandada para uma estância termal em Asheville, na Carolina do Norte, para ficar lá durante o verão. Certa noite, quando estava tocando piano, ela foi abordada pelo meu pai, então um animado rapaz de Princeton. "Você toca alguma coisa de Gershwin?" Naquela época, Gershwin era música nova e ousada. Ela tocou para ele, e o namoro começou. O casamento foi inevitável. Meus pais se casaram em Waco, mas viajaram de volta para Asheville para ali passarem a lua de mel. Disseram-me que fui concebido no Manor Hotel de Asheville. Embora meu pai quisesse se estabelecer em Nova York, onde tinha recebido uma proposta para um cargo na bolsa de valores, meu avô queria que ele voltasse para Waco a fim de ajudá-lo a administrar o negócio das madeireiras. Naquela época se esperava que filhos e filhas aceitassem o que a família desejava para eles. Não sei se ele algum dia deixou de querer morar na costa leste. Minha mãe sabia da sua angústia por ter voltado para Waco e fazia o possível para apoiá-lo. Ela desistiu do piano e passou a jogar golfe: eles jogavam juntos diariamente. O assunto das refeições familiares eram as jogadas que deveriam ter feito e não fizeram. Eles eram craques e, assim, os campeonatos constituíam o grande destaque da vida deles. Desde então o golfe é um esporte que eu detesto e que nunca joguei.

Eu nasci durante a Primeira Guerra Mundial e meu pai não estava presente, pois fora convocado para treinamentos na costa leste. Ele só me viu quando eu já estava com nove meses. Contaram-me que, vestindo seu melhor tailleur, comprado para a ocasião, minha mãe esperava numa longa fila na estação ferroviária. Eu estava nos braços dela, provavelmente enfiando o dedo no seu nariz e puxando suas orelhas. Uma comprida fila de homens uniformizados e medalhados saiu do trem. Meu pai se aproximou pela plataforma, quase correndo, com um uniforme bem talhado que ostentava as barras de capitão. Era uma figura bonita; não de rosto – seu nariz era proeminente –, mas pelo porte atlético. Parece que ele correu ao nosso encontro, nos abraçou de imediato e me pegou nos braços. "O Berry filho", gritou, me apertando contra o peito. Segundo contam, eu comecei a chorar, cada vez mais alto. Que direito tinha aquele perfeito desconhecido de me arrancar do peito quentinho e tão familiar da minha mãe? Que direito tinha ele de gritar comigo e me dar um apertão? Disseram-me que eu gritei a plenos pulmões no caos de todas aquelas famílias que se reuniam. Meu pai ficou estarrecido: "Ele não gosta de mim!", disse ele para a minha mãe ao me entregar de volta a ela.

A história me parece verossímil desde que entendi a aguçada consciência dos bebês de nove meses no auge da ansiedade com estranhos e a hipersensibilidade de um pai que, pela primeira vez, tenta se conectar com o filho bebê. Se meu pai tivesse esperado até eu tentar me comunicar com ele, nossa relação poderia ter sido diferente desde o início. A reflexão posterior sobre essa história despertou em mim o interesse pelo estabelecimento de uma relação com os futuros pais ainda durante a gravidez e pela sua preparação para as ocasiões em que a relação com o bebê pode ficar tensa, para que eles possam entender o comportamento da criança e não se magoar ou se ressentir. Com meus pacientes, eu sempre tentei mobilizar a atenção dos pais para seus filhos desde o início da vida destes.

A chance nos anos posteriores de observar os pais que não estavam presentes nos primeiros meses da vida do filho confirmou a importância das primeiras experiências de um pai com seu bebê. Não é fácil para um pai se pôr em dia com as etapas de desenvolvimento da criança; as tensões em torno de um recém-nascido – a troca de fraldas, os soluços, o choro incontornável, os enganos que ocorrem – acabam sendo passos positivos no desenvolvimento da família. Um pai que precisa sofrer todas essas transformações iniciais está estabelecendo ligação com seu bebê.

Meu pai perdeu essa relação inicial e, talvez por isso, sempre pareceu muito distante de mim, até mesmo desconfiado. Tenho certeza de que ele me amava, mas eu nunca o conheci verdadeiramente. Minha mãe fomentou essa distância com o que hoje eu vejo como uma forma inconsciente de obstruir o acesso dele a mim. No meu trabalho eu aprendi que todos que têm um interesse profundo por um bebê entram em competição: os pais entre si, os avós que dizem "se eles fizessem do meu jeito", babá e pais, pais e professores, treinadores e pais. É uma reação inevitável e que faz parte da ligação. Uma vez que a minha mãe cuidou de mim sozinha nos meus primeiros anos de vida, ela achava que me conhecia melhor. Provavelmente ela corrigia meu pai toda vez que ele tentava assumir alguma responsabilidade em relação a mim, e com isso ele deve ter desistido logo. Eu aprendi que, ao alertar os adultos que cuidam da mesma criança sobre essa tendência de obstruir o acesso, eu os deixo menos vulneráveis a ela. Sem esse alerta, eles ficam fadados a tentar deixar de fora o outro adulto. Quando fiquei mais velho, passei a interpretar a hesitação do meu pai como desapontamento. Agora sou capaz de ver com mais clareza a situação dele. Ele sempre se disse orgulhoso de mim, mas era distante. Essa distância pode ter sido para mim um incentivo para torná-lo orgulhoso, mas também alimentou as minhas ambições. Contudo, nós nunca fomos, de fato, amigos. Na verdade, ele parecia mais próximo dos meus amigos do que de mim.

A natação e o mergulho continuavam sendo atividades importantes para o meu pai. Ele levava eu e meu melhor amigo, Jesse Milam, a aulas na piscina do clube de campo Fish Pond. Ali ele passava todo o tempo incentivando e louvando Jesse. E, quando eu tentava e até mesmo conseguia realizar as mesmas manobras, ele ficava mudo, não fazia nenhum comentário, como se esperasse que eu tivesse aprendido com as orientações que ele havia dado ao meu amigo. Sentindo que não podia agradá-lo, eu me tornei mais desajeitado, e então ele me ignorou ainda mais. Para mim, os vestiários cheiravam a suor e perigo. Talvez o perigo que eu sentia se devesse ao clima de competição. Eu temia acompanhá-lo e, desde então, nunca me senti à vontade em clubes. Ele queria me exibir, mas eu deixava muito a desejar. Nós nos esgueiramos um do outro nas nossas tentativas canhestras de nos ligarmos como pai e filho. Quando adulto, eu não tive a oportunidade de conhecê-lo melhor, porque ele morreu antes de eu entrar no segundo ano da escola de medicina. Anos depois, quando minha filha caçula quis saber de mim como era o seu avô, eu não soube responder. Não sabia grande coisa sobre ele como pessoa.

Cuidando dos primos

Em todos os acontecimentos familiares – e havia muitos – eu era escalado para tomar conta dos nove primos mais novos que eu, enquanto as tias, os tios e os avós preparavam o grande jantar. Para agradar a minha avó, a quem eu chamava de Bama, eu me tornei perito no controle de muitas crianças pequenas ao mesmo tempo. Podia mantê-las entretidas, seguras e sem chorar por até duas horas seguidas. Uma façanha milagrosa, percebo hoje! Embora tivesse apenas dez ou onze anos, com a minha habilidade de veterano eu as dominava e elas não ousavam não dar atenção ao que eu lhes dizia. Aprendi também uma coisa que me serviu muito ao longo dos anos: estudar o comportamento das crianças para compreendê-las como indivíduos. Eu era capaz de olhar para um rosto e dizer quando um dos meus primos estava ficando faminto, e não tonto no balanço. Aprendi a cantar e a ler para eles, e também a prever os seus ataques de fúria. Bama dizia: "Berry é tão bom com os bebês". Sempre que me dizem isso hoje, eu ouço a voz dela. Nenhum outro elogio me orgulhou tanto. Ela indicou o caminho da minha carreira de pediatra e observador de bebês e do comportamento da criança.

Meu irmão

A primeira lembrança que tenho do meu único irmão é o seu nascimento, dois anos e meio depois do meu. Churchill Jones

Brazelton, a quem chamávamos de Chuck, nasceu, assim como eu, na nossa casa da Gorman Avenue, em Waco. Minha mãe hesitava em ceder a um ambiente hospitalar algo tão importante quanto um parto. Os hospitais eram para doenças, não para algo que podia ser feito em casa. Minhas amígdalas foram extraídas na mesa da nossa cozinha quando eu tinha cinco anos. Com dor de ouvido, meus tímpanos foram perfurados em casa, sem anestesia. Por que ter um bebê no hospital?

Durante o parto, meu pai ficou sentado comigo no alpendre, esperando a chegada do médico. A casa estava em silêncio. Não havia gemidos nem gritos provocados pelas dores do trabalho de parto, pelo que eu me lembro. Meu pai, de terno e gravata – seu traje de trabalho –, se agitava sem cessar ao meu lado. Não habituado àquela companhia, eu me sentei de um jeito formal ao lado dele, ambos esperando durante um tempo que pareceu uma eternidade.

Finalmente o médico apareceu no seu Ford modelo T. Pegou a maleta preta e, caminhando com dignidade e segurança, passou por nós e entrou na casa. "Meninos, fiquem aqui." A partir daquele momento, eu jamais quis ter uma maleta preta, porque ligo esse objeto ao nascimento do meu irmão e ao meu ressentimento com ele (minha maleta profissional é marrom e até hoje fica ao lado da porta de entrada da casa). Logo depois houve um uivo penetrante vindo do quarto dos fundos. "Acabou!", gritou meu pai, precipitando-se para dentro da casa e me deixando sozinho no alpendre. Eu me encolhi de medo, mas não me mexi. Será que eles voltariam para me pegar? Passado um tempo, que me pareceu infinito, o médico voltou com a sua maleta preta. Dirigiu-me o que eu julguei ser um olhar de compaixão e disse: "Você é sortudo, tem um irmãozinho muito bonitinho. Ele se chama Churchill. Vá lá vê-lo!". Lembro-me de ter me arrastado para dentro da casa e dado uma olhada no interior do quarto onde minha mãe estava deitada na cama, meio dormindo. Meu pai estava sentado na única cadeira que havia ali, exausto. A enfermeira parteira que havia assistido minha mãe durante o trabalho de parto e a orientado até a chegada do médico estava arrumando o quarto. Meu novo irmãozinho estava embrulhado como uma múmia e deitado com muita tranquilidade no bercinho especial ao lado da cama. Achei que precisava olhar sem fazer barulho. Ninguém se lembrou de mim. Eu fiquei sozinho no portal, em silêncio, temendo falar. Nunca vou me esquecer daquele sentimento de nulidade.

Não foi um começo auspicioso para a minha relação com Chuck. Mas depois piorou. Ele era tão bonitinho. Foi rechonchudo durante a maior parte da nossa infância. As pessoas queriam apertá-lo. E eu queria terrivelmente apertá-lo, mas bem forte. Ele tinha o nariz empinado, cabelo loiro anelado e um sorriso alegre que enfeitiçava.

Eu o detestei. E na verdade nós nunca chegamos a nos conhecer. Minha mãe nos afastava, conservando Chuck junto dela. Mais uma vez ela estava obstruindo o acesso, sem perceber isso. Não tenho lembrança de brincar com ele, mas me lembro de muitas brigas. Nós discutíamos por qualquer coisa, gritando um com o outro até minha mãe gritar mais alto e nos dizer para pararmos com aquilo. Minha mãe sempre me culpava pela briga, mesmo quando quem a tinha começado era Chuck. Ele fazia isso para chamar a atenção? De quem? A de mamãe ele já tinha. Aquilo era uma tentativa de ter comigo uma relação tão intensa quanto a que ele tinha com a nossa mãe? Mas isso não acontecia. Até mesmo em Princeton, onde nossos recrutamentos coincidiram, nós não tínhamos nada em comum e por isso interagíamos muito pouco. Eu nem tinha conhecimento do que ele fazia lá.

Quando ele nasceu, Bama disse à minha mãe: "Chuck nunca estará à altura de Berry". Essa declaração desgostou minha mãe, que a partir de então começou um trabalho vitalício de mimá-lo e superprotegê-lo. Ela o superprotegia de tal modo que não lhe permitia fazer as suas próprias escolhas. Deu-lhe comida na boca até os quatro anos. O treinamento para usar o vaso sanitário e os demais passos importantes da infância foram outras ocasiões em que ela dispensou atenção excessiva. Com isso, ele ficou demasiado dependente dela, e acho que isso acabou custando muito caro a ele.

Chuck foi convocado pelo exército em 1940 e nunca concluiu seus estudos em Princeton. Foi para a Alemanha, onde lhe disseram que ele tinha sido o primeiro tenente a entrar no escritório de Hitler depois do seu suicídio. Ele trouxe para casa relíquias importantes do escritório de Hitler, que ainda estão comigo e que eu quero doar ao Museu do Holocausto. Depois de quatro anos no exército, Chuck se mudou para Paris, onde se tornou perito em antiguidades francesas. Evidentemente minha mãe ia visitá-lo. A relação deles era mais de amizade do que de mãe e filho. Nessa época, as visitas dela para mim e minha família não eram fáceis nem afetivas. Ela ficava incomodada com a minha nova vida e não tinha ideia das atribuições de meu trabalho. Embora eu ache que ela sentia orgulho das minhas realizações, nunca a ouvi manifestar isso.

Depois de Paris, Chuck foi para Nova Orleans e posteriormente para Nova York, onde se tornou negociante e colecionador bastante conhecido. Quando olho para trás, acho que a superproteção da minha mãe lhe dificultou desenvolver uma vida independente. Ele se tornou alcoólatra. A partir de então, ele dependia dela para resgatá-lo das crises de alcoolismo. Embora fosse aos Alcoólicos Anônimos e se orientasse sobre o que fazer para promover a capacitação dele, ela continuava a superprotegê-lo. Quanto à nossa relação, Chuck e eu voltamos a nos reunir quando ele tinha cinquenta anos. Tivemos muitos anos para nos relacionarmos como irmãos, embora durante a maior parte desse tempo eu tivesse cuidado dele e sustentado-o financeiramente. Meus filhos se lembram de ligações frequentes de Nova York dizendo que Chuck fora encontrado bêbado e estava em Bellevue ou precisava ser internado. Quando minha mãe morreu, em 1976, ele ficou emocionalmente arruinado. Morreu em 1980, aos sessenta anos, de alcoolismo. Minha mãe havia sofrido bastante com os problemas dele, e para mim foi muito difícil ver isso. Percebi que, ao abrir as asas de forma protetora, minha mãe dava sinais de uma paixão desgovernada. Um dos objetivos mais importantes da minha atuação como pediatra tem sido ajudar os pais a canalizar suas paixões numa direção construtiva, enfrentando os problemas logo no início, sem esperar até que uma criança malogre. Também estou ciente de que o uso que faço do termo "abrir asas" é pejorativo e lesivo, e que isso é um julgamento apontado para a minha mãe; ao mesmo tempo, é um conceito útil para quem estiver tentando compreender os efeitos da superproteção e imaginar modos de advertir os pais superprotetores sobre os perigos para o futuro do seu filho. Observar a minha mãe e Chuck me ofereceu conhecimento para o meu trabalho preventivo: nossa geração atual de pais com duas carreiras tende a abrir as asas em razão da culpa que sente por não estar em casa com os filhos durante o tempo que julga suficiente.

Annie May

Quem cuidou de mim quando eu era pequeno foi uma mulher gorda e maravilhosa chamada Annie May. Ela morava numa casinha de empregada atrás da nossa casa em Waco. Era quarentona e não tinha marido – apenas muitos "visitantes" que iam à sua casa nos fundos. Annie May sempre estava em casa quando eu chegava da escola. Ela sempre dizia "Olá, Berry filho! Que bom que você está aqui. Então, o que é que você me diz de um copo de leite com um bolinho?". Ela também era a nossa cozinheira durante a minha infância. Eu a amava.

Annie May sempre me fazia rir e me sentir cuidado. Nós ríamos durante toda a tarde. Eu lhe falava sobre os meus problemas. Ela me falava sobre os dela. Ela gostava do meu irmão caçula, mas gostava mais declaradamente de mim. Annie May era a nossa principal fonte de segurança e também a nossa disciplinadora. Depois da escola, minha mãe estava sempre fora, frequentemente jogando golfe com meu pai. Quando alguém vinha visitar Annie May eu ficava enciumado. Não queria compartilhá-la. Certa vez, quando eu estava com quatro anos, fui vestido e convocado para cumprimentar as elegantes companheiras de clube da minha mãe. Elas me fizeram uma festa e então perguntaram graciosamente: "E de quem é que você gosta mais no mundo?", "Da Annie May", gorjeei. Minha mãe morreu de vergonha e eu saí da sala correndo.

Quando me mandaram para a pré-escola eu me senti arrancado de Annie May, e a cada aventura longe de casa eu me sentia um pouco mais separado dela. Como não tinha certeza de que ela sabia ler, nunca escrevi cartas para ela enquanto estava no internato e na faculdade. Mas quando voltava para casa eu ia correndo para a cozinha. Pela minha expressão, ela sabia como eu estava, e nós simplesmente retomávamos de onde havíamos parado.

Depois da morte do meu pai e da mudança da nossa situação, Annie May foi trabalhar para outra família de Waco. Eu me mantive em contato com ela até sua morte, em 1986. Fiquei arrasado, pensando que teria sido bom se eu a tivesse trazido ao norte para viver comigo.

Montessori

Quando eu tinha quatro anos, me mandaram para uma escola que seguia o método Montessori, que havia sido iniciado em Waco por Alice Greenhill, que, com uma mentalidade avançada para a cidade, foi para a Itália aprender sobre esse método com a sua criadora. Maria Montessori era médica em Roma, porém não tardou a se envolver com o aprendizado infantil. Acabou desistindo da sua clínica médica e se tornou professora de professores. Uma das suas percepções importantes foi a de que as crianças aprendiam a partir de "dentro" muito mais que a partir de "fora". A fim de alcançar todas as crianças, ela desenvolveu uma maneira de observá-las de modo a responder à individualidade de cada uma. Treinou os professores para observarem, prestarem atenção e confiarem nas suas observações sobre temperamento, estilo de aprendizagem e desejo de aprender de cada criança. Assim, por exemplo, ela estimulava o professor a observar a criança montar um quebra-cabeça e a ajudá-la apenas quando ela desistisse de tentar. Ela descreveu como, depois de uma criança ter lutado para resolver o quebra-cabeça, podia-se observar seu rosto quando ela finalmente o tivesse dominado. O glorioso reconhecimento do "Eu fiz sozinha!" mostra o aprender a partir de dentro. Esse reconhecimento de Montessori aconteceu vinte a trinta anos antes de Piaget, que posteriormente o chamou de "ciclo de feedback interno" da criança e o classificou como a mais poderosa força de aprendizagem. Eu uso as teorias dos dois para ajudar os pais a ver as lutas dos seus filhos e os sucessos finais em cada estágio de desenvolvimento, e insisto para que os pais aguardem o tempo suficiente para que a criança conquiste o "Eu fiz sozinha". Esse sentimento é um poderoso propulsor do desenvolvimento do sistema nervoso central.

Tive a sorte de ser aceito na escola da sra. Greenhill. Ficava do outro lado da rua. A classe de pré-primário era formada por quatro crianças que entraram na escola juntas, e nós nos tornamos amigos. Após termos sido durante dois anos expostos precocemente ao deleite de "aprender a partir de dentro", deixamos o método Montessori e entramos na escola de primeiro grau, pulando séries duas vezes e, com isso, nos formando quando tínhamos apenas quinze e dezesseis anos. Nós quatro estávamos intelectualmente além do nosso desenvolvimento físico, e essa defasagem teve para nós um custo emocional. Como eu era o mais baixinho e menos desenvolvido da classe, foi um fardo terrível para a minha autoestima ser sempre o último a escolherem para integrar qualquer equipe esportiva. Ninguém me queria do lado. Eles tinham começado a crescer e se desenvolver, a ter chulé e pelos nas axilas pelo menos dois anos antes de mim. Mesmo se eu fosse um astro do esporte, teria tido problema com os outros garotos da minha idade. Mas eu não era do tipo esportista. Eu era inteligente. Acabei sendo o segundo da turma e com isso ganhei o direito de ser o orador, o que não contribuiu para a minha popularidade.

Adulto, percebi a excelência da base que a sra. Greenhill havia dado aos seus alunos do jardim da infância. Além disso, a reflexão sobre os meus anos escolares posteriores me convenceu de que a precocidade em qualquer área pode cobrar um preço em outras áreas do desenvolvimento. Em áreas que não as do trabalho escolar eu estava sempre buscando um apoio dentro do qual me encaixasse. Embora as diferenças individuais nas capacidades infantis devam ser respeitadas desde bem cedo – o mais cedo possível –, a precocidade em algumas áreas não pode ofuscar as áreas menos desenvolvidas.

Quase salvo

Minha mãe era uma presbiteriana fervorosa cujo credo era pensar nos outros antes de pensar em si mesma. Ela cuidava de tudo para que no domingo nos dedicássemos sete horas à igreja. Por causa disso, desde a infância eu nunca mais entrei numa igreja. Meu pai, no entanto, não partilhava as crenças dela e nunca foi conosco às cerimônias. Minha mãe acreditava firmemente em toda a doutrina religiosa, sobretudo na parte que previa a maldição ao dobrar uma esquina, e exigia a preparação para o desastre quando se estava desfrutando uma grande sorte. Na cabeça dela, o único modo de evitar a chegada da ruína era trabalhar arduamente pelos menos privilegiados, e ela sempre me dizia isso. Levei a coisa muito a sério e aos oito anos eu queria ser missionário na África para dar uma vida melhor às pessoas de lá.

Quando estava com seis anos, chegou à cidade um evangélico itinerante chamado Gypsy Smith. A visita dele vinha sendo ansiosamente aguardada em nossa tediosa comunidade. Minha mãe levou Chuck e eu para esse serviço noturno. Gypsy Smith era exuberante e empolgante, com sua expressão, sua voz e as mãos que se agitavam ao se dirigir ao público. Ele era muito mais convincente do que qualquer outro pregador que eu havia visto antes, especialmente na Primeira Igreja Presbiteriana. Fiquei hipnotizado. Quando ele invocou a bênção de Deus, balançou os braços, empertigou-se e falou em voz alta, numa entonação apaixonada. Exortou-nos a nos arrependermos dos nossos pecados e a avançarmos para a redenção durante o próximo hino. "Caminhem pela nave lateral com a mão estendida e a alma aberta. Gypsy Smith e o Senhor, juntos, vão redimir vocês. Seus pecados se dissolverão." Eu pensei no meu maior pecado, encolhido de medo pensando em meu profundo ódio pelo meu irmãozinho. Será que Gypsy Smith podia ser a minha salvação?

Enquanto o órgão soava, Gypsy Smith andava para frente e para trás diante da congregação, convocando-nos a nos aproximarmos para sermos salvos dos nossos pecados. Eu deslizei para fora do meu banco, fui pela nave até onde ele estava e me ofereci para a salvação. Ele não olhou para mim, e sim para os adultos que estavam atrás. Achando que ele não estava me vendo porque eu era pequeno, eu puxei a sua túnica. Ele olhou para baixo e, com uma expressão de desprezo, disse: "Sai pra lá, pirralho". Isso me fez voltar chorando para o meu lugar. Naquele dia não haveria redenção. E por causa de Gypsy Smith eu desisti do meu sonho de ser missionário.

Médico de animais

A adolescência me parecia muito assustadora. Eu buscava em mim mesmo e nos meus animais uma explicação para as mudanças pelas quais estava passando. Eu tinha patos, galinhas, coelhos e o meu amigo mais querido, um pastor alemão chamado Smokey. Smokey me seguia por toda parte. Ele me observava atentamente e seguia as minhas instruções sem que eu precisasse treiná-lo. Era o queridinho de todos os garotos entregadores de jornal de Waco, porque corria para pegar o jornal quando eles erravam o alvo e o atiravam fora do alpendre. Ele o levava até lá, largava-o ali e voltava para o entregador, agitando furiosamente o rabo e olhando à espera de aprovação. Sem ele e o resto do meu zoológico, eu não sei como poderia ter enfrentado minha adolescência atrasada. Tendo lido os livros do dr. Doolittle, eu tentei falar com os meus animais do mesmo modo que ele falava. Aprendi que o comportamento deles era a sua linguagem, uma percepção que me ajudou durante toda a minha vida profissional. Eu achava que podia falar com eles e eles comigo. Quando uma das minhas galinhas caiu do poleiro e quebrou a perna, eu resolvi a situação imobilizando-a com uma tala feita com pauzinho de picolé. Conversei com ela durante todo o procedimento. Achei que ela ergueu para mim um olhar de gratidão depois que eu entalei a sua perna. Isso confirmou a minha decisão de me tornar médico. A perna ficou boa. Depois disso, a galinha até me seguia pelo quintal. Foi um sentimento maravilhoso, inebriante. Eu já não estava mais à mercê da imagem de fraco que meus colegas faziam de mim. Eu tinha a confiança de meus animais.

Quando as coelhas pariam, ficava evidente que teríamos de vender ou comer alguns dos animais. Claro que eu não suportava nenhuma dessas alternativas. Felizmente eu tinha uma vizinha amiga, a sra. Wood. Ela se ofereceu para levar os coelhos excedentes, assim eu não teria de tomar uma decisão terrível. Pensando no caso hoje, tenho certeza de que ela comeu todos eles, mas eu não precisei olhar ou participar. A sra. Wood se tornou mais uma mãe substituta para mim. Conversávamos sobre os nossos animais e sobre o melhor modo de criá-los, e ela falava comigo de igual para igual.

Meus animais se desenvolviam. Os patos e as galinhas produziam ovos. Eu aprendi a perceber quando as coelhas estavam prenhes pelo seu modo de andar – elas passavam a caminhar pesadamente, em vez de dançar com as patas traseiras. As galinhas e as patas pareciam ficar mais arrogantes pouco antes de pôr um ovo. A postura era dolorosa, mas elas pareciam sofrê-la estoicamente para poder ficar cacarejando depois – e observar essa transição era maravilhoso. Smokey e os meus animais eram uma ótima introdução aos fatos da natureza. Meu pai nunca falou comigo a respeito. Ninguém fez isso. A única conversa sobre sexo que tivemos foi quando ele me fez a advertência típica daquela época: a de não se masturbar, "porque você pode ficar louco".

O Texas é famoso pelas inundações. Houve um ano em que um paredão de água se formou precipitadamente no leito do riacho que corria no fundo do nosso quintal e levou consigo os meus animais. Sobreviveram apenas dois casais de patos, que foram encontrados quase dois quilômetros abaixo, perto do leito do rio. Eu me senti responsável e culpado. Talvez eu tivesse me tornado veterinário, mas esse acontecimento foi doloroso demais. Assim, resolvi ser um dr. Doolittle para as pessoas.

Rumo ao leste

Quando concluí o segundo grau, um mês depois de completar dezesseis anos, meus pais sabiam que eu ainda era imaturo demais, tanto social como fisicamente, para frequentar a faculdade.

Meu pai havia estudado em Princeton, escola que ele adorara e onde havia sido um astro do esporte, e assim o meu destino era ser mandado para lá. Minhas notas satisfaziam, mas eu era pequeno demais, jovem demais e subdesenvolvido, portanto não seria respeitado.

Surgiu então o problema de para onde mandar Berry enquanto ele esperava o seu desenvolvimento. Eu me senti como um dos meus espécimes animais enquanto me avaliavam. Todo mundo das duas extensas famílias foi consultado. Meu tio Charlie "Vermelho" Eubank encontrou para mim um lugar na escola onde ele havia estudado, a Episcopal High School, em Alexandria, no estado de Virgínia. A EHS era um lugar caloroso e amistoso ao qual as crianças da elite sulista eram mandadas a fim de serem preparadas para faculdades sulistas como a Universidade de Virgínia ou a Universidade da Carolina do Norte. Uns poucos iam para lugares como Princeton. Uma vez que a ênfase na EHS era nos estudos e não nos esportes, o lugar parecia certo para mim. E realmente foi. Os dois anos que passei ali foram uma época gloriosa, que mudou a minha vida.

A viagem de trem de Waco para Washington durava dois dias. No momento da partida, fiquei de pé no "terraço" do último vagão. Waco inteira estava ali para se despedir de mim, e as pessoas correram por uns três ou quatro quarteirões para acenar em minha direção. Eu estava com um chapéu de feltro que tinha a aba caída na frente, com o qual esperava parecer sofisticado e mais velho. Foi assustador sair de casa, mas no primeiro Natal eu voltei. Nos feriados festivos que minha namorada e eu passávamos em Waco, não nos largávamos. Todos diziam: "Você mudou. Já é um cara do Norte!".

Na EHS, alunos de todas as idades moravam em alas com cubículos do tipo cela separados por cortinas, com uma cama e uma estante. Vivíamos em comunidade. Essa proximidade forçada funcionava, mas nós tínhamos os típicos grupinhos adolescentes: "panelinhas" de atletas, almofadinhas, intelectuais. Encontrei rapazes como eu em número suficiente para descobrir que eu não estava sozinho na alegria de aprender. Nós líamos e compartilhávamos ideias. Tive o gostinho de me sentir normal. Não com os atletas que meu pai certamente esperava, mas com garotos que valorizavam as atividades intelectuais. Joguei tênis o bastante para me "refinar", mas o meu principal prazer e sucesso na EHS eram os estudos. Ganhei vários prêmios acadêmicos e era o representante de classe. Fui até mesmo escolhido como um dos mais populares. Que guinada!

Claro que esse período na EHS não foi inteiramente de felicidade. Um astro do esporte que estava na mesma ala que eu implicava comigo. Ele me provocava sempre que havia oportunidade. "Teaberry, Gooseberry, Blackberry*." Ele deslizava pelo salão à noite, depois que as luzes tinham sido apagadas, e rastejava para debaixo do meu beliche. E ficava ali me insultando. Hoje, quando penso nisso, a situação parece bem carregada de sexualidade, mas eu era ingênuo demais para saber. Ele despertava a minha raiva e um desejo de retaliação. Depois que ele ia embora deslizando, eu não conseguia dormir. Queria "encontrá-lo atrás do ginásio de esportes", mas tinha muito medo dele. Ele era mais forte que eu, e eu sabia que não teria nada a ganhar se o enfrentasse. Infelizmente isso fez ressurgirem as dúvidas já enfrentadas no Texas – de que eu não era um atleta e não era sequer capaz de me defender. Esse fato trouxe de volta a impressão de estar decepcionando meu pai por não compartilhar a paixão dele pelos esportes.

De Princeton para a Broadway?

A Universidade de Princeton era – e ainda hoje é – diferente do mundo real. Em 1938 não havia mulheres, as minorias eram poucas – se é que alguma estava representada ali – e viam-se apenas uns poucos texanos. Durante os quatro anos que passei lá, dividi o quarto com dois colegas de classe da EHS. Nós não nos parecíamos, não éramos particularmente próximos, mas éramos um refúgio uns para os outros. Levamos a nossa herança sulista e o nosso sotaque para território ianque. Claro que eu ficava

---

* O sobrenome do autor é Berry, daí o jogo de palavras utilizado. (N. E.)

fascinado pelos ianques bem-nascidos e também os invejava. Eles ficavam juntos e nos toleravam, mas nos mantinham distantes. Por isso nós, sulistas, também nos mantínhamos juntos em nosso tempo livre. Posteriormente, quando abri a mente e me envolvi com o teatro, começando a ser aceito nos círculos de ianques, meus amigos da EHS se sentiram abandonados.

Nos fins de semana em que estava com dinheiro para ir a Nova York, chacoalhando no veículo que fazia o percurso entre Princeton e Nova York, eu era recebido pelo tio Seth, pela tia Sing e pela filha dela, a quem chamávamos de Irmã e era só um pouco mais velha que eu. Eles moravam num apartamento elegante na Park Avenue. Levavam uma vida que eu não conhecia até então, cheia de sofisticação e elegância. O tio Seth era presidente do conselho da Standard Oil de Nova Jersey. Entre outras coisas, eles davam jantares luxuosos – com membros da realeza russa, príncipes e princesas que tinham fugido da revolução. Irmã e eu circulávamos pelas casas noturnas da cidade. Eu aprendi a gostar do esplendor de Nova York.

Além dos estudos acadêmicos, Princeton me ensinou muita coisa. Eu cantava no Glee Club. Remava com muita coragem, mas pouco desempenho, numa equipe de principiantes no lago Nassau. Fui convidado a fazer um teste e fui aceito no Princeton Triangle Club, exclusivamente masculino. O Triangle era uma organização de prestígio que todo ano apresentava um musical. Suas produções envolviam diretores de teatro (José Ferrer) e de dança (Gene Kelly) da Broadway. Muitas estrelas luminosas começaram ali (Brooks Bowman, que compôs "East of the Sun"; Joshua Logan, importante diretor e escritor da Broadway e de Hollywood; e James Stewart). Um musical do Triangle era ensaiado durante todo o outono para ser apresentado numa excursão pela costa leste durante as férias de Natal. Tínhamos um trem com vagões especiais onde dormíamos à noite. Todas as cidades reservavam o seu principal baile de debutantes para a nossa chegada. Afinal de contas, estavam ali setenta ou oitenta simpáticos homens de Princeton para encher as pistas de dança e desfrutar da bebida e da hospitalidade.

Descobri que eu era capaz de cantar e dançar. No meu primeiro ano me propuseram o principal papel masculino de *Any Moment Now* e cantei a plenos pulmões, imponente, para todos os que estavam ouvindo. Depois do primeiro ano eu fiz o principal papel feminino em outros três espetáculos, cantando e dançando sob aplausos. Quase não podia acreditar naquilo. Nas várias turnês que fazíamos eu conheci ex-integrantes do Triangle – inclusive James Stewart – que, depois de terem se formado em Princeton, estavam com carreiras bem-sucedidas. Eu dava cambalhotas em frente das "garotas" de pernas peludas do coro. Depois do espetáculo, garotas de verdade choviam ao meu redor. "Como foi que você aprendeu a ser uma mulher tão linda?" "Observando vocês", eu respondia. Eu tinha "tietes" de todas as cidades, e minha mente expandiu. Estava aprendendo a me aproximar do público e a capturá-lo. Essa experiência me foi útil depois. Nunca tive dificuldade em fazer uma palestra para um grande público.

Eu desabrochei no Triangle Club, fui eleito presidente e aclamado pelos clubes que tinham a melhor comida. Quis pertencer ao Cap and Gown, como o meu pai, mas não me aceitariam lá com os meus três companheiros de quarto sulistas. Assim, mantive a minha fidelidade aos sulistas, e todos nós nos filiamos ao Charter Club. Embora fosse texano, eu era do conselho de estudantes, tinha amigos e até admiradores. Estava morando na Terra do Nunca, muito longe de Waco e da sensação de inadequação que tive durante a minha infância.

Ao mesmo tempo, cursava medicina e levava os estudos a sério porque não podia correr o risco de ser reprovado. Especializei-me em química por não ter capacidade de previsão ou coragem para tentar outra coisa mais arrojada. Eu detestava a matéria. Tentava compensar essa situação escrevendo meu trabalho de conclusão do curso, sobre os hormônios sexuais. Esse tema se revelou insuportável e complicado, quase sem relação com a minha expectativa de aprender algo sobre sexo. Tive de trabalhar muito arduamente para extrair algo inteligível do que pesquisei, mas, quando finalmente consegui, meu professor publicou o artigo com o nome dele. Disse que também havia trabalhado naquilo, o que não era verdade. Ele não me deu nenhum crédito. Foi a minha primeira experiência com a política suja do mundo acadêmico, mas pelo menos o trabalho me garantiu o encerramento daquela etapa: passei com notas satisfatórias para a etapa seguinte do meu curso de medicina.

A nota triste foi a morte de Bama enquanto eu estudava em Princeton. Eu estava com vinte anos. Escrevia frequentemente para ela e, quando estava em Waco, sempre a visitava. Eu continuava sendo o seu neto preferido. Não consegui vê-la antes da sua morte; eu havia esperado demais.

Como estava prestes a concluir a primeira etapa do meu curso, Joshua Logan me propôs um teste na Broadway. Disse que eu poderia ensaiar o papel juvenil de *Panama Hattie* com Ethel Merman e, caso eu aceitasse, encenar a peça durante todo o verão. Se não me saísse bem durante a temporada de verão, eu prosseguiria meus estudos de medicina na primavera. Se tivesse sucesso, poderia me tornar um astro da Broadway. James Stewart até me prometeu um papel em algum filme de Hollywood. Entusiasmado, liguei para meus pais no Texas. Eles ficaram horrorizados. "Não é apenas não: é *definitivamente* não!", disse meu pai. "Ou você continua a medicina, esquecendo essa história de Broadway e Hollywood, ou nós deixamos de sustentá-lo!" Naquela época, seguíamos o desejo da família. Assim, recusei a minha única chance de ir para a Broadway. Sempre me perguntei como teria sido uma carreira no teatro. Mas tratei de usar essa experiência fazendo conferências sobre crianças e famílias, e meu programa *What Every Baby Knows*, que ficou no ar doze anos (de 1984 a 1996) na TV a cabo, foi um sucesso principalmente por isso.

capítulo 2

De Galveston a Boston: pediatria e psiquiatria

Quando concluí meus estudos em Princeton, meu pai novamente insistiu para que eu fosse para o Texas. Embora tivesse sido aceito em Harvard, em Columbia e no Johns Hopkins para concluir meus estudos de medicina, ele tinha certeza de que eu não moraria no Texas se ficasse estudando na costa leste. Assim, eu voltei e ingressei no curso de medicina da Universidade do Texas, em Galveston.

De modo geral eu achei a escola de medicina de Galveston tediosa, com exceção do curso de anatomia. Entregavam um cadáver para cada grupo de quatro estudantes. No primeiro dia, entramos na sala impregnada de formol, com cadáveres cobertos espalhados por toda parte, depois fomos para o corredor ao lado, tontos com o cheiro e aterrorizados com as dissecações que iriam ocorrer. O cadáver que coube ao nosso grupo, constatamos em seguida, era da tia de um dos nossos colegas, encontrada boiando no porto de Galveston. Pode-se imaginar o horror do rapaz quando lhe dávamos os órgãos dela durante a dissecação. O sadismo tinha rapidamente se integrado à nossa experiência do primeiro ano.

Durante o ano que passei em Galveston, eu era chamado todo fim de semana para um festival: o Festival da Rosa, em Tyler; um festival mexicano em San Antonio; o Palácio de Algodão em Waco – para mencionar apenas alguns. Minha agenda social logo invadiu o tempo que eu devia passar estudando. O tédio foi substituído pela alegria e por belas moças texanas. Mas eu não estava feliz. Atribuía isso ao fato de ter sido tirado da costa leste. Eu sabia que nunca seria um bom médico se ficasse em Galveston. Queria ser médico, e não socialite.

Durante o verão que se seguiu ao meu primeiro ano em Galveston, eu fui para Waco. Um domingo, como de costume, minha mãe e eu fomos à igreja, deixando meu pai lendo na sua cadeira de balanço. O serviço durou a sua costumeira eternidade. Quando voltamos para casa, fomos até o andar de cima e encontramos meu pai morto na cadeira. Aos 49 anos, aparentemente em ótima forma física, ele havia sofrido uma trombose fulminante. Nunca soubemos ao certo, pois não se fez autópsia. Foi arrasador. Eu achava que o que eu havia aprendido sobre medicina até então deveria ter sido suficiente para prever o problema ou que eu poderia tê-lo salvo com os métodos de ressuscitação que só depois fui aprender. De repente minha mãe estava viúva. Chuck ainda estudava em Princeton. Eu achava que havia voltado para o Texas para conhecer melhor meu pai. Nós desejamos tanto nos conhecermos melhor como adultos, mas na verdade isso nunca chegou a acontecer. Tenho até hoje a sensação de que algo não foi terminado. Tentei compensar a minha incapacidade de salvá-lo passando a preencher de modo útil todos os momentos.

Depois da morte do meu pai, tio Charles assumiu os negócios da família. Infelizmente ele era um playboy, não um empresário, e bebeu o capital da Brazelton Lumber Company. Embora tivéssemos tido um vida abastada até então, isso havia acabado. Minha mãe precisou trabalhar pela primeira vez na vida; ela aceitou um emprego na Hill Printing Company, fazendo vendas a partir do escritório. Eu precisava tentar uma bolsa de estudos para concluir meu curso de medicina.

Com a morte do meu pai, no entanto, eu podia voltar para a costa leste. Minha mãe estava muito abalada pelo luto para discutir. Assim, quando a Escola de Medicina e Cirurgia da Universidade de Columbia me ofereceu uma bolsa de estudos, eu a agarrei mais que depressa e ela concordou. Nunca me esquecerei da alegria que senti ao voltar para o leste. Naquele verão, pude ajudar minha mãe a se ajustar à sua nova vida, sozinha e relativamente pobre. Embora estivesse cercada pelas quatro irmãs e por muitos amigos, ela ficou viúva muito jovem. Ela se recuperou e se tornou parte ativa e dedicada da comunidade de Waco: atuando no conselho da escola, pôs em funcionamento a unidade local da organização nacional de apoio aos jovens soldados, trabalhando com os rapazes da região central do Texas que se preparavam para ir para o exterior. Ela também fundou a primeira clínica feminina do Texas que ajudava as mulheres jovens a decidir sobre a interrupção da gravidez. Ela foi a primeira mulher a se tornar presbítera na Igreja Presbiteriana do Sul. Porém, embora fosse muito querida em Waco, minha mãe não teve nenhum outro relacionamento até a sua morte, em 1976.

Escola de Medicina – Nova York

Para complementar a minha bolsa de estudos, eu dava o meu sangue e trabalhava como garçom diariamente. Morava no alojamento da faculdade e, por causa da bolsa de estudos, não precisava pagar aluguel. Minha mãe me mandava 25 dólares por mês, que eu aceitava com um sentimento de culpa. Eu descobri meios de ampliar meus escassos recursos o suficiente para poder gastar também com uma vida social.

A escola de medicina da cidade de Nova York foi outra decepção. Como eu ingressei no segundo semestre, os outros já haviam formado as suas turmas e os grupos de apoio, e foi difícil me sentir parte da escola. O sistema de palestras me deu a impressão de eu estar passando por uma lavagem cerebral. Não havia participação dos alunos; não havia tentativa de discutir as questões clínicas, e, especialmente, nenhuma ajuda para compreender as relações com os pacientes. Resumindo: não havia conexão real com nenhum dos objetivos idealistas que eu esperava alcançar frequentando a escola de medicina. Tudo girava em torno das ciências exatas: patologia, histologia, biologia e química. Nada sobre as pessoas. Mais tarde, observei meu filho Tom passar por uma experiência semelhante. As relações com o paciente e o cuidado genuíno eram descartados para atender à doença e a sistemas com problemas. Eu aprendi muito pouco, não me saí bem e não me lembro de grande coisa. Muitos anos depois, quando me tornaram membro honorário da AOA (Alpha Omega Alpha, a prestigiada associação de estudantes, residentes, pesquisadores e praticantes de medicina), tive de escrever à escola pedindo o meu registro escolar. Eles me responderam dizendo que ninguém jamais havia sido admitido na AOA com notas tão ruins! Depois de obter onze doutorados honorários e um prêmio por ser o mais valorizado clínico oriundo daquela escola, eu posso rir por dentro. Na minha avaliação, a escola de medicina não prepara plenamente para o sucesso na prática médica. Isso precisa ser aprendido à medida que se caminha. Desde então, tenho buscado mudar a preparação dos jovens pediatras para incluir mais experiência clínica e conhecimento do desenvolvimento infantil.

No entanto, um mestre se destacou. O professor de medicina dr. Robert Loeb, que nos fazia ficar de pé durante quinze minutos na ponta da cama de um paciente. Devíamos apenas observar e ouvir. Ao final desse tempo, depois de olharmos o paciente sem lhe fazer qualquer pergunta, o dr. Robert Loeb nos perguntava qual idade ele tinha. Perguntava-nos também como ele ganhava a vida, se era casado ou tinha filhos, por que havia sido hospitalizado e se estava se recuperando. O espantoso era que, se tivesse observado o paciente, ouvindo-o com atenção, você podia responder a todas essas perguntas. No meu trabalho como clínico, nenhuma outra técnica me foi mais útil. Nenhum outro curso da escola de medicina foi tão recompensador, e eu quase não me lembro dos demais.

Residência e Segunda Guerra Mundial

Quando os japoneses bombardearam Pearl Harbor e os Estados Unidos entraram na guerra, nós aceleramos o curso de medicina. Enquanto os rapazes da nossa idade estavam indo para a Europa e o Pacífico, nós estávamos protegidos do recrutamento, mas ansiávamos por fazer a nossa parte como médicos. Nessa época, nunca pensei em me recusar a lutar por razões de consciência. Em 1943, apresentei-me como voluntário na Marinha.

Mas, antes disso, eu estava finalmente muito aliviado por me tornar médico e começar a estagiar no Roosevelt Hospital em Nova York. Eu havia me candidatado em hospitais de toda a cidade de Nova York, mas minhas notas e meu desempenho na escola de medicina foram muito medíocres. Tive sorte em ser aceito pelo Roosevelt.

De repente a medicina ficou no mesmo nível da minha vida social, pois o estágio começou a ser recompensador, e eu me vi aprendendo a ser um bom médico. As relações e um olho crítico se revelaram o meu forte. Eu me ligava aos meus pacientes, e eles a mim. Ouço isso até hoje de várias famílias que conheci como estagiário em 1944. Ainda não sei ao certo quanto aprendi de medicina tratando delas, mas foi um ano maravilhoso de aprendizado compacto sobre como ser clínico. Eu me deslocava nas ambulâncias, fazia partos, fui para a prisão de Rikers Island e remediei muitas tragédias. O ano no Roosevelt Hospital me ensinou como era a vida numa área tensa, alcoolizada e drogada de Nova York. Ensinou-me a lidar com emergências, a lidar com as minhas próprias tensões para que eu pudesse chegar até os outros. Eu era atraído pelos pacientes jovens e desde então percebi que queria ser pediatra, e não médico de adultos.

Em 1944, fui convocado para me apresentar à Marinha. Não sabia aonde meus deveres me levariam. As guerras do Atlântico e do Pacífico estavam em curso. A escolha cabia à Marinha. Embora tivesse tido um ano de contato com os problemas graves e crônicos das áreas pobres do centro da cidade, eu ainda era um novato, um inexperiente diplomado da escola de medicina. Sabia que não estava preparado para ir aonde me mandariam. Tinha medo, mas quem não tinha? Chuck estava na França, no exército com o general Eisenhower. Todo mundo que eu conhecia estava servindo ao seu país. De repente, o nosso beliche relativamente confortável do hospital era coisa do passado. Com uma guerra em dois continentes, as Forças Armadas precisavam do maior número de médicos que as escolas pudessem oferecer. Nossas residências foram interrompidas abruptamente. A minha não tinha me proporcionado nenhuma experiência em cirurgia, nem em exposição ao trauma – as consequências esperadas da guerra. Eu me sentia muito mal preparado. Mas quem é que está preparado para a guerra?

Trêmulo e trajando meu elegante uniforme de tenente júnior, fui até o escritório da Marinha no Brooklyn para me informar sobre minha tarefa. Eu seria o único médico a atender o pessoal de seis destróieres (navios pequenos para proteção) que acompanhavam noventa navios rumo à Europa levando suprimentos para os Aliados, e minha base seria no *USS Dale Peterson*. Os navios de carga atravessavam o Atlântico numa viagem que levava dez dias, junto com seis destróieres que protegiam dos submarinos alemães os "rebanhos" que eles pretendiam atingir. Os submarinos eram muito bem-sucedidos no torpedeamento desses comboios e retardavam o avanço para a vitória, privando a Europa e os nossos soldados dos suprimentos necessários. Nosso pequeno destróier (tinha metade do tamanho dos destróieres normais) se inclinava sessenta graus para cada lado no Atlântico revolto ao circular os navios mais lentos, usando sonares de profundidade para identificar os submarinos que se aproximavam. Quando o sonar encontrava um submarino, nós o barrávamos com carga de profundidade para tentar afundá-lo antes que seus torpedos fossem apontados para nós. Torpedeamos muitas baleias e um único submarino alemão no mar da Irlanda. As travessias eram perigosas, mas cruciais.

Viver num desses barcos que se inclinavam era uma habilidade à parte. Estávamos sempre nos apoiando para nos mantermos em pé. Durante o dia, nos agarrávamos onde fosse possível. À noite, colocávamos um calço no beliche para não sermos atirados no chão de aço. Eram necessários dez dias para ir do Brooklyn até Londres. Dez dias era muito, muito tempo. Felizmente, eu nunca fiquei nauseado, mas meus companheiros que tinham esse problema pagavam um preço terrível. Um dos nossos mais importantes experts em sonar, o principal técnico desse aparelho, perdia de quatro a sete quilos em cada viagem. Quando chegávamos à Inglaterra, ele se reidratava nos três dias de parada e se preparava para a volta, depois perdia peso novamente na viagem de volta. Sua saúde e seu bem-estar tinham uma importância fundamental, pois era o sonar que nos protegia.

Os medicamentos nunca o ajudavam. Finalmente, encontrei uma dieta para úlcera que funcionou. Fiz que na véspera da partida ele começasse a beber líquidos açucarados e salgados de hora em hora, e prosseguisse nessa dieta de líquidos durante a viagem. Deu certo, e ele continuou tomando conta do nosso sonar e nos protegendo.

Cirurgia no mar

Uns três dias depois de iniciarmos uma viagem para a Inglaterra, um integrante da nossa equipe médica teve uma apendicite aguda. Eu sabia que precisaria operá-lo. Em toda a minha formação, eu não havia sequer visto uma extração de apêndice. Peguei o *Christopher's Surgery*, o manual de cirurgia, e o estudei atentamente, tão amedrontado que quase não conseguia ler. Virei-me para o veterano da equipe médica, um enfermeiro qualificado designado para o meu navio. Ele disse: "Não vai ter problema, eu vou ajudar você. O maior perigo é o paciente ou você ser atirado para fora da mesa pelo balanço de quarenta e cinco a sessenta graus. Ou o bisturi escorregar". Eu não me sentia seguro.

Combinamos que dois membros da equipe médica segurariam o paciente na mesa, outro me seguraria e um quarto viraria as páginas do livro de cirurgia. O veterano e eu aplicamos no paciente uma anestesia raquiana. Ele se manteve bem acordado durante a operação e me perguntava: "Em que página você está agora, doutor?". Minha faca não escorregou. Eu suava muito, mas um dos meus auxiliares enxugava meu rosto o tempo todo. Quando finalmente terminamos, o paciente e eu estávamos em estado de choque. Ele se recuperou, mas eu não. Ao chegarmos à Inglaterra, ele pôde até mesmo sair andando do navio. Eu quase não consegui.

Nessa mesma viagem, explodimos um submarino nazista. Três tripulantes alemães do submarino vieram à tona vivos, com os membros inferiores arruinados pelo "pé de imersão", um tipo de falência circulatória de que eles sofriam por terem ficado por muito tempo na água gelada do mar da Irlanda; essa lesão leva à gangrena na perna e rapidamente coloca em risco a vida. Precisei amputar o terço inferior de cada perna gangrenada. Obviamente eu nunca tinha visto uma amputação. Peguei de novo o *Christopher's Surgery*. Meu superior na equipe e eu começamos a trabalhar. Sem ele, eu nunca teria conseguido. Amputamos seis pernas. Todos os alemães sobreviveram. Sessenta anos depois, eu ainda sonho com aqueles coitados claudicando pelo navio com os cotos que deixei neles.

Essa foi a minha contribuição para a Segunda Guerra Mundial. O comandante do nosso navio, capitão Bigelow, tentou fazer que eu recebesse uma medalha por bravura. Nem preciso dizer que ele não conseguiu. Eu não era tão corajoso assim. Estava apenas reagindo à necessidade.

No mar, aprendi rapidamente a resolver pelo telefone, de navio para navio, a maioria dos problemas que ocorriam nos outros destróieres. O que no passado eu poderia ter achado necessário ver para fazer um diagnóstico já não parecia tão urgente. Fiquei perito em ouvir e diagnosticar por telefone. Isso me serviu muito quando mais tarde comecei a trabalhar como pediatra.

Lembro-me da primeira vez que precisei fazer um traslado real de barco para barco. Eu precisava ser transferido via boia--calção. A boia-calção é um assento de lona na forma de "calção" ou cueca dependurado numa boia salva-vidas suspensa por cordas que vão de navio a navio deslizando por um cabo feito de cordas. Se os navios estão balançando em sintonia não há problema e o cabo pode ficar firme. Porém, quando eles balançam um em direção ao outro, a corda afrouxa e pode ser puxada para perto das hélices de um dos destróieres. Claro que relutei em tentar esse procedimento. Mas era preciso. Os dois navios se posicionaram lado a lado. O cabo foi atirado e me ajudaram a começar a travessia. Como filmaram o traslado, eu pude vê-lo mais tarde. Os navios estavam sincronizados – até eu chegar à metade do caminho. Então, de repente, eles se inclinaram um na direção do outro. O cabo me fez mergulhar na água. Eu me agarrei a ele. Daí os navios se afastaram um do outro. O cabo saltou para cima, o balanço me arremessou no ar e eu voei sobre a corda. Continuei me agarrando. Mas bati a cabeça no cabo parado e comecei a me curvar no assento, desmaiado. Acordei exatamente a tempo de agarrar as cordas da boia e completar o traslado. Desde então esqueci o porquê de ter feito a travessia e também se o problema do paciente a justificava, mas nunca me esqueci da viagem. Ela me ensinou a esperar para ter certeza da necessidade do deslocamento para um exame e a tratar por telefone tudo o que for possível.

Quando chegávamos à Inglaterra levando navios carregados de suprimentos – comida e munição para as forças Aliadas e para uma nação enormemente abalada –, éramos saudados como heróis. Tínhamos, de fato, nossos privilégios. A comediante Hermione Gingold, uma das celebridades do teatro londrino, gostou de mim (e do meu lindo uniforme). Instalou-me num camarote ao lado do palco e interpretou sua comédia olhando para mim, acomodado à frente de seu público.

Quando a guerra acabou, em 1945, eu podia escolher entre ir para o Pacífico e continuar como tenente júnior na Marinha ou ser dispensado mais cedo. Para mim, não havia o que pensar. Eu queria sair. Como fui dispensado antes dos outros, vi que havia menos competição no mercado de médicos estagiários. Por toda parte os hospitais estavam com deficiência de pessoal e sofrendo com isso. Para mim, a feliz e surpreendente consequência disso foi que o Massachusetts General Hospital me admitiu como médico estagiário do setor de pediatria.

Massachusetts General Hospital: concentração em patologia

O Massachusetts General Hospital (MGH) era uma rede de prédios, e assim o simples aprendizado de como ir de um lugar para outro era uma tarefa de um ano. Embora eu esperasse ser bem recebido, não houve nenhum sinal disso quando cheguei. Parecia que as pessoas não se falavam. Se eu pedia uma orientação para chegar a algum lugar, as pessoas pareciam dá-la de má vontade. Todos eram carrancudos e hostis. Quando eu sugeria algo para um caso, alguém perguntava: "Onde foi que você aprendeu isso?"; "Na Escola de Medicina e Cirurgia de Columbia", eu respondia. "Ahã", diziam eles, e o assunto se encerrava. Levou um tempo para eu me acostumar à desconfiança dos ianques. Mas os pais dos meus pacientes ficavam encantados por encontrarem alguém com um sorriso de acolhida, e muito rapidamente havia uma grande quantidade de pacientes e de pessoas me procurando.

Certa noite fui chamado até o comboio do circo Ringling Brothers, na North Station, para ver um bebê com 40,5 graus de febre. Os pais eram os principais acrobatas de corda bamba e estavam desesperados por causa do filho de um ano de idade. Quando cheguei e o vi no trailer do comboio, ele estava esperto e alegre, apesar da febre alta. Entreguei-lhe um boneco – o seu "boneco de segurança" – e ele o segurou durante o exame. Àquela altura eu já havia aprendido que nenhuma criança gosta de ser invadida enquanto não nos conhece e confia em nós. Eu queria me aproximar gradualmente, e assim auscultei os pais com o meu estetoscópio. Então o pus na boneca da criança e depois na criança. Com isso ganhei a simpatia dela. A mãe e o pai ficaram agradecidos ao verem como o bebê estava à vontade enquanto era examinado. Não vi nada para tratar e lhes disse isso. Por três noites consecutivas a sua temperatura disparou, variando de 40 a 40,5 graus. Durante o dia não havia febre. Ele nunca se comportava como se estivesse doente. Eu ficava muito ansioso quando, toda noite, ia examiná-lo, mas ele me tranquilizava com o seu comportamento. Não usei nenhum tratamento especial; apenas aspirina e líquidos (hoje não damos jamais aspirina a uma criança com febre, pela possibilidade de haver graves efeitos colaterais). Na terceira noite eu consegui dizer aos pais que a sua temperatura cairia no quarto dia e que se espalharia pelo seu corpo todo uma erupção cor-de-rosa parecida com rubéola, mas que na realidade era roséola – uma doença viral benigna. Alarma os pais, mas é uma doença comum nas crianças pequenas.

Por causa da guerra, o hospital estava com uma terrível carência de pessoal. Trabalhávamos arduamente para compensar a cobertura inadequada. Nós, estagiários, tínhamos de trabalhar por dois ou três dias consecutivos, sem parar. Aprendi a encostar em uma maca e descobri que era possível dormir em pé. Eu conseguia tirar uma soneca e me aguentar com um descanso de vinte a trinta minutos. Estávamos realmente em regime intensivo. Muitos médicos jovens não tinham voltado da guerra do Pacífico e, para economizar dinheiro, o MGH usava essa escassez como justificativa para contratar menos médicos estagiários e residentes que o necessário.

A pediatria era comandada por um diretor dinâmico, o dr. Allan Butler. Ele era genial. Muitos jovens com doutorado em medicina que queriam aprender mais iam procurá-lo para isso. O dr. Butler saiu da medicina interna para ingressar na pediatria, e sabia como se destacar no ambiente altamente competitivo da Escola de Medicina de Harvard e no MGH. Ele era um autêntico radical e se manifestava, mesmo naquela época, a favor da assistência médica para todos. O senador Joseph McCarthy, o caçador de bruxas daquela época, fez dele um alvo pelas suas opiniões "comunistas". Eu compartilhava as esperanças e o otimismo de Butler, e me fascinava ver que alguém acreditava na possibilidade de realmente chegar até as pessoas desprivilegiadas e fazê-las mudar de vida. Ele defendia a Ajuda às Famílias com Filhos Dependentes (Aid for Families with Dependent Children – AFDC) e a assistência médica subsidiada, com check-ups sistemáticos e vacinações para todas as crianças. Acreditava numa abordagem preventiva para a assistência pediátrica e advertia que se isso não fosse adotado as famílias ficariam apenas com a assistência médica de emergência.

Pensando nisso hoje, vejo que ele previu a nossa situação médica atual com mais de meio século de antecedência. Ele achava que a assistência médica ia se fragmentar e ficar muito cara, e que a assistência preventiva não chegaria até os pacientes. Suas previsões se tornaram realidade. Butler também começou um estudo sobre o custo da oferta de assistência médica gratuita para todos os filhos dos veteranos que tinham ido para Harvard. Deu-lhe o nome de Harvard Pediatric Study. Depois que comecei a trabalhar em pediatria, participei desse estudo e aprendi muito com a minha associação a talentosos colegas que exerciam a pediatria: Katherine Kiehl, Betty Gregory, Francis MacDonald. Butler queria saber se a assistência preventiva gratuita reduzia ou eliminava os custos de hospitalizações se fosse oferecida numa estrutura protetora que alcançasse todas as famílias. O estudo mostrou os benefícios, mas não chegou a ser publicado, talvez em razão do clima político da época. Butler nunca recebeu as honras merecidas.

Meu trabalho no MGH era tão deprimente quanto o clima que pairava no hospital. Eu passava a maior parte do tempo introduzindo agulhas minúsculas nas minúsculas veias de bebês. O dr. Butler estava desenvolvendo líquidos que continham eletrólitos para uso intravenoso. A diarreia indicava a necessidade de líquidos intravenosos, assim ficávamos ansiosos por receber no hospital qualquer bebê com diarreia. Eu me lembro de um bebê de três meses que tratamos durante 28 dias. Depois de três dias, a veia se desgastava e era preciso tentar outro acesso venoso. Esgotei todas as veias disponíveis do bebê. A garotinha ainda estava evacuando líquido, então achei que era preciso continuar com a terapia intravenosa. Finalmente encontrei uma veiazinha em um dos mamilos e nós continuamos com a terapia. Não consigo imaginar o que custou para esses bebês e para os seus pais o nosso aprendizado sobre como tratar esses problemas.

Não me sinto tranquilo com relação ao tipo de medicina que era então praticado no MGH, embora tenha certeza de que aprendi muita coisa sobre doença e patologia. Pelo fato de o MGH ser o principal centro de pesquisa, ele incentivava as inovações.

Para equilibrar o clima vigente no hospital, procurei fazer amigos fora dele. Em uma visita a Princeton, encontrei Edgar Romig, que havia frequentado uma turma abaixo da minha. Seu pai era holandês, um religioso protestante. Edgar lecionava no Seminário Teológico de Princeton, mas não estava satisfeito. Não me lembro de como ele resolveu ir para Boston, mas ele acabou na Escola de Direito de Harvard. Edgar e eu morávamos juntos num apartamentinho que ficava num sótão – eram quatro andares de escada – na Eaton Street (atrás do MGH), num bairro italiano que foi demolido há muito tempo. No nosso sótão tocávamos Puccini, comíamos pizza, bebíamos vinho barato e discutíamos as questões dos nossos respectivos mundos. Nossa amizade era muito importante para mim. Agregamos ao grupo um terceiro membro, um advogado novato do Texas chamado Greer Taylor. Greer era brilhante e divertido, e uma vez por mês nos levava ao Ritz para jantar – "para sentir o outro mundo", dizia ele. Essas amizades e o modo como nos divertíamos juntos me ajudaram a neutralizar a frieza institucional do MGH e a me defender das tragédias das crianças doentes que eu via.

Na maioria das vezes era maravilhoso tratar das crianças. Normalmente elas eram resistentes e se recuperavam das doenças, e sempre reagiam a um método de tratamento. Mas quando uma criança estava gravemente doente e não podia se recuperar, a pediatria era, e ainda é, uma profissão infernal. Eu nunca me tornei imune a isso. Até hoje fico muito deprimido quando me deparo com uma criança em estado desesperador e os pais dela. É difícil para nós, como profissionais de saúde, encarar um fracasso. Às vezes, nossas defesas contra isso podem até fazer com que pareçamos insensíveis.

Hospital infantil: residência e família

Em 1948 fui convidado a cumprir meus dois últimos anos de residência no Boston Children's Hospital. Embora tivesse aprendido muita coisa no MGH, eu não havia aprendido a ser um acadêmico sério. Aprendi isso nesse hospital infantil.

Ali eu convivi com muitos pediatras e colegas residentes preocupados com o desenvolvimento emocional das crianças. Todos eles estavam interessados na "criança como um todo", e não somente na doença. Isso foi para mim uma revelação. Eu tinha plantões na Casa do Bom Samaritano, uma ala especial do hospital para onde mandavam as crianças com febre reumática. Naquela época, as crianças com febre reumática de todas as idades eram mantidas na cama por muitos anos seguidos se toda tarde a febre ficasse acima de 37,2. Ser mantido imobilizado significava um terrível prejuízo para as crianças em crescimento. Embora lhes fosse oferecido um professor das escolas públicas de Boston, isso atrasava o seu desenvolvimento. Elas ficavam deprimidas, quase inacessíveis e emocionalmente desestruturadas.

Uma criança de nove anos saiu da cama, subiu numa janela do terceiro andar e literalmente rastejou pelo peitoril de cimento. Achei que estávamos fazendo coisas terríveis para essas crianças por interesse em sua recuperação médica. Com dois colegas, o dr. Richmond Holder (psiquiatra infantil) e Beatrice Talbo (assistente social), escrevi o meu primeiro artigo: "The Emotional Effects of Rheumatic Fever in Children" [Os efeitos emocionais da febre reumática nas crianças], publicado em 1953 no *Journal of Pediatrics*, o periódico sobre pediatria da época. Com o advento da penicilina, capaz de dominar a faringite, a incidência de febre reumática caiu notavelmente. Por isso insistimos para que a Casa do Bom Samaritano repensasse se o repouso rigoroso era realmente necessário para a recuperação total das crianças. E o que aconteceu foi que o nosso artigo precipitou mudanças na assistência médica prestada às crianças com essa doença crônica. Até então ninguém havia pesado o custo emocional para elas contra os eventuais ganhos físicos mínimos obtidos mantendo-as na cama. Os antibióticos mudaram muitas dessas práticas, assim como mudou a nossa atenção para o equilíbrio entre as necessidades físicas e as emocionais das crianças em desenvolvimento.

Gostei muito do período que passei no Children's Hospital. Comparada com o MGH, a vida era mais animada e menos deprimente. Eu me impressionava com as capacidades dos meus colegas residentes. Muitos deles se tornaram professores de pediatria – Bob Haggerty, Joel Alpert, Dane Prugh, Sam Katz, John Kennell e muitos outros. Como residentes no Children's Hospital nos anos 1947-1949, nós compartilhamos ideias, algo que eu não havia conseguido fazer em nenhuma das minhas experiências médicas anteriores.

Em 1949, meu amigo e colega texano Greer Taylor, que trabalhava no escritório de Alfred Putnam Lowell, fez que me convidassem à casa de Lowell para um jantar festivo, e eu fui instalado ao lado da terceira filha dele, Christina. Ela era linda e muito inteligente, mas também muito digna e séria. Fiquei admirado e ao mesmo tempo assustado. Alguns meses depois, meus amigos Joe e Pat Edwards me pediram para levá-la junto com eles para um jantar no meu apartamento na Pinckney Street. Eles me convenceram e nós a convidamos. Bastante atraído, eu perguntei se podia vê-la em Nova York, onde ela trabalhava na editora Putnam. Christina concordou. Para aumentar as minhas chances, levei um exemplar de uma revista de poesia vanguardista com a obra de Robert Lowell, primo dela. "Você lê isso?", indagou ela. Claro que eu menti. Eu me apaixonei por ela e a pedi em casamento naquela noite, depois de nosso almoço ter sido seguido por um jantar – que durou até as três da madrugada. Nós nos casamos no outono de 1949 – e já comemoramos nosso sexagésimo terceiro aniversário!

Como a residência no hospital infantil me remunerava com apenas 3 mil dólares anuais, precisei reduzir para a metade as minhas horas ali e começar a trabalhar no Harvard Pediatric Study, a fim de ganhar o suficiente para casar e sustentar uma vida a dois. Foi uma escolha feliz, pois aprendi a exercer a pediatria e tive oportunidade de experimentar as minhas habilidades psiquiátricas numa clínica especial para crianças com problemas de saúde mental.

Quando Chrissy e eu quisemos formar uma família, o sr. Lowell nos ajudou a comprar uma casa em Cambridge. O dr. Ralph Ross, o melhor pediatra de Cambridge, me convidou para abrir uma clínica com ele na Harvard Square. Chrissy foi minha secretária e ajudante até começarmos a ganhar o suficiente para eu contratar uma.

Em 1951 nasceu a nossa primeira filha, Catherine Bowles. Era um bebê muito tranquilo e sensível, em contraste a muitos dos meus pacientes. Essa experiência me levou mais tarde a escrever o meu primeiro livro, *Infants and Mothers: Differences in Development* [Bebês e mães: diferenças no desenvolvimento]. Aprendi muito com todos os meus filhos.

Nossa segunda filha, Pauline Battle (o nome de minha mãe), nasceu em 1954. Era agitada e divertida, ao contrário de Catherine. Uma terceira filha maravilhosa, Christina Lowell Brazelton, nasceu em 1959. Era um bebê lindo e, àquela altura, já sabíamos o que precisávamos fazer como pais. Oito anos depois, para nossa grande surpresa, tivemos um filho, Tom (Thomas Berry III), e ficamos em êxtase.

Naquela época a minha clientela era bem grande, e assim foi possível nos mudarmos para um bairro maravilhoso de Cambridge. Chrissy podia ficar em casa e se dedicar a cuidar das quatro crianças.

Minha carreira estava decolando. Eu lecionava, escrevia, clinicava e até trabalhava meio período com Jerome Bruner, o guru da psicologia do desenvolvimento em Harvard, estudando o desenvolvimento cognitivo (falarei sobre isso no próximo capítulo). Ele abriu para mim o mundo do desenvolvimento infantil, e eu pude associar o seu conhecimento e a pesquisa com as habilidades que eu já havia adquirido na pediatria e na psicologia da criança. Grandes oportunidades!

Psicologia da criança

Depois da residência no Children's Hospital, comecei a perceber quão pouco sabia sobre as crianças ou sua família. Eu precisava ter uma noção melhor da vida emocional delas. Via que as mães e as crianças ficavam na defensiva quando entravam no nosso hospital. Respondiam por monossílabos às nossas perguntas. A criança se retraía completamente ou então começava a gritar. Na nossa formação, aprendíamos a manter uma criança na mesa segurando-a com nosso corpo. Enquanto ela berrava sem parar, podíamos ouvir seu coração e os pulmões. Eu detestava esse tipo de medicina. Era insensível e controladora, dizendo aos pais como criar seus filhos (ao passo que nós mesmos não sabíamos). Gradualmente fui conhecendo os pais dos meus pacientes e vi como eles sabiam mais que eu sobre seu filho. Infelizmente essa ideia não era popular no altamente conceituado Children's Hospital.

Quando concluí meus dois anos no hospital, nosso professor, o dr. Charles Janeway, me chamou na sua sala. Perguntou-me se eu teria interesse em assumir a responsabilidade de dirigir, junto com Charles May, um conhecido pediatra, o departamento de pacientes de ambulatório do hospital infantil. O trabalho era cobiçado. Janeway ficou não apenas surpreso, mas também magoado, quando eu lhe disse que queria me dedicar à psiquiatria infantil. Expliquei que queria aprender algo sobre as relações entre pais e filhos. Ele desaprovou, dizendo que eu estava recusando a chance de obter "uma boa formação pediátrica"! Fiquei desapontado com a falta de apoio para a minha escolha. Posteriormente, quando completei minha formação psiquiátrica e voltei a exercer a pediatria, ele enviou os netos para o meu consultório. Assim, acho que, afinal de contas, minha escolha não foi tão terrível.

Eu dividia os meus estudos psiquiátricos entre o James Jackson Putnam Children's Center (fundado por Marian Cabot Putnam em homenagem ao seu pai) e a dra. Lucie Jessner, do Departamento de Psiquiatria do Massachusetts General Hospital. Com isso, eu me aventurava fora do meu próprio campo. Localizado numa casa antiga do outro lado da Roxbury Latin School, o Putnam Center acompanhava uma amostra representativa de famílias e crianças. Sendo então um dos centros de psiquiatria infantil mais famosos do mundo, era dirigido por psiquiatras experientes, muitos deles fugidos do nazismo e acolhidos em Boston. Entre eles estavam Myriam Davide, da França; a dra. Beata "Tola" Rank, mulher de um dos alunos de Freud, Otto Rank; Eleanor Pavenstedt, da Suécia; Dorothy MacNaughton, da Escócia; e Eveoleen Rexford e Gregory Rochlin, dois psiquiatras norte-americanos que clinicavam ali. Meus contemporâneos e colegas psiquiatras em formação eram Sam Kaplan e Gaston Blom.

Fui o primeiro pediatra do Putnam Center, e eles mal sabiam o que fazer comigo. No primeiro ano, me puseram para trabalhar com Miriam Lasher, uma talentosa psicóloga do desenvolvimento infantil. Miriam Lasher me ensinou muita coisa, inclusive a me sentar no chão e brincar com as crianças. No ano seguinte, aprendi a conversar com os pais, sob a orientação de Harriet Robey, assistente social. Ela me convenceu de que a psicanálise consolidaria a minha formação psiquiátrica. Ajudou-me a conseguir uma visita com um respeitado membro da Sociedade de Psicanálise de Boston. Na consulta, ele me despiu das minhas defesas. Descarreguei todos os meus problemas, sonhos e esperanças. No final de três horas de consulta, eu estava impressionado com as revelações obtidas e com a necessidade de fazer uma análise. O analista disse: "Está certo, eu posso ajudar você. Marque uma consulta para daqui a dois anos". Fiquei horrorizado. Não conseguia encontrar meu carro e, quando encontrei, não consegui enfiar a chave na fechadura. Nunca o perdoei por me mandar embora sem ajuda depois de eu haver me exposto tão completamente.

Voltando ao Putnam Center, contei essa história a Harriet Robey e ao meu amigo psiquiatra Gregory Rochlin. Greg também havia me orientado enquanto eu me iniciava nas conversas com as crianças e seus pais. Ele se compadeceu de mim e se ofereceu para começar a me analisar imediatamente. Tive mais de dois recompensadores anos de análise com ele. Hoje isso não seria considerado certo, mas na época as coisas eram vistas de um modo bastante diferente.

Durante o meu terceiro ano no Putnam Center me incentivaram a trabalhar como psiquiatra infantil e a acompanhar pacientes. Um deles era um garoto de quatro anos chamado "Skipper" (Capitão). Skipper era um loiro magérrimo e ativo, mas calado, cujos pais sofriam com a pobreza, outros quatro filhos, moradia ruim, comida escassa e pouca esperança de dar aos cinco filhos tudo o que queriam lhes proporcionar. Skipper foi encaminhado para mim porque os seus problemas não eram muito claros. Embora os pais soubessem que ele era capaz de falar, de acordo com eles isso não acontecia. Sua mãe estava amedrontada e o levou para ser tratado no Putnam Children's Center. O padre com que ela se aconselhava também se preocupava e a fez se sentir uma "mãe fracassada". Ele a motivou a procurar ajuda para o garoto "antes que fosse tarde demais". Quando chegaram à clínica, eles achavam que Skipper podia ser autista.

Com Greg Rochlin na supervisão eu me sentia seguro trabalhando com Skipper. Nós nos demos bem desde o início. Ele era um menininho bom e generoso. Compartilhava brinquedos com as outras crianças na sala de brinquedos e as consolava quando elas choravam, dando-lhes palmadinhas e acarinhando a bochecha delas. Mas não falava. Eu não encontrava nenhum outro problema no conjunto do garoto para chamá-lo de neurótico e me inclinava a desconsiderar o pedido de ajuda de sua mãe. Skipper subia facilmente no meu colo e nós brincávamos no chão sem nenhuma dificuldade. Mas ele continuava mudo. "A confiança de Skipper em você está apenas começando", disse Rochlin. "Nunca subestime o pedido de ajuda de um pai ou mãe." Eu achei que Rochlin estava maluco.

Certa manhã eu estava no chão brincando com outras crianças na sala. De repente senti um calor no meu ombro direito. Coloquei a mão nele e vi que minha roupa estava muito molhada. Skipper havia urinado no meu ombro.

Fiquei horrorizado, mas me recompus o suficiente para dizer: "Skipper, essa foi a primeira coisa que você disse para mim. Obrigado". Skipper pareceu surpreso. Acomodou-se no meu colo, ergueu a mão até o meu rosto, tocou minha boca e começou a falar. Disse: "Papai". Nossa terapia começou, e dentro de poucos meses ele estava falando e se relacionando à vontade com os pais e irmãos. Foi o meu primeiro sucesso na psiquiatria infantil – graças ao fato de ele saber como chegar até mim.

Enquanto isso, Lucie Jessner, do MGH, havia me dado um caso muito mais difícil para tratar. Embora ela me orientasse, eu era o responsável. O caso envolvia uma adolescente judia de catorze anos excessivamente retraída. Ela era de Worcester, em Massachusetts, e havia estado no Children's Hospital antes de ser transferida para o MGH. Soubemos que sua irmã mais velha havia lhe contado confidencialmente que tivera relações sexuais, estava grávida e pretendia se casar com um não judeu. Seus pais eram absolutamente contra isso e a menina, que chamaremos de "Anne", estava entre as duas partes do conflito. Ela desenvolveu sintomas histéricos. Não andava nem saía da cama, provavelmente indefesa.

No Children's Hospital, a fim de provar que Anne estava "fingindo", o neurologista que tratava dela a pôs de pé e a fez andar diante dos estudantes de medicina. Depois de ser exposta dessa maneira, ela se fechou completamente em si mesma – não comia, não bebia, não urinava nem evacuava, e foi transferida para a divisão psiquiátrica do MGH. Lucie Jessner me pediu para assumir o caso porque eu também era pediatra e poderia supervisionar o controle da parte física. Todos estavam aterrorizados porque ela não bebia, não comia, não urinava nem evacuava. Queriam implantar um tubo para alimentá-la, um soro intravenoso para hidratá-la e um cateter para que a urina saísse. Achei que ela já havia sido tão maltratada pela equipe médica, que queria tentar cuidar da sua histeria sem métodos invasivos. Houve quem achasse que eu estava louco, mas eu queria saber se poderia ter o sucesso da sua recuperação junto com o de um método psiquiátrico. Orientei as enfermeiras a não pressioná-la a comer ou beber. Elas podiam deixar um copo de água na mesinha ao lado da cama, porém não deviam pressioná-la. Não haveria cateteres, nada de supositórios e nenhuma outra intervenção médica. Eu via Anne duas ou três vezes por dia a fim de estabelecer com ela uma relação em que ela pudesse confiar. Tinha esperança de que quando isso acontecesse ela compartilhasse os seus problemas comigo. Todo dia as enfermeiras e os médicos me perguntavam: "Já não é hora de você agir, Brazelton?". "Ela não está precisando de uma injeção venosa, de um cateter ou de um laxante?" Mas eu tinha traçado um rumo e queria persistir nele.

Certa noite as enfermeiras me tiraram de uma festa para me dizer que ela havia tomado um pouquinho de água. Que triunfo! Ela começou a tomar água e suco furtivamente, no décimo quinto dia urinou espontaneamente e, por fim, no vigésimo dia, ingeriu sua primeira comida sólida. Seus intestinos começaram a funcionar e no fim do mês ela estava se recuperando fisicamente; daí começamos a conversar sobre tudo o que havia acontecido com ela.

Continuei vendo-a durante um ano e meio. Ela se recuperou completamente depois do tratamento para a fraqueza nas pernas, decorrente da sua permanência na cama durante muito tempo. Depois ela cursou faculdade, se casou e teve dois filhos. Então eu acreditei – como acredito até hoje – que o progresso de Anne rumo à recuperação mostrou como pode ser eficaz a combinação da pediatria com a psiquiatria.

capítulo 3

A descoberta da força dos recém-nascidos

No início da década de 1950, muita gente ainda achava que os recém-nascidos eram "pedaços de argila" prontos para serem moldados pelo ambiente. Assim, a culpa por qualquer desvio leve ou grave no seu desenvolvimento, até pelo autismo, era jogada nos pais. No James Jackson Putnam Children's Center, onde eu trabalhava na época, os pais que levavam seus filhos para avaliação e terapia eram, por essa razão, frequentemente encaminhados à psicoterapia. Mas a terapia dos pais apenas aumentava o seu sofrimento, sem melhorar o progresso do bebê. Os bebês autistas, por exemplo, são difíceis de contatar, por mais que os pais tentem. Quando os bebês pelos quais nos interessamos tinham lesão cerebral e desenvolvimento retardado, o progresso era lento, e os resultados, insatisfatórios, apesar dos esforços desesperados dos pais. O desenvolvimento dos bebês prematuros também era muito lento e a terapia com os pais não parecia ajudar no seu desenvolvimento. Contudo, os pais continuavam sendo culpados e aceitavam a culpa. Eram tratados com psicoterapia ano após ano, mas seus bebês tinham uma melhora muito pouco significativa.

A contribuição do bebê

Comecei a achar que estávamos errando o alvo. Todos aqueles bebês apresentavam para os seus pais desafios que não se deviam a falhas destes, e culpá-los era contraproducente. Era quase o mesmo que culpar a vítima. Os pais já são propensos a se culparem; eles se sentem responsáveis por qualquer problema. Esse sentimento de culpa decorre do fato de eles se interessarem profundamente. Como pediatra que estava observando a dificuldade de entrar em contato com esses bebês, eu podia ver que o que os pais precisavam era de apoio na sua difícil tarefa. Permitir que eles ficassem imobilizados pela culpa os tornava menos capazes de trabalhar para a recuperação da criança. Eu acreditava que, se pudéssemos avaliar esses bebês quando recém-nascidos e compartilhar com os pais a nossa compreensão, nós os ajudaríamos a revelar o potencial que havia nos seus bebês. A contribuição do bebê para a relação não era reconhecida. Os pais que tinham consciência dessa contribuição podiam trabalhar conosco para ajudar no progresso do seu bebê. Do contrário, esses pais vulneráveis simplesmente se recolhiam, ficavam na defensiva e o contato se tornava impossível. Às vezes eles maltratavam ou ignoravam seus bebês complicados.

Embora avaliações competentes da situação neurológica de um recém-nascido tenham sido desenvolvidas na Holanda pelo neuropsicólogo Heinz Prechtl, elas não incluíam as reações sensoriais do bebê ou a sua capacidade de reagir às tentativas de educação feitas pelos pais. Os sistemas de feedback entre um bebê recém-nascido e um pai apaixonado por ele poderiam ser aprimorados com a nossa compreensão de como cada bebê funciona. Se pudéssemos avaliar a capacidade de um bebê de se adaptar aos esforços dos pais, poderíamos ajudar estes, desde o início, a moldar seus esforços às necessidades do bebê. Avaliando os recém-nascidos o mais cedo possível, poderíamos projetar condutas terapêuticas a partir das quais os bebês em situação de risco por razões diversas (prematuros, pequenos para a idade gestacional etc.) poderiam se beneficiar desde o início.

Minha crescente clientela pediátrica me deixou ciente de que muitas das crianças que apresentavam atrasos no desenvolvimento tinham desde o início um comportamento atípico. Muitos bebês tinham reações instáveis e era difícil estabelecer contato com eles.

Os bebês enquadrados no espectro autista eram frequentemente incapazes de reagir às interações com os pais e evitavam o contato visual. Algumas outras crianças que nós tratamos no Putnam Center tinham outros problemas sensoriais ou físicos que desde o início contribuíam para as suas dificuldades. Se eu pudesse imaginar modos de avaliar as reações dos recém-nascidos, acho que seria capaz de ajudar a prever os tipos de dificuldades que um bebê apresentaria aos seus pais.

Ao estudar essas primeiras relações, fui ajudado pelo belo trabalho de Stella Chess e Alexander Thomas, que introduziram o conceito de diferenças no temperamento das crianças. Essas diferenças eram inicialmente genéticas, mas afetavam a interação entre pai e criança de forma a prejudicar o seu desenvolvimento. Sybille Escalona também havia escrito sobre diferenças tais como limites de hiper e hipossensibilidade nas crianças. Achei que compreender essas descobertas e compartilhá-las com os pais poderia melhorar seu futuro juntos.

Encontrando o melhor desempenho de um bebê

Bem antes de toda essa pesquisa, os pais já sabiam que seus recém-nascidos reagiam a luzes e sons quando ainda estavam no útero. Depois do nascimento, eles podiam ver essas reações. Contudo, a maioria dos pediatras, psicólogos do desenvolvimento e neurologistas não tinha aceitado essas observações. Eles não enxergavam a extensão total das reações dos bebês em razão de uma falha no modo como as testavam. Para testar modalidades sensoriais em recém-nascidos, os especialistas os despiam, deitavam-nos numa mesa e lhes apresentavam luzes e sons. Os bebês reagiam apenas esporadicamente porque se protegiam dessas sensações intrusivas "habituando-se" ou excluindo as sensações. Eles poderiam ter mostrado respostas confiáveis se os examinadores os tivessem levado delicadamente a um estado de alerta confortável. O resultado é que ninguém aceitava que os recém-nascidos viam ou ouviam. As observações dos pais não eram levadas a sério.

Elsa Peterson, enfermeira com muitos anos de experiência que cuidava de recém-nascidos no Boston Lying-In Hospital, me propiciou meu primeiro insight sobre o esforço que um bebê sob pressão precisa fazer para reagir. Ela e eu (então um residente de pediatria) estávamos observando dois prematuros que lutavam para respirar na incubadora. Ela disse: "Olhe essa aqui. Daqui a três dias ela já estará respirando bem, mas aquele outro vai precisar de seis ou oito dias". Ela sempre tinha razão, e assim eu disse: "Como é que você sabe?". Ela respondeu: "Olhe para a primeira. Ela pode parar de respirar durante algum tempo enquanto olha para a luz que está sobre o berço ou reage às lâmpadas do teto ou aos ruídos no berçário. Depois ela continua respirando. O desenvolvimento do seu pulmão e os controles do coração lhe permitem se ajustar a sinais breves (audíveis ou visíveis) que vêm do ambiente à volta dela. O outro ainda não faz isso, mas três a quatro dias depois dela já estará amadurecido o suficiente para ser capaz de fazer isso". E ela estava certa. Elsa foi a primeira a me mostrar a interação das exigências fisiológicas dos pulmões imaturos e dos sistemas cardíacos dos bebês com a sua capacidade de controlar esses sistemas a fim de apreender o seu novo mundo. Até um prematuro vê e ouve, e, se achar isso importante, tentará controlar sua respiração. Mas as exigências dos pulmões e do coração precisam vir em primeiro lugar, pois são necessárias à sua sobrevivência. Quando, com o amadurecimento, essas necessidades básicas são atendidas, ele pode se tornar alerta e reagir com mais facilidade ao que vê e ouve.

Mais ou menos nessa época, Lula Lubchenco, uma neonatalista da Universidade do Colorado, havia criado uma pontuação dos riscos ao bem-estar que um bebê pode correr ao nascer. Ela confrontou essa pontuação com outra que avaliava e previa a sobrevivência de bebês frágeis. As reações visuais e auditivas tinham um papel importante na avaliação dela. Entre os fatores de risco iniciais estavam a experiência intrauterina incômoda e o parto difícil. Lubchenco avaliou então a aparência do recém-nascido, se o seu desenvolvimento era apropriado para a data em que ele havia nascido ou se ele era pequeno para a sua idade gestacional. Além disso, ela investigou como o bebê estava se acomodando em relação ao nascimento, ao parto e ao seu novo ambiente.

Se fosse capaz de reagir a sons, estímulos visuais e toques, a dra. Lubchenco achava que ele estava em ótima forma e podia sair da UTI neonatal, indo ficar com a mãe ou num berçário normal. Um bebê assim, previu ela, poderia até mesmo ser amamentado desde o início, evitando-se a ida para a UTI. Sua pontuação de riscos e de reação do bebê eram inovadoras e importantes, porque ajudavam no momento de tomar decisões sobre quais cuidados adotar. As previsões da dra. Lubchenco eram incrivelmente precisas e me deixaram impressionadíssimo. Nenhum outro investigador antes dela havia considerado a capacidade do bebê de administrar seu sistema nervoso autônomo depois do nascimento como um modo de prever o seu bem-estar posterior.

Sally Provence, pediatra do Yale Child Study Center, também me mostrou como estimular as reações de um recém-nascido. Ela adorava os recém-nascidos e acreditava na competência dos bebês. Sabia que era preciso segurá-los para que eles pudessem reagir. Ela enfaixava um recém-nascido, envolvendo seus braços e pernas com um cobertor, e depois o segurava nos braços num ângulo de trinta graus, o que deixa o bebê atento. Então ela balançava suavemente num ritmo que ajudava o bebê a ficar em estado de atenção. Enquanto ela virtualmente dançava com o bebê, este se tornava mais alerta. Ela cantava baixinho, dançava lentamente e o recém-nascido abria os olhos e se tornava receptivo a ela. O bebê seguia a sua voz e o seu rosto. Sally demonstrou de modo sagaz que o bebê não apenas podia ver e ouvir; ele também respondia quando adequadamente tratado.

Achei o trabalho dela emocionante. "Sally, parece que você entra no cérebro do bebê!" "Bom, dentro de cada um de nós tem um bebê, não tem?" Nessa frase ela sugeriu a razão subjacente, inconsciente, pela qual cada um de nós reage a um bebezinho. Ela confirmou como era fundamental refrear a atividade motora aleatória do bebê para ajudá-lo a passar do estado em que ele barrava todos os estímulos a outro em que ele era capaz de ficar alerta e reativo. Comecei a perceber por que os pesquisadores não haviam conseguido obter de bebês recém-nascidos reações visuais e auditivas confiáveis. Eles não consideraram a necessidade do recém-nascido de controlar seu sistema nervoso autônomo e também o sistema motor antes de se tornar capaz de reagir. Sally primeiro ajudava o bebê a adquirir esse controle, porque depois disso ele reagiria aos estímulos sensoriais. Outros podiam então ver essas reações e acreditar nelas.

Posteriormente eu fui para St. Louis a fim de observar o trabalho da dra. Frances Graham. A escala dela era a primeira a medir a capacidade do bebê de reagir visualmente. Eu observei também Bettye Caldwell (psicóloga) enquanto ela mostrava o que precisava ser feito para que o bebê produzisse aquelas respostas visuais. Primeiro ela enfaixava o recém-nascido. Depois lhe dava uma chupeta "para ele canalizar na boca a sua energia". Em seguida retirava gradualmente a chupeta, com tal lentidão que ele não chegava a protestar, enquanto apresentava um objeto vermelho que o recém-nascido fixava com os olhos. Ela deslocava a bola para frente e para trás, virando o bebê para que ele a seguisse, mantendo-o em estado de alerta durante muitos minutos de cada vez. Desse modo, Caldwell demonstrava que a energia de um bebê podia se tornar disponível para ser manipulada. Ainda não era uma observação científica, mas a oportunidade de observar uma psicóloga respeitada incentivando a capacidade visual do recém-nascido e estimulando-o a "levar a energia da boca para os olhos" era empolgante e me entusiasmou.

O *desenvolvimento da Escala de Avaliação Comportamental Neonatal*

Comecei a buscar modos de provocar confiavelmente reações visuais e auditivas e de desenvolver uma escala que medisse essas reações. Heinz Prechtl era famoso por identificar deficiências neurológicas em bebês a partir de déficits no seu comportamento motor (ele podia identificar num estágio inicial paralisia cerebral e outros distúrbios motores causados por lesão cerebral). Ao tentar distinguir quais diferenças motoras se deviam a distúrbios cerebrais e quais ocorriam somente porque o bebê estava dormindo ou não reagia aos seus testes, ele constatou que o estado do bebê quando testado era fundamental para a qualidade do seu comportamento motor. Ao construir a escala, ele identificou seis diferentes estados de consciência (profundo e ligeiramente profundo, um estado indeterminado, bem acordado, reclamando e chorando).

Comecei a perceber como os seis estados seriam úteis ao examinar bebês, permitindo-lhes usar seus sistemas de controle para chegar às melhores reações aos estímulos sensoriais. Esses estados eram a matriz da qual diferentes tipos de reações dos recém-nascidos dependiam. Tudo começou a se encaixar para mim. A menos que se respeitasse o estado do bebê, não se poderiam obter respostas confiáveis. Nos estados alertas, as reações motoras ou sensoriais poderiam ser ótimas. Nos estados de sono ou choro, o bebê seria menos receptivo aos estímulos sensoriais ou perderia o controle motor. Gerald Stechler e eu demonstramos que recém-nascidos ficam alertas a estímulos interessantes e se põem em estado de sono para evitar estímulos auditivos ou visuais invasivos e negativos apresentados repetidamente. Avaliamos as reações dos recém-nascidos utilizando condutores eletroencefalográficos na cabeça do bebê e registrando os ritmos respiratório e cardíaco. Quando apresentávamos aos bebês uma luz muito forte, eles se assustavam. As primeiras luzes continuavam provocando sustos, mudanças eletroencefalográficas e nos ritmos respiratório e cardíaco. No décimo ou duodécimo estímulo, contudo, o bebê parava de reagir. E no décimo quinto estímulo ele gerava um registro que parecia de sono profundo. Ele simplesmente havia dormido para barrar os estímulos perturbadores. Quando parávamos, depois de vinte estímulos, ele acordava, agitava-se e, com protestos e choro, descarregava a energia guardada ao suprimir essas reações. Que mecanismo poderoso era o ato de habituar-se. Um ato absolutamente necessário para qualquer recém-nascido num ambiente barulhento e muito iluminado.

Essa foi uma ideia inteiramente nova naquela época – o ato de se habituar seguido pela descarga de energia para recuperar o custo de suprimir reações a estímulos, pois, se elas continuassem ocorrendo, sobrecarregariam e desorganizariam o bebê. Por compreendermos essa capacidade de adaptação, acabamos percebendo que o sistema nervoso central do bebê é capaz de evitar a sobrecarga dos sistemas cardíaco e respiratório, barrando a estimulação sensorial demasiadamente exigente. O hábito parecia se assemelhar ao sono no eletroencefalograma. O bebê que não podia barrar as reações a estímulos estaria à mercê do seu ambiente. Normalmente o bebê tem a capacidade de controlar suas reações cerebrais a um som alto, uma luz forte ou estímulos invasivos de qualquer tipo – visuais, auditivos, tácteis ou até mesmo de movimento – apresentados repetidamente. Ao fazer isso, podemos observar seus ritmos cardíaco e respiratório se tornando regulares e estáveis. Quando passa para um estado semelhante ao do sono profundo, ele está barrando "ativamente" todos os estímulos, o que lhe custa muito. Mas passar para o sono profundo não custa tanto quanto ser receptivo. Ele começa a respirar lenta e estavelmente, e seu ritmo cardíaco diminui e se torna regular.

É por isso que quando os neurologistas ou psicólogos do passado despiam os bebês (expondo-os ao ar frio) e os deitavam numa mesa (sem nenhuma proteção contra seus próprios sobressaltos), eles não viam a série de reações dos bebês. Os estímulos eram nocivos e o bebê precisava bloqueá-los. Pelo menos durante a metade do tempo os bebês entravam num estado habituado. Isso significa que eles frequentemente pareciam não poder "ver" ou "ouvir". Além de os movimentos dos bebês serem muito diferentes em cada estado (como Prechtl mostrou), suas reações aos esforços dos outros para alcançá-los eram diferentes.

Desse modo, eu me empenhei em entender como obter o melhor desempenho do bebê. Vi que um bebê vestido, enfaixado, agia de modo muito diferente do que estava despido e desprotegido. Descobri que os bebês que ficavam deitados de costas e vulneráveis a sobressaltos que eles não podiam controlar não eram muito receptivos. Segurados num ângulo de trinta graus, como Sally Provence mostrou, eles ficariam alertas até um estado receptivo. Enquanto brincava com recém-nascidos no berçário, eu os fazia virar a cabeça, seguir a minha voz, meu rosto, uma bola vermelha ou um chocalho suave. E eles colaboravam, ficando sob controle, despertos e receptivos. Quando se sentiam sobrecarregados, eles se protegiam com sono, sonolência ou choro. Comecei a ver essas capacidades como uma grande força. Elas eram fundamentais para os recém-nascidos, que tentavam aprender sobre o mundo – desde o início. Ao descobrir que era capaz de provocar essas capacidades poderosas, ouvi a voz da minha avó: "Berry é muito bom com as crianças".

A partir dessas observações, comecei a elaborar um teste que chamamos de Escala de Avaliação Comportamental Neonatal (NBAS)*. Usando como base os seis estados de consciência de Prechtl, tivemos êxito na produção de reações sensoriais confiáveis que eram confrontadas com reações motoras e do sistema nervoso autônomo. Essas reações, por sua vez, se tornaram um modo de compreender a individualidade e o temperamento de cada bebê.

Os seis estados do recém-nascido

Sono profundo. Os olhos do bebê estão firmemente fechados e imóveis. A atividade motora é reduzida ou inexistente, com exceção de eventuais sobressaltos ou movimentos com a boca. A barriga do bebê sobe e desce com a respiração, que é relativamente lenta (média de trinta e seis respirações por minuto), profunda e regular.

Sono leve com movimentos oculares rápidos (sonhando). Os olhos do bebê estão fechados e, sob as pálpebras, pode-se ver os movimentos dos olhos. A atividade vai de contrações mínimas até torções e estiramentos. A respiração é irregular e geralmente mais rápida do que a vista no sono profundo. As expressões do bebê incluem franzimento de sobrancelhas, caretas, sorrisos, contrações, movimentos da boca e até sucções. Mas ele ainda não está começando a acordar.

Estado sonolento. Os olhos do bebê podem abrir e fechar ou podem ficar parcialmente abertos, mas ele parece entorpecido. Ele

---

* Embora exista o termo em português para "Neonatal Behavioral Assessment Scale", optamos inserir a tradução correta e manter a sigla original em todas as ocorrências, pois ela é bastante utilizada pela comunidade médica, como é o caso da Sociedade Brasileira de Pediatria. A NBAS também é conhecida como Escala de Brazelton. (N. E.)

pode se mexer um pouco. A respiração é um pouco mais rápida e mais superficial.

Inatividade alerta. Agora o corpo e o rosto do bebê estão imóveis e sob controle, seus olhos parecem claros e brilhantes, e ele seguirá uma bola vermelha ou o rosto do examinador. Ele irá se voltar para a direção de onde vem uma voz ou qualquer som. Esse é o estado divertido para o examinador ou para os pais. Às vezes se tem a impressão de que o bebê está tentando manter esse estado para interagir com o examinador.

Alvoroço. Começam as vocalizações agitadas. O bebê se alvoroça e se contorce. Não segue ou se vira para um som com o interesse que tinha antes. Pode dar alguns gritos.

Estado de choro. O corpo inteiro está se mexendo e os acessos de choro são contínuos. A cor do bebê muda e sua pele avermelha. Agora ele só reage se estiver enfaixado, sendo segurado, tendo algo para sugar ou percebendo uma voz ou luz invasiva. Um olhar para o rosto do examinador pode fazê-lo parar entre os acessos, mas é provável que ele esteja inacessível a qualquer medida que não seja controladora – por parte do examinador ou dele próprio, como pôr a mão na boca e sugá-la.

Quando comecei a brincar com os bebês usando esse conceito do controle dos estados, me senti como quando, ao imergir no mar pela primeira vez com óculos de mergulho, vi uma porção de peixes que nunca havia visto antes. O comportamento dos bebês é muito complexo e empolgante se lhes proporcionarmos o apoio de que eles necessitam.

Por exemplo, quando um recém-nascido está chorando no berço e você se inclina para se aproximar do ouvido dele, falando-lhe persistentemente, dentro de pouco tempo ele para e olha agradecido para o seu rosto; ele usou a sua voz para conseguir se controlar. Ou ponha o recém-nascido no seu ombro para afagá-lo. Logo ele irá levantar a cabeça, olhar em volta do quarto, levar o punho à boca e, por fim, aninhar a cabecinha junto ao seu pescoço. Com um bebê sonolento, segure-o a um ângulo de trinta graus olhando para o seu rosto. Se quiser, balance-o um pouco para despertá-lo. Assim que vir o seu rosto, a expressão dele ficará alerta como se ele estivesse prestes a sorrir e vocalizar. Ele quer que você lhe fale suavemente nesse estado alerta.

Quando você põe um bebê no trocador, segurando-o firmemente e conversando enquanto o limpa, ele o olha tranquilo e agradecido, pronto para sorrir e vocalizar. Ele aprenderá rapidamente que esse é um momento para comunicação. As reações do recém-nascido são muito emocionantes. Sempre que estou com um deles, sinto a mágica no modo como os bebês têm o papel de estimular a relação com os que se interessam por ele e, consequentemente, pelo seu futuro.

O sistema de reflexos é outro elemento importante na avaliação da integridade de um recém-nascido. Ao nascer, alguns reflexos são sinais de um sistema nervoso normal, garantindo-nos que o bebê não tem lesão cerebral. Eles incluem (1) o caminhar (reflexo que ficará oculto nos meses seguintes para depois voltar, como caminhar voluntário); (2) tentar manter a cabeça erguida quando o puxamos para cima pelos braços para ele se sentar; (3) levantar a cabeça e virá-la para poder respirar livremente quando ele é posto com o rosto para baixo; (4) buscar: quando a bochecha é afagada, virar a cabeça para tentar agarrar com a boca o dedo que a afaga; (5) sugar qualquer coisa – um dedo, o seio, a mamadeira ou a chupeta; (6) levar a mão à boca para se consolar; (7) assustar-se quando lidam com ele abruptamente; (8) pegar um dedo ou um objeto oferecido a ele; (9) reflexo tônico do pescoço – quando a cabeça do bebê é virada para um lado, o corpo arqueia e os braços assumem uma posição de defesa; e (10) reflexo de Galant, em que o bebê é segurado com o rosto para baixo e acariciado num dos lados da coluna; ele leva o quadril para o mesmo lado. Esse último reflexo ajuda o bebê a se contorcer para sair do útero.

Prestando atenção nos estados do bebê, um examinador experiente pode fazer uma previsão muito precisa de como ele irá reagir a qualquer estímulo apresentado. Por exemplo, num estado de sono profundo, o bebê reage apenas ligeiramente a um chocalho; embora possam ocorrer mudanças respiratórias e piscadas, a criança provavelmente se movimenta ou desperta muito pouco. Ao passar para um estado de sono leve, começam movimentos mais lentos de braços e pernas, e seu tronco se torce enquanto ele acorda com o estímulo. O bebê abre os olhos e olha em torno vagarosamente. No estado semialerta, ele começa a se mexer e até buscará estímulo. Quando reage a um chocalho suave ou a uma voz, sua respiração se torna mais lenta e regular. Ele passa para o estado bem acordado, em que pode prestar atenção. Seu rosto e corpo ficam tranquilos. Ele parece surpreso e se vira para seguir o som. Sua cabeça vira, seu corpo continua quieto enquanto ele segue o som de um lado para outro. Alguns recém-nascidos podem manter o estado de alerta por bastante tempo antes de começarem a se cansar e então se agitarem, prenunciando outro sono.

A NBAS e os pais de primeira viagem

Ao desenvolvermos a escala – frequentemente chamada de Escala de Brazelton –, começamos a ver que compartilhar as respostas de cada bebê ao nascer era um modo eficiente de preparar os pais novatos para o seu papel. Em vários artigos publicados, eu e outros pesquisadores falamos sobre o valor de compartilhar com os pais novatos uma avaliação profissional das vigorosas capacidades do seu filho recém-nascido. Isso dá aos pais uma clara percepção sobre seu bebê.

Os pais fatalmente serão mobilizados por esse conjunto de comportamentos. Eles se dedicarão a compreender seu bebê e, além de provocar reações, também buscarão obter o "melhor desempenho" do bebê. Quando um bebê se vira para a voz dos pais, estes pensam: "Ele me conhece!".

Assim, tanto a escala, que é um modo de avaliar a contribuição do bebê para a sua relação com os pais, quanto as respostas dos pais permitem ver o nível de sensibilidade com que eles estimulam o bebê. Ao trabalhar com a escala, senti que ela podia prever a natureza da ligação futura entre os pais e a criança.

Compreender a natureza do estado de sono também é útil para os pais. Quando um bebê passa do sono profundo para o leve ele desperta, chora e, como se estivesse descarregando energia acumulada, se agita vigorosamente antes de entrar novamente no sono profundo, que é um estado mais protegido. No sono noturno, esses estados oscilam a cada noventa segundos, mas se tem a impressão de que o bebê permanece no que parece ser um sono profundo até chegar ao estado de sono leve a cada três ou quatro horas. Então ele desperta e descarrega atividade motora, e seu ritmo cardíaco e respiratório se torna agitado e irregular. No sono leve, ele é receptivo a estímulos externos e acorda se for submetido a eles. Os pais precisam saber que o bebê se esforça arduamente para se proteger no sono profundo e que ele está muito disponível para despertar do sono leve e entrar no estado alerta, receptivo. Exceto no meio da noite, o estado de sono leve é uma boa hora para os pais começarem a brincar com o bebê, a aprender mais sobre ele.

Ao trabalhar com a NBAS, eu vi como é empolgante para os profissionais de saúde e para os pais observar que, ao seguir o rosto humano, o bebê fica mais ativamente envolvido do que ao seguir um objeto. Se além de apresentar seu rosto o examinador falar, a feição do bebê se altera. Enquanto isso, sua atividade motora e até o ritmo cardíaco parecem ser controlados de modo a lhe possibilitar que preste atenção. Depois de algum tempo, quando o bebê se distrai ou passa para um estado de alvoroço ou choro, ele mostra o quanto essa interação custa ao seu sistema nervoso imaturo. Provavelmente ele ficará exausto, cairá num estado de sono e se tornará indisponível. Isso ajuda os pais a entenderem que um bebê precisa se recuperar antes de poder interagir novamente.

Os pais de bebês frágeis precisam aprender a reconhecer em seu filho os sinais indicadores de sobrecarga – se ele boceja, soluça, franze a testa, regurgita ou evacua. Olhos virados para cima e distantes, corpo arqueado ou moleza corporal também podem ser um sinal do tipo: "Para mim, chega". Um pai novato começa a aprender essa linguagem de autoproteção. O bebê parece estar dizendo: "Quero interagir e saber coisas sobre você e sobre o meu novo mundo – mas desde que isso me seja possível". Porém, quando o sistema do bebê está sobrecarregado, ele parece dizer: "Já chega. Dá um tempo".

Os pais também aprendem a diferença entre os gritos (fome, dor, cansaço, desconforto, estímulo em excesso) e o que fazer em relação a eles. O choro é uma poderosa comunicação entre o bebê e os pais. Todos os pais querem saber diferenciar.

Os pais frequentemente me diziam: "Eu gostaria que alguém tivesse me mandado para casa com um livro sobre como cuidar desse bebê". Minha resposta era: "Bom, fizeram isso. Seu bebê vai lhe dizer o que dá certo para ele e o que não dá. Simplesmente siga as reações e o comportamento dele, e então você vai aprender como se tornar um pai para seu filho. Você vai aprender mais com os erros do que com os sucessos. Quando tentar algo e o resultado não for satisfatório, você tentará seis ou sete outros modos de entrar em contato com ele. Quando um desses modos finalmente funcionar, você terá aprendido com todas as sete ou oito tentativas".

Apurando a escala

Além de provar a competência dos bebês e mostrar que os desvios não são culpa do pai ou da mãe, o objetivo da NBAS era registrar dentro de cada estado as reações – autônomas, motoras, sensoriais – que se integram mutuamente no bebê normal, saudável e nascido de gestação completa. A NBAS não pretendia ser um conjunto de apresentações separadas de estímulo-reação, e sim uma avaliação interativa do desempenho e das habilidades auto-organizacionais do bebê. Esperávamos determinar as contribuições da criança ao ambiente de cuidados voltados para ela. Exames repetidos demonstraram a capacidade do bebê de usar a sua organização interna para experimentar e se beneficiar, do ponto de vista do desenvolvimento, do estímulo ambiental. O uso que o bebê faz de diferentes estados para manter o controle das suas reações aos estímulos ambientais e internos reflete o seu potencial para a organização. Demonstramos que as mudanças nos estados não precisavam mais ser tratadas como um obstáculo para a avaliação. Em vez disso, respeitando os estados, podíamos ver todo o repertório comportamental do bebê. A NBAS rastreia as mudanças de estado durante o exame e a direção que tomam. A variabilidade – tanto a capacidade do bebê de se acalmar quanto a sua busca por estímulo – revela a sua capacidade de auto-organização.

A NBAS acabou se constituindo de dezoito medidas de reflexos e 28 reações comportamentais a estímulos ambientais, incluindo o tipo de estímulos interpessoais que as mães e os pais usam ao lidar com o bebê. No exame, há uma série graduada de procedimentos (conversar, pôr a mão na barriga, conter, balançar) destinada a acalmar o bebê e outra que visa a despertá-lo. Avalia-se a sua reatividade a estímulos animados (voz, rosto) e inanimados (chocalho, sino, bola vermelha, luz branca, mudança de temperatura). Estimativas de vigor e empolgação da atenção são medidas e é feita uma avaliação da atividade motora, do tônus e da reatividade do sistema nervoso autônomo quando o bebê muda de estado. Foram acrescentados itens suplementares de observação, como o custo da avaliação para o recém-nascido, o nível de esforço exigido do examinador para obter do bebê o melhor desempenho e, por fim, a qualidade do melhor desempenho. Perguntas adicionais ("Quanto você teve de trabalhar para obter o melhor desempenho do bebê?" e "Você levaria esse bebê para casa?") nos ajudaram a identificar a natureza do trabalho dos pais ao tentarem se relacionar com o bebê. As respostas a essas perguntas eram incrivelmente previsíveis. A psicóloga do desenvolvimento Marjorie Beeghly avaliou crianças de três anos e constatou que as respostas continuavam descrevendo o desempenho e o temperamento da criança. Isso pareceu uma prova das diferenças individuais dos bebês no período neonatal e também da forte influência do bebê em moldar os cuidados oferecidos pelos pais.

Tiffany Field, a primeira pessoa treinada na NBAS, contribuiu muito para a pesquisa sobre a comunicação entre os bebês e os pais. Sendo uma pesquisadora fabulosa, ela frequentemente confirmou os vários usos da minha NBAS com os seus paradigmas de pesquisa. Tiffany desenvolveu a importância do toque – inclusive massagem – como forma de comunicação entre os pais e o bebê. Tipos diferentes de toque denotavam mensagens diferentes. Um toque leve poderia significar: "Oi, eu estou aqui. Você pode me responder?". Um toque mais forte poderia servir para tranquilizá-lo.

Um toque ainda mais forte poderia ser usado para ajudar o bebê a adquirir controle. Cada tipo diferente de toque podia criar a situação para uma reação diferente do bebê.

Realizando a NBAS em dias sucessivos, conseguimos ver o recém-nascido se recuperando do parto: o período inicial de alerta imediatamente após o nascimento, o período de depressão e desorganização que se segue e a curva de recuperação depois de muitos dias. O período de depressão e desorganização dura de 24 a 48 horas em bebês de parto sem complicação e sem efeitos de medicação, mas persiste até três a quatro dias em bebês desacelerados por medicamentos administrados durante o parto. A curva de recuperação pode ser um prognóstico precoce do potencial individual, e parece se correlacionar bem com as capacidades do recém-nascido quando ele é testado trinta dias depois.

Meus colegas de pesquisa infantil fizeram várias críticas à escala: (1) Brazelton é o único que sabe o que é o "melhor desempenho", (2) ela pode variar de um pesquisador para outro e (3) ela não prevê o futuro do bebê. Nós levamos a sério todas essas críticas. Para responder a primeira, começamos a aumentar nossas exigências para obtermos um treinamento confiável – tão severamente que talvez tenhamos levado a maioria dos clínicos a se afastarem, temerosos. No entanto, os pesquisadores a receberam bem, e quase mil artigos foram publicados sobre a escala por observadores treinados de modo confiável. Para testar a previsão usamos três avaliações consecutivas durante o primeiro mês – logo depois do parto, com duas semanas e com quatro semanas, registrando todas as reações comportamentais, assim como os comportamentos de reflexo. Exceto no caso de recuperação depois de medicação ao nascer, a melhora nas avaliações ao longo do mês demonstra a capacidade do bebê de incorporar a educação pelo ambiente. As reações e os comportamentos que não mudam são provavelmente genéticos e fixos enquanto a criança é recém-nascida. As reações que estão mudando, mas não de modo positivo, são as que merecem a nossa atenção. Com relação às crianças com necessidades especiais, essas avaliações podem nos orientar sobre o melhor momento para iniciar um programa de intervenção que ajude os bebês a atingir o seu potencial. Percebemos o valor dessas distinções ao usarmos a escala com bebês prematuros e de alto risco.

O trabalho com bebês prematuros levou Barry Lester, Ed Tronick, Heidi Als e eu a desenvolvermos a ACBP (Avaliação do Comportamento do Bebê Prematuro). É uma avaliação muito detalhada dos bebês prematuros, frágeis, muito usada hoje em dia. Com ela, Heidi Als pôde demonstrar que mudar as UTIs neonatais de modo a respeitar a propensão do sistema nervoso dos bebês imaturos a se sobrecarregar facilmente faz uma diferença significativa nos resultados obtidos. Reduzindo-se o barulho, a luz e o manuseio doloroso ou perturbador, esses bebês não somente se recuperam bem mais rapidamente como também apresentam sensível redução das dificuldades oftálmicas, dos problemas respiratórios e das complicações gastrintestinais. A aplicação criativa que Heidi fez da escala melhorou bastante o futuro desses bebês, e ela chama de cuidado evolucionário esse novo modo de cuidar. Ela desenvolveu um processo metódico chamado Programa Individualizado de Cuidado Evolucionário e Avaliação do Recém-Nascido para as UTIs neonatais usarem quando efetuam essa transformação.

Ao desenvolvermos o ACBP, nós também aprendemos muito sobre a adaptação dos pais ao nascimento prematuro. Mesmo quando os pais parecem se recuperar da sua previsível aflição pela prematuridade ou pelo alto risco que o bebê corre, precisamos fazer mais coisas para ajudá-los a se relacionar com a criança. Identifiquei quatro estágios pelos quais os pais precisam passar para estar prontos para se ligar ao seu bebê frágil: (1) referir-se ao bebê como se ele fosse simplesmente elementos químicos (pH, O_2, eletrólitos etc.) que estão sendo medidos pelos aparelhos da UTI neonatal; (2) ver que uma pessoa da equipe médica (enfermeira ou médico) leva o bebê a reagir com reflexos; (3) ver que o bebê reage a outros com respostas comportamentais (ficando alerta quando outra pessoa se aproxima do berço, virando-se ao ouvir a voz dela); e (4) esperar que o bebê reaja aos pais com esse comportamento. Constatamos que além do trabalho de Als para mudar a UTI neonatal, o benefício dos bebês prematuros era maior quando incentivávamos os pais por meio desses quatro estágios de recuperação. As enfermeiras podem monitorar esse programa; assim, por exemplo, suas anotações podem dizer: "Mãe está no estágio 4, mas pai está no estágio 2. Trabalho com pai". Com apoio, os pais dos bebês prematuros se preparam para estabelecer uma ligação antes da saída do bebê da UTI neonatal, e assim o seu vínculo futuro é aperfeiçoado.

Problemas na sala de parto

Por ser tão interessado pelos recém-nascidos, quis saber como foi a chegada ao mundo, quantos medicamentos a mãe tomou antes do parto e o quanto eles foram afetados por um parto longo. Um dos meus primeiros artigos sobre comportamento do recém-nascido descreveu uma comparação entre os bebês que nasceram sem que a mãe tivesse sido medicada e aqueles cuja mãe havia recebido o "sono do crepúsculo" (um opiáceo, geralmente morfina, usado com escopolamina), empregado rotineiramente na época para as mães enfrentarem o parto. Já havia grande interesse pelo "parto natural", inclusive pelas técnicas pioneiras do obstetra francês dr. Fernand Lamaze. Em seu país, ele instruía as mães com relação ao trabalho de parto e ao parto em si, e, dando-lhes apoio durante o trabalho de parto, estava conseguindo trazer ao mundo bebês sem narcotizá-las. Meu estudo mostrou que o nascimento dos bebês cujas mães haviam sido narcotizadas duas a doze horas antes era um processo mais lento. Ao nascer, eles tinham uma pontuação boa no teste de Apgar (que reflete a reação do bebê ao trabalho de parto e ao nascimento), o que mostrava que esses recém-nascidos podiam despertar adequadamente após a pressão do trabalho de parto e do nascimento. Contudo, trinta a sessenta minutos depois, no berçário dos recém-nascidos, eles começavam a fazer esforços. As enfermeiras passavam o tempo ajudando esses recém-nascidos a expelir o muco espesso. Os bebês nascem aptos a tossir para expelir das vias respiratórias o muco e o líquido amniótico, de forma que seus pulmões possam começar a absorver o ar, mas, quando estão sedados demais e resistindo a acordar, eles não reagem o suficiente ao estímulo e não tossem para expelir o muco sem ajuda. O bebê que não foi narcotizado pode tossir e facilmente expelir o muco sem ajuda.

Logo que o cordão umbilical é cortado, o nível de sedação do bebê se estabelece. O medicamento que a mãe recebeu fica armazenado no recém-nascido, afeta o cérebro imaturo da criança e é lentamente excretado pelos seus rins imaturos ou lentamente desintoxicado pelo seu fígado imaturo. Os bebês de mães medicadas mostraram uma reatividade reduzida durante sete a dez dias depois do parto. As mães tinham dificuldade em despertá-los para a amamentação. Assim, ao longo da primeira semana era difícil os pais verem o filho como uma pessoa receptiva.

Minhas opiniões sobre essa questão se tornaram conhecidas. Lembro-me de um dia estar andando pelos corredores do Boston Lying-In Hospital quando ouvi uma ordem retumbante: "Dr. Brazelton, venha cá!". Era o dr. Duncan Reid, professor de obstetrícia da Escola de Medicina de Harvard e diretor do Lying-In. "O estudo que você fez sobre os efeitos da medicação em parturiente está arruinando a minha carreira!" Ele prosseguiu dizendo que havia trabalhado durante quarenta anos para desenvolver a medicação que aliviaria o sofrimento do trabalho de parto para as mães. Achava penoso observar o trabalho de parto e queria torná-lo mais fácil para elas. Mas havia um custo. Meu artigo ajudou a conduzir uma reavaliação da pré-medicação e dos seus efeitos nos recém-nascidos. Naquela época, alguns grupos em todo o país estavam tentando tornar o parto natural e livre de medicamento. O dr. Marshall Klaus, da escola de medicina Case Western Reserve, em Cleveland, era a principal figura desse esforço. Ele e seu colega, meu amigo que então trabalhava no Boston Children's Hospital, dr. John Kennell, haviam escrito artigos sobre como era importante os bebês estarem alertas e receptivos, o que permitia aos pais se relacionar com eles logo depois do nascimento. Eles foram os primeiros defensores do vínculo entre mães e bebês. Falaram sobre a relação e sobre como ela se tornava afetiva, começando no período imediatamente posterior ao nascimento. Infelizmente, esse importante trabalho foi mal interpretado e levado ao pé da letra. Algumas mães se preocupavam sem necessidade, achando que jamais poderiam recuperar esse importante período de ligação se algo, como uma emergência médica, o perturbasse.

Marshall e eu éramos convidados a dar palestras em todo o país para fomentar o movimento pelo parto natural. Uma noite eu disse a ele: "Não aguento fazer essa palestra na sua frente nem mais uma vez". Ele respondeu: "Eu não aguento ouvir isso mais uma vez. O negócio é o seguinte: você faz a minha palestra, e eu faço a sua". Assim foi, e nós nos divertimos. Foi um bom jeito de lidar com o cansaço. Acho que nossos esforços fizeram diferença. Hospitais de todo o país começaram a aceitar o parto natural, Lamaze e outras técnicas.

Eu testemunhei uma das primeiras tentativas de usar essas técnicas no Boston Lying-In Hospital. O dr. Arthur Gorbach (um obstetra jovem, corajoso e de ideias avançadas) estava fazendo um parto. Uma parteira e o pai davam à mãe o apoio durante o trabalho. Uma das sugestões era manter a sala tranquila e escura, pois assim a mãe não se distrairia e poderia se concentrar no trabalho de parto. O dr. Gorbach fazia um "shhh" forte toda vez que alguém emitia um som (com exceção da mãe, claro). Quando o bebê finalmente apareceu e deu uns poucos gritos satisfatórios, limpou suas vias respiratórias do líquido amniótico e do muco chorando e respirando profundamente, todos respiraram aliviados. O período de silêncio e advertências havia acabado. Acenderam as luzes da sala de parto. A equipe médica começou a conversar em voz alta. O bebê foi envolto num lençol, apresentado rapidamente à mãe e ao pai. Então o levaram apressadamente para o berçário "seguro" dos recém-nascidos. Fiquei muito desapontado. O parto foi ótimo, mas não era a prioridade de ninguém propiciar à mãe a oportunidade de segurar seu bebê para se relacionar com ele. Ainda tínhamos um longo caminho a percorrer para mudar os procedimentos médicos.

Explorando a ligação

Nosso trabalho sobre a relação inicial entre pais e bebês gerou investigações sobre o desenvolvimento do vínculo, que John Bowlby começou a explorar no início da década de 1960. Nós identificamos quatro estágios do comportamento de ligação entre pais e bebê antes do estágio que a psicanalista Margaret Mahler chamou de incubação, aos quatro meses e meio. Mais tarde eu escrevi sobre esses estágios juntamente com o psicanalista Bertrand Cramer em *The Earliest Relationship* [A primeira relação]. O primeiro estágio é a efetivação do controle do bebê sobre os estímulos externos e os seus próprios estados internos e respostas do sistema nervoso autônomo. Ser capaz de acompanhar o som e a figura de outra pessoa exige esse controle. No segundo estágio, os bebês podem prolongar a sua atenção e começar a interagir com a pessoa que cuida deles. Eles aprendem a usar sugestões dadas pelo adulto para ficarem alertas e se adaptarem ao ritmo de uma relação. Esse estágio pode durar de uma a oito semanas. No terceiro estágio, os pais e os bebês podem interagir baseando-se na capacidade do bebê de assimilar e reagir a sinais e de se recolher e se recuperar. Durante esse tempo os pais aprendem sobre as habilidades, necessidades e o ritmo da atenção/perda de atenção do seu bebê. Aprendem também sobre a capacidade de entreter o bebê. Esse estágio acontece no segundo ou terceiro mês. No quarto estágio, os bebês começam a mostrar autonomia e a reconhecer seu controle sobre o ambiente. Um bebê pode interromper a sua atividade enquanto se alimenta somente para prestar atenção em algo interessante. Durante esse tempo, entre o quarto e o quinto mês, há um salto na consciência cognitiva. Isso corresponde mais ou menos ao momento de "incubação" do bebê.

Esses quatro estágios de ligação entre pais e bebês nos ofereceram – a nós, pesquisadores – uma oportunidade de avaliar a qualidade da relação que eles estabelecem nos primeiros quatro meses de vida. A pesquisa sobre esse tema foi iniciada quando eu era pesquisador no laboratório de Jerome Bruner no Harvard's Center for Cognitive Studies e se tornou a base para a identificação e compreensão do comportamento e da interação rítmica que pais e bebês apresentam numa consulta de rotina ao pediatra. Assim, a pesquisa podia ser usada para o diagnóstico, e a consulta fornecia dados para pesquisa. Os passos são incompletos ou desacelerados quando os pais estão deprimidos ou distantes, ou o bebê está atrasado ou não reage. Sorrisos, vocalizações e comportamento motor, tudo se enquadra nessa moldura. Fizemos um filme sobre o quarto estágio desse comportamento, com a sua quebra, a chamada situação de rosto imóvel, definida por Ed Tronick, para demonstrar a profundidade da ligação. No filme, o bebê é mostrado reagindo à mãe com empolgação. Ela então deixa o quarto e volta com uma expressão fixa no rosto, que se mantém independentemente do comportamento do bebê. É impressionante ver os intensos esforços do bebê, cortejando-a para que ela volte a ser como antes, e a sua alegria quando ela novamente reage. Esse filme foi tão persuasivo que o usaram na Câmara e no Senado dos EUA em meados da década de 1980 para se pressionar a aprovação de uma lei de licença-paternidade para os pais. Falo sobre essa campanha no Capítulo 7.

A NBAS vai para o exterior

O interesse pela escala começou a chegar a outros países. Meu primeiro pedido foi do dr. Karl J. Scheppe, da Universidade de Munique. Ele me convidou para ministrar uma palestra na universidade. Eu só falava umas poucas palavras em alemão e fiquei tão nervoso que quase não me lembro dessa visita. Trinta anos depois, em 2006, voltei a Munique com muito mais confiança quando a Fundação Theodor Helbrügge, que faz parte da Universidade de Munique, me honrou com o prêmio Arnold Gesell.

Meu segundo convite para o exterior aconteceu em 1974, feito pelo dr. Peter Tizzard, de Oxford. Fiquei emocionado e ansioso por ter sido convidado para fazer uma conferência ali. Meu querido amigo Aidan MacFarlane (pediatra que tinha estado em Boston para fazer um curso sobre desenvolvimento da criança) viajou de Londres para me ouvir. Jerome Bruner, meu ex-chefe no Harvard Center for Cognitive Studies, havia saído de Harvard e estava em Oxford: foi lá e se sentou ao lado de minha mulher, Chrissy, na primeira fileira.

Peter Tizzard era "o" professor de pediatria e neonatologia em Oxford, e era muito temido e admirado. Eu estava aterrorizado. Quase não dormi. Claro que não pude comer no banquete que prepararam para nós. Todos tentaram me tranquilizar, mas àquela altura eu já havia ouvido críticas ao meu trabalho feitas por Heinz Prechtl, na Alemanha, por Peter Wolff, de Harvard, e por vários detratores da NBAS na Sociedade para a Pesquisa em Desenvolvimento da Criança (SPDC), e estava bastante apreensivo. Esperei outra surra. Tranquilizado por Chrissy, Jerry e Aidan, me fortaleci e caminhei ao lado de Tizzard, que se apresentaria de toga e barrete, ao estilo de uma conferência importante em Oxford. Uma sala cheia de rostos ansiosos. Meu filme estava pronto, e eu o mostrei.

Quando terminei de falar, o professor Tizzard se levantou. "Esse é um dos avanços mais estimulantes na neonatologia a que eu já assisti." Sorri, orgulhoso. A expressão de Chrissy era cética. "Mas", disse ele, e então fiquei sem fôlego. "Ninguém deveria usar várias picadas de agulha no pé de um bebê. Isso é cruel." (Esse é um dos procedimentos da NBAS para testar a reação do bebê à dor.) Fiquei atordoado demais para responder e lembrá-lo de que constantemente picamos o pé dos bebês para obter amostras de sangue. Contudo, ele parecia genuinamente impressionado. Chrissy e Jerry estavam cheios de orgulho e me garantiram que na Inglaterra ninguém conseguia apenas elogios. Estes eram sempre seguidos de um "mas".

Em 1973 a NBAS foi publicada por Ronald MacKeith, da MacKeith Press, de Londres. Ronald foi um corajoso padrinho do livro, que todos nós temíamos ser incapaz de dar lucro. No entanto, ele teve quatro edições e foi traduzido para vários idiomas.

Desde então, a NBAS ficou conhecida por sua excelência na avaliação dos bebês. É usada para avaliar recém-nascidos em todo o mundo. Kevin Nugent, psicólogo que trabalhou comigo em 1978 no Children's Hospital, tem supervisionado equipes de treinadores. Ao nosso trabalho nos Estados Unidos se somam nove locais de treinamento na Europa e outros na Austrália, Ásia e América Latina.

capítulo 4

Prestando atenção em outras culturas

Minha pesquisa com recém-nascidos despertou a minha curiosidade por bebês de outras partes do mundo. Tudo indicava que eles deviam ser diferentes – genes diferentes, nutrição diferente, experiências uterinas diferentes e partos diferentes. Bebês de outras culturas mostrariam diferenças em suas reações individuais ao nascer? Estas afetariam o modo como os pais reagiriam a eles? Experiências diferentes no parto e no tratamento da mãe e do seu bebê fixariam, ao longo de gerações, práticas que levariam a diferenças no comportamento do recém-nascido e do genitor?

No início da década de 1960, o documentarista Robert Gardner e seu colega Michael Rockefeller estavam indo para a Nova Guiné a fim de registrar e estudar a guerra nas regiões remotas desse país. Bob me procurou para falar sobre isso e disse que o grupo estava querendo me levar junto. Fiquei entusiasmado, pois eu respeitava o trabalho deles. Discutimos a questão e, quando estávamos começando a planejar, Bob disse: "Se for conosco, você vai ter de ficar lá durante um ano". Subitamente me dei conta: "Mas eu não posso ir para ficar durante um ano. Preciso ganhar a vida".

Enquanto ainda estava decidindo se aceitaria o convite ou não, Margaret Mead foi ao meu consultório. Nos Estados Unidos, ela era a especialista em vida familiar em outras culturas. Eu lhe disse que estava pensando em ir para a Nova Guiné (terreno já bastante pisado por ela) para ver bebês naquelas tribos. O que ela achava? "Eu não acho que você terá a oportunidade de ver um recém-nascido lá, a menos que se vista de mulher e pinte o rosto", disse ela. Todas as culturas protegem os seus recém-nascidos, explicou. Um homem, sobretudo um branco, não teria permissão para olhar para um bebê vulnerável ou entrar na casa das mulheres. Então ela me olhou de alto a baixo e disse: "De qualquer forma eu não iria, se fosse você. Você é muito carnudo". Isso encerrou o meu sonho da Nova Guiné. Precisei recusar o convite.

Recém-nascidos maias no sul do México

Sem desistir do meu sonho de fazer avaliações de recém-nascidos em outras culturas, em 1964 procurei George Collier, antropólogo e colega de Evon Vogt, professor de antropologia em Harvard. George e a esposa estavam levando o seu bebê para uma viagem a fim de estudar *in loco* os bebês maias de Zinacantán, em Chiapas, no sul do México, e assim ele quis de toda forma ter um pediatra na sua equipe. Eles tinham um projeto lá, junto com a Universidade de Stanford. Que oportunidade! Conversando com minha mulher e as filhas, imaginei que podia ir por um mês todo ano durante o verão para ver os bebês do planalto do México. Poderia avaliá-los como recém-nascidos, observar práticas de criação das crianças e ver se os pais pareciam reagir aos seus bebês do modo como eu iria prever com base no seu comportamento.

Acontece que, no entanto, nenhum desses pesquisadores havia visto recém-nascidos maias. Apenas quem estivesse presente no momento do nascimento tinha permissão para ver um bebezinho de menos de três meses de idade. Avaliar o desenvolvimento dos bebês era difícil porque as mães os levavam nas costas dentro de um poncho. Elas lhes cobriam o rosto e a cabeça. Depois de muito tempo perdido, sem poder ver bebês ou brincar com crianças pequenas, fiquei frustrado. Em Zinacantán acreditava-se piamente que qualquer estranho poderia pôr mau-olhado e prejudicar um recém-nascido sem saber disso ou sem pretender fazer o mal. Assim, não se podia visitar ou avaliar mulheres grávidas ou bebezinhos. Toda vez que eu tentava visitar uma mulher grávida, as portas de palha da sua cabana se fechavam. Se eu procurava falar com uma mulher grávida nos caminhos que levavam a Apas, a aldeia (mais de 2.400 metros acima do nível do mar) que nos tinha sido designada, elas cobriam o rosto com as mãos e desapareciam. Minha filha Kitty, de catorze anos, me ajudava. Ela aprendeu espanhol e *tzotzil* (a língua maia usada ali). Vestia-se com as roupas típicas do lugar. Prendia o cabelo loiro dentro de um chapéu maia. Na companhia de Kitty, eu cheguei a visitar algumas famílias. Minha filha conseguia fazer contato visual com outras jovens; eu, não. Não permitiam a nenhum homem a entrada na cabana de outro homem sem uma mulher da sua própria família. Até os bebês maiores e as crianças pequenas tinham medo de mim.

Para que eu pudesse observar mais, meu colega antropólogo George Collier teve a ideia de me levar à casa de uma das suas afilhadas em Apas. As pessoas e a cultura delas o aceitavam porque ele já estava ali há oito ou dez anos. Por eu estar com ele, permitiram que eu entrasse na casa. A mãe tinha o bebê, de seis meses de idade, nas costas com o rosto e a cabeça cobertos. Essa mãe se afastou discretamente de mim para protegê-lo. Eu havia levado comigo um brinquedo de cores brilhantes e o segurei diante dele. Um bracinho saiu do pano que o cobria e agarrou o brinquedo. A mãe deu um tapinha na mão e pegou o brinquedo para me devolver. Novamente ele estendeu a mãozinha para pegar o brinquedo. Novamente ela o pegou sem nenhuma razão. Eu disse para ela por meio de um tradutor: "Eu sou um curandeiro na minha cultura". Ela disse: "Todos nós sabemos disso, e é por isso que nós fechamos a porta para o senhor". Sem que eu premeditasse, saiu da minha boca o seguinte: "Mas se alguém põe mau-olhado, eu sei curar isso". Os olhos da mãe se arregalaram e ela ficou boquiaberta. Retirou o poncho e me entregou o bebê. Fiquei espantado. Ele estendeu o braço, passou a mão pela minha boca e me olhou. Depois disso, ela permitiu que eu brincasse com ele. Eu o testei com os meus brinquedos do Bayley (Bayley é um teste de bebês que se realiza mês a mês). O desempenho dele foi de oito meses de idade para o desenvolvimento cognitivo e motor (permanência de objeto, imitação como na brincadeira de esconder e achar "esconde-esconde", reconhecer uma transgressão nessa brincadeira, sentar-se sozinho e se contorcer, arrastar-se de barriga). Puxado para ficar de pé, ele cooperou. Fiquei encantado com ele. A mãe permaneceu acanhada. Quando saímos da casa, havia pelo menos quatro outras mães com seus bebês à minha espera no caminho. A tática de me apresentar como "curador de mau-olhado" havia dado certo! Sempre me pergunto o que teria acontecido se elas me obrigassem a provar o que eu havia dito precipitadamente. Mas depois disso a abertura delas comigo foi milagrosa. Eu consegui brincar com os bebês e testá-los, e até mesmo me convidaram à casa delas assim que Kitty chegou. Minha aceitação havia ocorrido porque eu mostrei respeito às crenças: (1) um estranho é aceito apenas acompanhado de uma pessoa em que eles confiavam, (2) é preciso haver a companhia de uma mulher da família para entrar na casa e (3) a afirmação sobre curar o mau-olhado. Foi incrível a rapidez com que se espalhou a minha reputação de "seguro e confiável". Outros pais jovens ficavam atentos, ansiosos pela comunicação segura com aquele branco estranho. As crenças, construídas ao longo dos tempos, eram sem dúvida um modo pelo qual aquela tribo forte sobreviveu aos séculos de invasão espanhola. Elas provavelmente ajudaram a proteger as crianças de infecções e as mulheres de violações sexuais.

Um nascimento maia

Alguns dias depois, George Collier e eu fomos convidados para acompanhar um parto. Era de noite e toda a família da mãe – dezesseis pessoas – estava reunida. Todos nos cumprimentaram, a mim e à minha filha, calorosa e respeitosamente.

As práticas culturais dos zinacantecos com relação aos cuidados com os bebês e às crianças são incrivelmente uniformes. Como em outras culturas com famílias extensas, o conhecimento é transmitido diretamente pelos mais velhos da família na hora do nascimento e dali por diante. Enquanto a mulher está grávida não são realizados ritos e práticas especiais, e antes ou durante o parto ela não recebe nenhum agente farmacológico. Mary Anschuetz, no seu relato "To be born in Zinacantan" [Nascer em Zinacantán], descreve o procedimento do parto. A parteira, sempre presente durante o nascimento, não emprega nenhuma técnica obstétrica, mas dá apoio e incentiva a mãe no trabalho de parto. Imediatamente depois do nascimento são realizados rituais elaborados, com o recém-nascido deitado nu ao lado da fogueira. Com preces e fórmulas encantatórias, a parteira incita os deuses a conceder à criança todos os atributos masculinos ou femininos necessários ao sucesso no mundo zinacanteco. Então a criança é vestida. Uma saia longa e pesada que se estende até além dos pés, usada durante todo o primeiro ano por ambos os sexos, é presa por um cinturão que se ajusta firmemente ao abdômen. Depois, o recém-nascido é enrolado em outras camadas de cobertores que o protegerão contra "a perda de partes da sua alma". Observamos que o enfaixe atua como um supressor constante da atividade motora reflexiva. Sobretudo nos três primeiros meses, o rosto do bebê é coberto na presença de estranhos, aparecendo apenas durante a alimentação.

No parto a que assistimos, a jovem mãe estava tendo seu primeiro filho. O marido participava puxando um cinturão em torno da cintura dela para fazer pressão no *fundus*, ou parte mais superior do útero, a fim de ajudar no parto. A mãe da parturiente estava ajoelhada diante dela e a cada cólica a consolava. Sempre que a jovem tinha uma dor, uma senhora idosa sem dentes (a parteira) regia um coro de família e animais, com gemidos altos de todos os dezesseis familiares, inclusive as crianças e os animais. Galinhas e cachorros que entravam e saíam também cacarejavam e uivavam. A mãe em trabalho de parto recebia apoio a cada cólica. Sem protestar. As dores chegaram a ter um intervalo de cinco a seis minutos e ela parecia estar progredindo.

A prece da parteira para a alma do bebê parece refletir a consciência da precariedade palpável da vida de um novo zinacanteco. Quando nasce um menino, as ferramentas e outros instrumentos usados por um homem zinacanteco são colocados na sua mão. A parteira olha para o futuro do bebê e valoriza a identidade e o gênero masculinos daquela criança, evocando e reforçando o objetivo cultural do papel masculino adulto do bebê. As meninas recém-nascidas recebem utensílios para cozinhar, moer e tecer, e também são colocadas flores ao alcance da sua mão para realçar o seu futuro papel feminino. Enfatiza-se o valor do bebê como futuro integrante da sociedade.

Depois de duas horas, a parteira idosa perdeu o ânimo. Disse que precisava ir encontrar a família em sua casa, onde estava acontecendo uma cerimônia de cura, embora a verdadeira razão fosse que ela não havia recebido bastante *pox* (álcool em grão). Quando saiu, cessaram todos os gemidos do grupo. Muitas velhas presentes já deviam ter feito partos e quase se podia afirmar com segurança que algumas tinham experiência no assunto, no entanto ninguém se apresentou para assumir a tarefa. A família ficou deprimida e em silêncio.

Depois de mais umas poucas dores, o trabalho de parto cessou. Todos balançaram a cabeça abaixada. Uma nuvem de abatimento desceu sobre o grupo. Até as galinhas silenciaram. Perguntei à família: "O que está acontecendo? Antes disso ela estava em trabalho de parto". Eles disseram: "O trabalho parou. O bebê está imóvel. Ele vai morrer, provavelmente, e ela também". Fiquei horrorizado por eles falarem isso diante dela. Nos Estados Unidos nós nunca faríamos um anúncio desse tipo diante de uma paciente, mesmo sabendo que essa seria provavelmente a verdade. Isso me levou a querer ajudá-la. Eu lhe disse por intermédio da tradução da minha filha: "As mulheres do meu país não se ajoelham para dar a luz, como você está fazendo. Quando o trabalho de parto de uma mulher cessa, nós a fazemos andar bastante e depressa, e depois ela se deita de costas e empurra o útero. Isso costuma reiniciar o trabalho de parto". Os pais e o marido me ouviram atentamente. Orientaram-na a obedecer. Ela andou relutantemente em torno da cabana duas ou três vezes, mas sem sucesso. Embora estivesse sendo muito cordata, não houve trabalho.

Depois de cerca de duas horas de crescente ansiedade e uma impressão de morte, a família mandou buscar outra parteira. Outra velha entrou na cabana, agarrou a maior garrafa de *pox* que lhe ofereceram e pegou seu bastão de galho de árvore. Caminhou até a mulher grávida e a balançou vigorosamente. Então disse: "Agora o bebê não está mais imóvel!". E, de fato, alguns minutos depois as dores do trabalho recomeçaram. Todos gemeram junto com elas. O trabalho prosseguiu rapidamente e duas horas depois a jovem deu a luz a um bebê saudável. Aquilo pareceu um milagre da medicina psicossomática e do papel da crença na cultura deles. As minhas sugestões não tinham resultado em nada. Foi mais uma lição sobre respeitar crenças e práticas culturais diferentes.

Durante o primeiro mês depois do parto, a mãe ficou confinada, com o bebê embrulhado nos seus braços ou deitado de costas ao lado dela enquanto ela repousava. A partir de então, quando não estava sendo alimentada, a criança era carregada nas costas da mãe, sustentada por um poncho. Menda H. Blanco e Nancy Chodorow observaram que os irmãos frequentemente cuidam dos bebês, carregando-os nas costas do mesmo modo que a mãe e raramente brincando com eles. Na verdade, eu quase não vi nenhuma criança durante o primeiro ano de vida ser carregada de um modo a lhe possibilitar olhar em torno, tampouco vi conversarem com ela ou a estimularem por contato visual, com exceção da mãe.

Uma infância tranquila

Os bebês zinacantecos eram amamentados, claro. Na cultura norte-americana, as mães costumam esperar um sinal do bebê, que com choro ou agitação mostra estar pronto para ser alimentado. As mães que eu vi no México não esperavam o bebê chorar. Envolviam-se com o poncho para amamentá-lo assim que ele ficava ativo. Se um seio não acalmava a sua atividade motora, a mãe o punha tranquilamente no outro. Contamos o número de mamadas. Em média eram oitenta ou noventa por dia. Em Zinacantán o objetivo da mamada era aparentemente diferente. Parecia visar manter o bebê calmo. Nos Estados Unidos, as mães costumam esperar o choro despertar por completo o bebê. Então elas o amamentam – reforçando nele a sua participação ativa. O objetivo da mãe maia era ter um bebê tranquilo, dócil. Desde o início, ela protegia a sua baixa atividade motora e o alto grau de sensibilidade aos estímulos. Esses dois objetivos são totalmente diferentes.

Os bebês nunca eram postos no chão sujo para engatinhar ou aprender a ficar de pé e depois andar. Uma ideia comum nos Estados Unidos é que, para uma criancinha aprender a andar, ela precisa testar cada etapa do aprendizado motor. Ela precisa se arrastar de barriga. Precisa se levantar agarrada à mobília. Precisa se exercitar dia e noite. Aí então ela pode juntar todos os ingredientes diferentes e começar a andar. Em Zinacantán, sem nenhuma dessas experiências os bebês caminhavam aos treze ou catorze meses. A prática e a preparação para esse feito motor não era uma parte necessária do aprendizado. Eles aprendiam visualmente. Os conhecimentos que eu havia aprendido sobre desenvolvimento motor não pareciam próprios para aquela cultura. O contraste com o modo como os nossos bebês aprendem nos impressionava. Brincar com um bebê para "ensinar-lhe" um passo do desenvolvimento não está no repertório dos zinacantecos. Eles esperam que a criança se desenvolva no seu próprio ritmo. Além disso, a diferenciação dos papéis sexuais na socialização começa cedo. No segundo ano de vida, as diferenças no modo de tratar meninos e meninas já são maiores que nos Estados Unidos. Quem brincava com os meninos eram os meninos mais velhos ou o pai. As meninas eram designadas para mulheres e meninas da família. Se uma criança mais velha brincava com um menino, ele o tratava diferente de como tratava uma menina. Todos esperavam que ele fosse diferente. Aos quatro ou cinco anos de idade os meninos deviam seguir o pai e trabalhar nos campos junto com ele. Também carregavam madeira para a mãe. Jamais reclamavam ou se rebelavam. Mesmo com menos de um ano de idade a rebelião ou as birras não faziam parte do desenvolvimento. Os adultos toleravam no máximo uma objeção branda, mas nunca um comportamento negativo.

As meninas se sentavam ao lado da mãe durante o dia inteiro. Aos quatro ou cinco anos deviam ajudá-la a preparar tortilhas, a tecer e a executar as tarefas domésticas. Aos oito ou nove, as meninas tomavam conta dos irmãos mais novos e ao mesmo tempo lavavam as roupas da família. Aos oito anos, um menino ou uma menina tinham a responsabilidade sobre o rebanho de carneiros da família, cuidando dele o dia inteiro.

No entanto, eles eram brincalhões entre si, porém de um jeito calmo. Contavam histórias uns para os outros. Mas só o pai contava histórias para a família inteira. Só o pai sabia ler. A mãe era um burro de carga. O pai ia à aldeia para comprar e vender mercadorias, para fazer negócios. Eles se vestiam de modo muito vistoso. As mulheres vestiam o mesmo *huipil* (túnica) todos os dias.

Os bebês eram lindos ao nascer. Pareciam asiáticos (cabelo preto, rosto triangular, olhos amendoados e pele levemente escura). Na verdade, quando comparados a bebês que eu vi posteriormente nas ilhas Goto, no Japão, eles eram tão semelhantes que achei que o genótipo deles era equivalente.

Esses bebês eram notáveis pela sua atividade tranquila, graciosa. Os movimentos eram lentos e comedidos, com muito pouca atividade abrupta ou surpreendente. Pelo fato de sua atividade motora ter sido contida pelo enfaixe, parecia que eles eram extremamente sensíveis aos estímulos sensoriais. Quando os testei com uma bola vermelha, eles ficavam imediatamente alertas e a seguiam, virando a cabeça. Também se viravam imediatamente ao ouvir um chocalho suave e seguiam o som para frente e para trás com uma expressão alerta. O interesse era ainda maior por uma voz e um rosto, e eles seguiam o meu rosto para frente e para trás durante até trinta minutos sem uma pausa na atenção. Fiquei espantado, pois não tinha sido capaz de obter uma atenção tão prolongada de recém-nascidos caucasoides. Os bebês caucasoides ficavam alertas, prestavam atenção e seguiam os estímulos. Depois eles ficavam empolgados e se sobressaltavam, o que interrompia a atenção deles. Se alguém esperava durante algum tempo e os acalmava, esses recém-nascidos caucasoides podiam voltar a prestar atenção ao estímulo. Mas eu nunca pude provocar um período de atenção tão longo. A capacidade dos bebês maias de ficarem alertas ao ouvirem a voz ou verem o rosto da mãe ou do pai encheu de afeição seus pais, exatamente como acontece nos Estados

Unidos quando eu a demonstro. Os pais começaram a confiar mais em mim depois que compartilhei com eles os talentos dos seus bebês.

Os bebês continuaram altamente sensíveis a estímulos auditivos e visuais à medida que cresciam. As mulheres pareciam reagir e proteger esse nível elevado de sensibilidade. O poncho que os segurava oferecia uma contenção que os reconfortava permanentemente enquanto as mães balançavam para a frente e para trás o dia inteiro, moendo milho para as tortilhas. O ambiente auditivo era tranquilo e protegia a sua audição altamente sensível. Eles já eram pessoas brandas mesmo quando bebês.

A minha pergunta depois dessa experiência em Chiapas era esta: o desenvolvimento tranquilo, não agressivo, quando adultos, pode ser atribuído aos seus antecedentes genéticos? Ou a reação dos pais ao comportamento do recém-nascido o leva a ter essas características quando adulto? O desenvolvimento das crianças em Chiapas parece muito econômico – elas não precisam de explosões de raiva para afirmar sua autonomia. Desenvolvendo-se suavemente elas assumem a sua identidade adulta. Pela imitação e pelo aprendizado visual aprendem a se tornar adultos competentes, respeitados. O aprendizado visual predomina. As diferenças nos papéis sexuais e a conservação da energia são aprendidas aos três ou quatro anos. Na cultura norte-americana, a experimentação motora, as demonstrações mais agressivas de rebeldia ("fazer birra", por exemplo) e a luta para avançar em direção à individualidade, embora seja um modelo mais custoso, são necessárias à formação de um adulto competente.

Esse era um grupo muito tradicional de índios maias que ainda praticava muitas cerimônias do século XV e criava os filhos como naquela época. Eles haviam resistido com sucesso às invasões do governo mexicano, da cultura espanhola, da Igreja Católica e até dos antropólogos de Stanford. Resistiram às nossas influências recusando-se a adotar qualquer mudança sem que ela fosse acompanhada da devida proteção. Por exemplo, eles usaram a Igreja Católica como parte de um ritual de cura para uma doença, mas o cercaram de três ou quatro cerimônias tradicionais de cura antes e depois da oferecida pela igreja.

O *comportamento no seu contexto cultural*

O exemplo da restrição do movimento motor para os recém-nascidos zinacantecos é uma clara ilustração da adaptabilidade do bebê às práticas culturais. Mais importante ainda: pode revelar como um ajuste entre a natureza do bebê e o modo como ele é educado funciona para melhorar a sobrevivência num nicho específico do ambiente físico. Observe que o enfaixe é uma adaptação bem-sucedida ao frio. E se o bebê zinacanteco fosse muito ativo e resistisse ao enfaixe? Um recém-nascido que ficasse chutando as cobertas, como fazem frequentemente os bebês dos EUA, teria menos chance de sobrevivência no clima frio do planalto de Chiapas, numa casa que durante toda a noite não tem nenhum aquecimento.

Embora as pontuações das nossas avaliações em Zinacantán tivessem em geral um atraso de um mês em relação às normas fixadas nos Estados Unidos, o atraso era bem maior para as habilidades motoras que para as cognitivas. No entanto, o programa nativo para o desenvolvimento motor faz o bebê evoluir, apesar de serem escassos a prática e o que consideramos reforço direto dado pelo ambiente. O fato de ficar nas costas da mãe durante o dia todo promove uma íntima estimulação táctil e uma sensação de movimento que atuam como a informação sensorial necessária ou o combustível para que o programa de desenvolvimento prossiga. As mulheres que fizeram investigações nessa área observaram que, quando não há homens presentes, os bebês são recreados numa situação individualizada ou cara a cara. O que vimos como observadores do sexo masculino pode ser influenciado por esses costumes ligados aos papéis sexuais. De qualquer forma, a estimulação recebida por esses bebês era inferior em relação à proporcionada pela nossa cultura, mas não em relação às necessidades deles. As observações de Jerome Kagan na Guatemala, onde ele achava (assim como nós) que os bebês eram menos estimulados, confirmam as nossas observações. O fato de, no tocante à maturação, aqueles bebês, assim como os nossos, se desenvolverem numa sequência universal de amadurecimento sem um atraso acentuado no desenvolvimento motor ou cognitivo confirma a importância de (1) um programa nativo para o amadurecimento e (2) modos alternativos de fomentar esse desenvolvimento. Outras modalidades, além da estimulação cara a cara ou motora, podem alimentar com sucesso o desenvolvimento no primeiro ano de vida.

Robert LeVine comenta que a sobrevivência do bebê é um valor cultural prioritário nas sociedades em que existe um alto índice de mortalidade infantil. Nessas sociedades (e Zinacantán é uma delas) a sobrevivência sobrepuja os objetivos de fomento do desenvolvimento. Sobreviver ao frio é mais importante do que acelerar o desenvolvimento motor. Assim, o que consideramos uma deficiência do nosso ponto de vista se torna uma vantagem no nicho ecológico ocupado por outra sociedade.

Na verdade, os zinacantecos não parecem interessados em aperfeiçoar o desenvolvimento motor. Baseado num estudo intensivo de dez famílias zinacantecas, Francesco Cancian relata que "os bebês, assim como as crianças mais velhas, sofrem pouca pressão dos adultos para dominar habilidades básicas, e não se nota muito orgulho por parte dos pais se seus filhos aprendem muito cedo a andar ou falar". Em face dessa atitude, é interessante o fato de os bebês zinacantecos ficarem apenas um mês atrás dos modelos norte-americanos nos testes de desenvolvimento (sobretudo se considerarmos que esses testes eram muito estranhos à cultura deles: por exemplo, os bebês zinacantecos nunca são colocados na posição de bruços exigida para alguns itens do desenvolvimento motor).

Para os zinacantecos que nós estudamos, um conceito básico era o *baz'I*, o verdadeiro caminho, sinônimo do caminho zinacanteco. A fim de manter o "verdadeiro caminho" na presença de influências da modernização e da comunidade latina que os cerca, esse caminho precisa ser transmitido à nova geração em todas as áreas da vida – trabalho, família, religião. Além disso, conforme percebemos com a nossa pesquisa do desenvolvimento, a cultura transmite não somente o *conteúdo* da socialização, mas também os *processos* de aprender e ensinar que maximizam a continuidade cultural e minimizam o desvio. O primeiro desses processos a aparecer no primeiro ano de vida é a imitação de um modelo.

A base inata da habilidade de imitar um modelo está presente na excepcional sensibilidade a estímulos visuais e auditivos demonstrada pelos recém-nascidos zinacantecos e na sua atenção incomum: o primeiro passo na imitação de um modelo é observá--lo e compreendê-lo. O pediatra John Robey, George Collier e eu vimos a excelente capacidade dos bebês de imitar no teste de desenvolvimento que lhes aplicamos do primeiro ao nono mês de idade. Repetidamente, as criancinhas nos olhavam com atenção enquanto demonstrávamos o uso dos objetos do teste, depois imitavam cada movimento que havíamos realizado para pontuar um sucesso no teste. Então abandonavam o objeto sem explorá-lo e experimentá-lo, diferentemente do que fariam os bebês dos EUA.

Enquanto a novidade, a exploração e a experimentação ganham um alto valor na nossa cultura, elas constituem um perigo para uma cultura que quer transmitir uma réplica de si mesma para a geração seguinte. Um possível resultado da exploração, da experimentação e da atração pela novidade é a inovação e a mudança. Assim, esses comportamentos não são reforçados pelos pais em Chiapas quando os bebês brincam com objetos.

Nutrição e desenvolvimento do bebê na Guatemala

Após minha experiência em Zinacantán com os descendentes dos maias, publiquei muitos artigos sobre os bebês e o desenvolvimento inicial entre eles. O grupo de Evon Vogt em Harvard gostou, pois não se sabia muito sobre os bebês maias. Por isso o nosso trabalho se tornou conhecido entre antropólogos e aqueles que pesquisavam sobre o primeiro ano de vida. Em 1971, recebi uma ligação de Robert Klein, que realizava um estudo sobre os efeitos da subnutrição no desenvolvimento dos bebês das encostas ocidentais da Guatemala. Ele tinha uma doação do INCAP (Instituto de Nutrición de Centro América y Panamá) e da Organização Mundial da Saúde (OMS) para estudar quatro aldeias – duas das quais receberiam suplementos nutricionais e outras duas que seriam o grupo de controle. Já se sabia que ali as mulheres grávidas consumiam 1.200 calorias por dia, ao passo que a dieta das grávidas norte-americanas devia ter 2.200 calorias para ser considerada adequada. Havia estudos indicando que a nutrição adequada durante a gravidez é necessária para que o bebê nasça com um cérebro normal. Tive oportunidade de avaliar os recém-nascidos desses dois grupos de quatro aldeias.

Quando chegamos a essa região ocidental da Guatemala, ficamos impressionados com a pobreza generalizada. Havia poucos campos cultivados. As ruas eram empoeiradas e vazias; a madeira de que eram feitas as casas estava apodrecendo. As crianças eram esquálidas e quase inanimadas. Os menorzinhos e os bebês tinham o cabelo avermelhado típico do *kwashiorkor* (uma doença nutricional grave observada na África e em outras partes do mundo desesperadoramente subnutridas). Depois de desmamados, os bebês ficavam com a barriga inchada, pernas e braços finíssimos e expressão desanimada. Nesse estado, muitos deles morriam de infecções secundárias. Não tinham nenhum anticorpo ou os tinham em quantidade insuficiente para combater a doença. Previa-se que entre 40 e 50 por cento das crianças de cada família morreria nos primeiros anos de vida. As mulheres não tinham nenhuma informação sobre prevenção da gravidez ou sobre como espaçar o nascimento das crianças. Tendiam a engravidar novamente no início do segundo ano, embora ainda estivessem amamentando o primeiro bebê. Quando percebiam que estavam grávidas, elas desmamavam a primeira criança ou então começavam a lhe dar menos mamadas. Com isso, o bebê experimentava o seu novo papel de destituído e a depressão acrescentava outro malefício ao seu estado nutricional extremamente precário. Aos dezoito meses ele estava totalmente desmamado, a fim de ceder lugar para o segundo bebê, e então o *kwashiorkor* provavelmente o acometeria e abriria caminho para as doenças.

Naquelas aldeias viam-se poucas crianças brincando – nada de correrias, risos ou gritos. Até os cães eram magérrimos e apáticos, encolhendo-se de medo à nossa aproximação. Começamos a perceber que os cachorros refletiam a situação nutricional da aldeia com a mesma clareza que as crianças. À medida que cresciam, elas estavam sempre muitos centímetros abaixo da altura esperada das crianças dos EUA. A altura média do adulto era de 1,52 m a 1,57 m, aproximadamente. Não se esperava que nenhum adulto chegasse a 1,63 m. A subnutrição tolhia o crescimento, o desenvolvimento do cérebro, a imunidade e as capacidades necessárias para ir procurar um emprego ou alimentar qualquer futura expectativa de que eles poderiam ter sucesso na vida. Ali um homem adulto trabalhava no máximo umas poucas horas por dia. As mulheres cozinhavam uma refeição simples por dia, mas suas tarefas eram limitadas porque elas passavam de uma gravidez à outra. O clima geral naquelas aldeias era de depressão e desesperança.

O programa de pesquisa previa que se desse um suplemento nutricional para a grávida em duas das aldeias. O suplemento se chamava Incaparina e continha seiscentas calorias, que deviam elevar o consumo da mulher grávida para cerca de duas mil calorias diárias. Todas as mulheres grávidas eram arrebanhadas para compartilhar o líquido de sabor desagradável. Notei que em vez de aceitá-lo docilmente, já que aquilo lhes era doado, as mulheres o vertiam num vaso tirado debaixo da saia e o levavam para casa. Precisamos de algum tempo para perceber o que estava acontecendo. Tendo sabido que o líquido era nutritivo, as mulheres queriam compartilhá-lo com o resto da família. Ou seja: o suplemento não estava chegando à mãe do feto. O papel dela era nutrir a família, não a si própria. A orientação que nós oferecíamos sobre a importância do suplemento tinha sido assimilada, mas não estava cumprindo nosso objetivo, que era o de nutrir o feto e o seu cérebro em desenvolvimento.

Em consequência disso, os bebês – como acontecia nas outras aldeias –, ao nascerem, eram pequenos para uma gestação completa. Eles pesavam dois, três quilos e eram um pouco compridos e magros. Já ao nascer pareciam preocupados. Quando os avaliamos na minha escala neonatal (NBAS), a pontuação deles foi baixa em quase todos os itens. Era difícil acordá-los; eles passavam preguiçosamente de um estado a outro. Suas extremidades eram fracas e um tanto frouxas, porque o tônus muscular era ruim. Ao serem manuseados, eles choravam debilmente e reagiam com um olhar apagado. Resumindo: não eram muito compensadores para os seus pobres pais, já sobrecarregados.

Quando perguntamos às mães com que frequência amamentavam o bebê, elas responderam: "Sempre que ele quiser". Quando as observamos em casa, constatamos que isso significava três a quatro vezes num período de 24 horas, enquanto o desenvolvimento normal exige de seis a oito mamadas. Assim, a subnutrição durante a gravidez resultava num bebê não exigente, e a mãe reagia a ele com menos mamadas. O estrago feito pela subnutrição no seu desenvolvimento cerebral enquanto ele estava no útero era reforçado por essa baixa reatividade dos recém-nascidos, levando à nutrição deficiente. O círculo vicioso da pobreza se estabelecia novamente: desesperança, desenvolvimento cerebral insatisfatório e desinteresse de uma geração para a outra.

A hora da refeição naquelas famílias era interessante pelo fato de as crianças relativamente mais vigorosas e agressivas obterem mais alimento contido nos vasos para a alimentação comum – o que contribuía para o seu melhor desenvolvimento. As crianças bem alimentadas se tornavam líderes e eram mais inteligentes. As menos alimentadas se tornavam cada vez mais passivas, ficando para trás. A liderança estava ligada à nutrição.

Um acompanhamento de todas as crianças de seis a sete anos demonstrou que a média de desempenho nos testes de QI era 85, variando de 75 a 90. Isso significa que, ao chegarem à idade escolar, o QI delas era 10 a 15 pontos abaixo da média esperada para aquelas crianças. Além disso, a altura ficava 2,5 cm a 5 cm abaixo da altura normal e elas eram propensas a contrair infecções. Provavelmente todos os seus órgãos haviam sido afetados pela privação nutricional durante a gravidez e os primeiros meses de vida.

Nosso projeto equivocado de oferecer suplemento à mãe durante a gravidez foi educativo. A preocupação da mãe com as crianças que ela já tinha se sobrepunha à sua própria necessidade de calorias. No México, Roberto Chavez e Joaquin Cravioto realizaram um experimento bem-sucedido. Eles foram mais inovadores e previram a falha com que nós nos deparamos ao oferecermos suplementos. Explicaram às mulheres grávidas que, se quisessem um bebê esperto no futuro, elas próprias teriam de beber o suplemento. Seus bebês se revelaram receptivos e com QI (95-100) próximo ao da média mundial. Eram crianças mais dispostas e mais bem-sucedidas na primeira série escolar. Juntamente com o nosso, esse estudo confirmou que a nutrição complementar para as mulheres grávidas – que sem isso seriam inadequadamente alimentadas – ajudou no bem-estar físico e cognitivo dos recém--nascidos. Com essa nutrição extra no útero, os bebês se tornaram mais exigentes, levando a mãe a alimentá-los de seis a oito vezes ao dia. A boa nutrição propicia bebês mais atentos, receptivos e satisfeitos, e mães mais receptivas também. O círculo vicioso da subnutrição pode ser rompido. Bebês atentos e exigentes resultam em crianças mais bem-sucedidas na escola e que se tornam mais preparadas para assumir papéis de liderança na comunidade. Em consequência desse estudo, nós, que participávamos, especulamos se a deficiência nutricional não teria sido uma das variáveis responsáveis pela queda da cultura maia.

Brincando com recém-nascidos quenianos

Em 1975, Ed Tronick e eu nos juntamos ao antropólogo Robert LeVine num estudo sobre desenvolvimento da criança em Kisii, no Quênia. Os *gusii* de Kisii vivem entre o parque nacional Maasai Mara e o lago Vitória, no oeste do Quênia. Trata-se de uma cultura de agricultores. A terra é o seu bem mais valioso. Na época em que estivemos lá, a poligamia era legal. A terra estava se fragmentando em lotes cada vez menos viáveis. Cada mulher tinha a sua própria lavoura, mas o que produzia era quase insuficiente para alimentar a família. O índice de natalidade estava entre os mais altos do mundo (naquela época, uma mulher tinha onze filhos). Apesar do alto índice de mortalidade infantil, sustentar uma família com um pedaço de terra muito pequeno era um grande problema.

O livro de Bob LeVine, *Child Care and Culture: Lessons from Africa* [Assistência à criança e cultura: lições da África], resume a nossa experiência ali. Antes de irmos, havíamos trabalhado no planejamento durante um ano ou mais. A medicina, a psicologia e a antropologia estavam representadas no nosso grupo. Isso nos dava uma oportunidade maravilhosa de compartilhar ideias e observações. Bob havia feito estudos antropológicos na África Ocidental; Sarah, sua mulher, havia realizado um estudo sobre mulheres; e Herbert e Gloria Liederman (psiquiatra e psicóloga, respectivamente) haviam estudado famílias californianas e feito um trabalho intercultural. Charles Super, psicólogo, e Sarah Harkness, educadora e antropóloga, iam se juntar a nós vindos da Harvard School of Education. Eles e os Liederman se dividiriam para estudar uma tribo queniana mais ao norte.

Eu estava treinando pediatras em Harvard, e duas das minhas *trainees*, a dra. Constance Keefer e a dra. Suzanne Dixon, ficaram interessadíssimas em ir e dirigir uma clínica pediátrica em Kisii a fim de dar assistência médica à comunidade. Queríamos avaliar os bebês ao nascerem, segui-los com avaliações físicas mensais e estudar como se criavam os filhos. Faríamos isso nos sentando com eles em suas cabanas para observá-los dia após dia. Queríamos conseguir projetar estudos adequados do desenvolvimento inicial, dos vínculos e dos efeitos da natureza e da alimentação.

Era divertido brincar com os recém-nascidos quenianos. Já no primeiro contato eles usavam o corpo para se agarrarem a nós. Puxados pelos braços para se sentarem, eles se levantam até ficarem de pé, mantêm-se nessa posição, olham em torno do quarto como se dissessem: "Esse é o meu novo mundo. Quero conquistá-lo!". Quando brincávamos com eles, eles quase riam, tal o seu encantamento com as reações motoras estimulantes. Se balançados para cima e para baixo, ficavam alertas. Até em pé um recém-nascido ficava alerta, seguia o meu rosto e se virava ao ouvir a minha voz. Enquanto alguém brincava com eles, eles continuavam animados e atentos.

Essa capacidade de se estimular com a atividade motora persistia durante todo o primeiro ano. Os bebês davam risadas, querendo imitar e ser imitados (a brincadeira com as mãos de esconder e achar era também uma das brincadeiras favoritas na última metade do primeiro ano).

As mães esperavam que o filho fosse receptivo. Elas o pegavam, apoiavam-no no quadril e, com um *dashiki*, envolviam a ele e a si próprias. Deixavam o pescoço e a cabeça livres. Os bebês reagiam se endireitando para uma posição ereta no corpo da mãe, sustentando a cabeça desde o início. Eram bebês diferentes daqueles com que brincávamos na Guatemala.

O marido de Suzanne, dr. Michael Hennessy, cirurgião ortopedista, estava ansioso por estudar a precocidade no desenvolvimento motor inicial dos bebês – como eles aprendiam a se sentar e depois a caminhar. Eles faziam isso de modo diferente dos bebês dos EUA – que eram mais atrasados e precisavam de mais treino etc. Essa precocidade tinha alguma relação com a experiência inicial de ser manuseado e levado a se sentar e a ficar de pé ainda cedo? Para estudar isso, ele prendeu faixas luminosas em cada junta do bebê a fim de filmar o movimento deles no escuro. Constatou, então, que eles faziam pouco exercício para preparar a sua aptidão. Aparentemente, as crianças apenas ficavam de pé e começavam a andar. Sem nenhuma prática, ao contrário das nossas crianças. Ao começarem, elas eram menos ágeis para se proteger de quedas. Caminhavam rigidamente com uma base mais larga, pernas retas, e, durante algum tempo, eram desajeitadas. Mas por volta dos nove meses elas ficavam de pé e caminhavam por longos períodos sem se cansarem. A motivação para a atividade motora era alta e elas pareciam orgulhosas da capacidade que tinham de controlar braços e pernas. Os bebês dessa idade nos Estados Unidos têm os dedos da mão e do pé mais delicados. Eles têm mais tempo para desenvolver habilidades motoras sutis, uma vez que nessa idade têm menos interferência de atividades motoras amplas. Embora houvesse uma série de diferenças individuais, dependendo do temperamento – assim como há nos Estados Unidos –, a época média para cada marco motor era significativamente anterior para os bebês quenianos. Ninguém esperava que eles se sentassem sozinhos ou engatinhassem, porque eles eram carregados durante todo o dia. Mas quando estavam "prontos", eles caminhavam. Não protestavam, como fazem os nossos bebês, querendo autonomia, mas os pais pareciam se orgulhar da sua aptidão para andar e ficavam muito dispostos a incentivá-la. Os pais provavelmente sabiam ver sinais que indicavam quando o bebê estava pronto.

Em Kisii, no Quênia, vimos como a interação motora de um bebê estava sempre mesclada à interação social. Em casa, todos brincavam com o bebê. Nunca o faziam caminhar ou ficar em pé sozinho, mas durante a brincadeira isso acontecia o tempo todo.

Observei uma avó sentada brincar com sua netinha. Eu disse: "Parece que ela está tentando andar". "Ah, está, ela tem cinco meses e anda". "Cinco meses! Não acredito!" Ela me fez um sinal para que eu me sentasse a menos de dois metros de distância. Pegou o bebê para ele usar o reflexo de caminhar e então o deixou avançar na minha direção. O bebê de cinco meses de idade manteve a postura corporal e deu uns seis passos cambaleantes até os meus braços. Custei a acreditar naquilo. Através do tradutor eu perguntei à avó: "Ela nasceu há quantos meses?". "Cinco." Claro que era difícil acreditar. Mas a maioria dos bebês andava aos sete ou oito meses. Eu nunca os vi postos no chão para engatinhar. Eles se levantavam e simplesmente começavam a andar.

Por viverem em chãos sujos e terem no centro da cabana uma fogueira acesa o tempo todo, as crianças não são incentivadas a engatinhar. Raramente elas são postas no chão. Toda a atenção da família em relação aos feitos motores consiste em reforçar e reagir à animação motora mostrada pelo recém-nascido desde o início. Eles o incentivam, batem palmas e limitam as suas explorações para que ele não possa se machucar. As crianças pequenas aprendem a cuidar de um bebê quando estão com quatro ou cinco anos. Uma criança mais velha, de oito ou dez anos, pode assumir isso. Dos doze aos catorze ocorre a separação dos sexos e os meninos deixam de ser babás. As meninas frequentemente se tornam esposas aos catorze ou quinze anos, portanto precisam estar prontas para isso. Uma vez que todos comem da panela, observamos para ver como era alimentada uma criança de dois ou três anos. Ela tendia a ser desajeitada, e as crianças mais velhas tratavam de lhe facilitar as coisas, até mesmo, de vez em quando, alimentando-as com seus dedos. Não testemunhamos problemas de inapetência. O alimento era uma forma de comunicação naquelas famílias. Eles estavam demasiado próximos do limiar da fome e o alimento tinha para eles um significado muito especial.

Todas as crianças dormiam juntas. O bebê dormia entre os pais até a gravidez seguinte da mãe estar avançada. Então ela o tirava da sua cama, desmamava-o e esperava até ele aprender a cuidar de si mesmo. Normalmente dormiam todos em uma mesma cama e os mais velhos o consolavam.

Quando voltei dessas experiências no Quênia, quis ver se elas tinham ligação com as dos pais da minha clínica. Eu me perguntava por que eles não deixavam os filhos correrem por perto com mais frequência. Mas nos Estados Unidos o bebê normalmente está sentado quando lemos para ele ou lhe ensinamos qualquer coisa. Mesmo que muitas crianças se saiam melhor quando "ensinadas com elas em pé", muitas pré-escolas não adotaram isso. Os pais sul-americanos se preocupam com a possibilidade de uma criança precoce do ponto de vista motor não ser igualmente competente no plano intelectual. Não há fundamento para essa preocupação. Tampouco a precocidade motora leva à hiperatividade. As crianças que por temperamento se movimentam muito aprendem melhor de pé. Percebi que precisaríamos modificar o sistema educacional dos nossos primeiros anos de escola para nos adaptarmos a essas diferenças das crianças.

O primeiro ano de vida e as ligações iniciais no Japão

Em 1983, fui convidado pelo governo japonês e pelo meu amigo Noburu Kobayashi para ir ao Japão. Noburu (ou Kobey, como o chamávamos) e eu havíamos nos encontrado em várias conferências internacionais. Ele era pediatra e tinha um alto cargo no governo, ligado à saúde infantil. Quando ficou sabendo da minha escala, enviou um aluno para receber treinamento. Noburu queria que esse aluno treinasse médicos japoneses para usar a NBAS em todo o Japão. Ele tinha um grande amigo e defensor, Masaru Ibuka, o antigo principal executivo da Sony. Ibuka era poderoso e muito interessado em promover a consciência japonesa sobre a importância do primeiro ano de vida e da ligação inicial dos pais com os filhos bebês. Ele via que o Japão estava prestes a mudar, com um número cada vez maior de mulheres entrando no mercado de trabalho, e queria ter certeza de proteger a relação entre mãe e filho.

Havia acontecido no Japão um fato atípico: registrara-se que, em um período de dois anos, muitos meninos de oito e nove anos haviam matado a mãe. Essas tragédias foram atribuídas ao intenso desejo de mobilidade ascendente manifestado pelos pais japoneses.

Eles pressionavam, pressionavam e pressionavam os filhos para ficarem na creche certa, na pré-escola certa, na escola primária certa e na escola secundária certa. Quando não conseguiam ser bem-sucedidas nessas escolas, algumas crianças ficavam preocupadas e matavam a única pessoa que podiam culpar: sua mãe. Isso era aterrorizante para o governo japonês, compreensivelmente. Ibuka e o dr. Kobayashi pensaram em contratar uma equipe incomum de especialistas para viajarem juntos por todo o Japão, falando sobre a relação inicial e sua importância. Compunham essa equipe: Jane Goodall, que trabalhava na África na Gombe Reserve, dedicada aos chimpanzés, e provavelmente a pessoa que mais sabe sobre alimentação dos chimpanzés em todo o mundo; um famoso psiquiatra infantil australiano, Paul Campbell; um educador francês; e Chrissy e eu.

Quando chegamos ao Japão, ficamos hospedados em uma fabulosa hospedaria antiga. Os quartos eram em estilo tradicional japonês: esteiras no chão, nas quais dormimos; paredes de papel, que afastávamos a fim de passarmos de um quarto para outro; banheiros onde os sanitários nos obrigavam a ficarmos acocorados. Tantas coisas para aprender numa nova cultura! As paredes de papel eram magníficas, com desenhos muito sutis, mas ouvíamos tudo o que acontecia no quarto ao lado. Com isso, acabamos nos conhecendo melhor do que esperávamos.

A equipe, com seus quatro "experts", foi de uma cidade a outra no Japão: Tóquio, Kyoto, Osaka, Nagasaki. Jane falava sobre seus filhotes de chimpanzé do mesmo modo que eu falava dos bebês humanos. Ela mostrava como os segurava delicadamente diante de si para falar com eles cara a cara. Jane tinha filmes magníficos de mães chimpanzés e até de pais alimentando os filhos em plena natureza. Que delícia era comparar observações com ela! Quando nos dirigíamos a outra cidade, centenas de pais se reuniam para cada apresentação. Nenhum de nós falava japonês, mas isso não parecia comprometer o entusiasmo. Comentaram conosco que nós estávamos causando impacto nos pais japoneses. Difícil acreditar.

Em Osaka, um renomado pesquisador privado levou Chrissy e eu até a sua reserva para que pudéssemos observar a interação entre pai e bebê não humanos "na natureza". Em Nagasaki, um cirurgião ortopedista, o dr. Tomitaro Akiyama, nos procurou. Ele havia traduzido a NBAS para o japonês e ensinado as pessoas a usarem-na. No seu hospital, elas se saíam muito bem no trabalho de compensar atrasos motores, mas ele disse que as crianças não "faziam o progresso desejado em desenvolvimento cognitivo e emocional porque seus pais não permaneciam envolvidos". "Sobretudo nas ilhas Goto ao longo da costa", disse ele, "não conseguimos gerar interesse nos pais a ponto de eles levarem os filhos até nós para uma intervenção a tempo". Ele pediu a nossa ajuda.

Evidentemente, fiquei fascinado e me senti desafiado. Garanti-lhe que estava disposto a ajudar, mas, para que fosse realmente útil, eu precisaria ter um conhecimento muito maior da cultura. "O senhor estaria interessado em vir nos ajudar a estudar esses bebês?" Claro que eu estava, mas disse a ele que teríamos de planejar com antecedência, pois minha carga acadêmica em Harvard era pesada. Ele me garantiu que seria possível e me pediu que fosse no ano seguinte para estudar os bebês e a cultura das ilhas Goto. Eu poderia morar lá um mês de cada vez.

As ilhas Goto fazem parte de uma cadeia no Pacífico, de Okinawa até a Coreia. São ao todo 140 ilhas, com cinco principais (*Goto* significa "cinco" em japonês). Elas eram o último ponto de parada dos barcos que partiam para a China. Não haviam se desenvolvido, eram ainda ilhas de pesca tradicionais. A economia do lugar se baseia apenas na pesca. Os homens pescam; as mulheres remendam as redes e limpam os peixes.

Meu filho Tom e eu fomos. Moramos na ilha principal, Fukue, durante um mês. Arrolamos trinta recém-nascidos para o nosso estudo. Ao nascerem, esses recém-nascidos eram bebês robustos, lindos, tranquilos e prestavam atenção durante períodos prolongados. Seus movimentos eram fluentes e suaves, e os dedos das mãos e dos pés se envolviam inteiramente aos seus gestos delicados. Como os maias, os bebês da ilha de Fukue nasciam e eram criados no contexto de atividade motora restrita, e assim um recém-nascido prestava atenção a um chocalho suave, uma bola vermelha ou um rosto por até trinta minutos sem interrupção. Eu havia conseguido atrair no máximo três a cinco minutos de acompanhamento e atenção nos recém-nascidos dos EUA. Eu achava espantosa essa diferença na capacidade de prestar atenção por muito tempo, que refletia diferenças na dotação genética e no ambiente inicial. Resolvi ver o quanto essa atenção prolongada seria básica se o ambiente fosse diferente. Nas ilhas Goto, as mulheres eram tranquilas, moviam-se lentamente e nunca se expunham a barulhos altos ou atividade ruidosa. Assim, também observei as mães e os bebês em Tóquio. Ali as mulheres corriam em meio a barulhos altos, trânsito etc. Seus recém-nascidos tinham longos períodos de atenção, mas não trinta minutos. Eles conseguiam cerca de dezoito minutos sem interrupção. Mais tarde, um estudo sobre bebês asiáticos em São Francisco mostrou que ali a duração da atenção de um recém-nascido diminuía para doze minutos. Achamos que isso era um ótimo exemplo dos efeitos da experiência antes do nascimento na determinação do comportamento do recém-nascido.

As mães das ilhas Goto caminham lentamente e levam uma vida tranquila. Conversam umas com as outras em voz baixa. Até onde eu pude observar, nas ilhas a tensão não é alta. A experiência do feto durante a gravidez é amena, calma, com boa nutrição. Em Tóquio, as mães sofrem muito mais estresse. Caminham de modo diferente; apressam-se ao se aproximarem de um cruzamento, olhando para um lado e outro e depois se apressando para atravessar a rua. Durante todo o dia, seus movimentos e a sua vida são mais pontuados por movimentos tensos, abruptos, e acontecimentos exaustivos e ruidosos. Isso dá ao feto uma experiência diferente da que ele tem nas ilhas Goto. Em São Francisco, os efeitos de uma vida ativa estressante são ainda maiores. A natureza e a alimentação se combinam para criar diferenças já ao nascer. Acrescente-se a isso os efeitos de uma vida muito diferente que eles terão pela frente. Não é difícil visualizar o tipo diferente de adulto que resultará de tudo isso.

As mães de Goto (que remendam redes e limpam peixe até o parto) ficavam no hospital durante sete dias. Depois iam para a casa da mãe. Ali, elas regrediam totalmente. Envoltas num futon, com o filhinho ao lado, elas eram tratadas como bebês durante um mês. O único trabalho era amamentar. Quando precisavam ir ao banheiro, alguém as ajudava. Elas eram alimentadas com os pauzinhos "como um bebê". Falavam-lhes como se elas fossem bebês, e elas respondiam do mesmo jeito. Chisato Kawasaki, um pediatra que estava conosco, documentou o fato de que não havia depressão pós-parto depois desse tratamento inicial. No Japão, a mulher que havia acabado de dar à luz podia voltar a ser bebê durante um mês.

Metade dos trinta recém-nascidos que avaliamos nas ilhas Goto era de famílias de pescadores; já a outra metade provinha de pais executivos. Nós os pontuamos segundo o desempenho na NBAS, principalmente pela reação que demonstravam a rostos e vozes e a estímulos não humanos, pela fluidez e competência motora, e pela capacidade de se acalmar quando estavam nervosos. Pensamos em ver se essas pontuações previam como mais tarde os bebês se sairiam nas tarefas cognitivas. Voltamos a cada dois anos para avaliá-los. Inicialmente usamos o exame de Bayley, depois o de Stanford-Binet. Todo ano, esses bebês mantinham pontuações altas. Todas as crianças progrediam igualmente durante o terceiro ano. Depois disso, metade delas continuava tendo um progresso excelente na pontuação dos seus testes, mas a outra metade começou a estacionar e até mesmo a perder níveis de funcionamento no QI aos cinco anos. No entanto, essas crianças que tiveram um descenso no QI estavam bem equipadas para reagir, e com pressão, tempo extra e encorajamento podiam chegar aos níveis mais elevados dos seus iguais. Ficou claro que o que era significativamente diferente não era a capacidade de obter pontuações excelentes, e sim a motivação e o entusiasmo por serem testados. Os pais executivos que queriam que seus filhos fossem bem-sucedidos no mundo corporativo japonês os pressionavam – pré-escola aos quatro anos, depois escola. Os pais pescadores não pressionavam os filhos para terem um bom desempenho cognitivo. Eles esperavam que os garotos ficassem na ilha e fossem pescadores quando crescessem. O potencial da criança na área cognitiva não era a medida de sucesso.

Quando voltamos, muitos anos depois, os filhos dos pescadores estavam nas escolas, mas tranquilos, contentes por dividirem com os pais o trabalho tradicional. As crianças pressionadas pelos pais tendiam a ser tensas, frequentemente com comportamento problemático. Muitas delas tinham ido para o continente a fim de serem preparadas para carreiras de alto nível e com isso já estavam fora do alcance da família.

O dr. Akiyama ficou muito agradecido pelas ideias que lhe demos sobre como trabalhar com pais novatos. Concordamos que, se houvesse a probabilidade de que o bebê teria necessidades especiais, a época certa para uma intervenção oportuna era logo após o nascimento. Então, dividir com os pais o trabalho necessário para uma intervenção no momento adequado seria um modo de contatar aquelas pessoas isoladas. Isso significava que precisávamos treinar um pediatra ou neurologista (ou ortopedista) de Fukuoka a fim de avaliar todos os recém-nascidos para detectar alguma deficiência neurológica ou qualquer questão sobre desenvolvimento que aparecesse na minha avaliação do recém-nascido. Akiyama estava ansioso para começar, e a Escola de Medicina da Universidade de Nagasaki se tornou um lugar muito ativo para treinar médicos das ilhas e também de todo o Japão. Até hoje, esse é um lugar onde se realiza a NBAS e que já gerou muitos artigos publicados sobre o seu uso para diagnóstico e previsão.

O dr. Akiyama tomou as providências para que Kevin Nugent fosse conosco nas nossas visitas bianuais. Nós ajudávamos a sua equipe de Nagasaki a treinar oito a dez médicos de cada vez. E, paralelamente, em todas as visitas íamos às ilhas Goto e acompanhávamos o desenvolvimento dos nossos bebês do grupo original. Ficamos afeiçoados a toda a equipe de Nagasaki: Shohei Ogi, Chisato Kawasaki e Tomitaro Akiyama.

China: observação da família de um filho único

Em 1983, a Unicef me convidou para representar a Sociedade de Pesquisa em Desenvolvimento Infantil (Society for Research in Child Development – SRCD), integrando uma equipe que iria a Pequim para estudar os efeitos da política de um único filho por família que o governo estava instituindo. Essa iniciativa era um esforço para controlar a enorme explosão populacional. Em Pequim, milhões de emigrados do campo afluíam para a cidade, que já estava superlotada. Ninguém tinha carro; as bicicletas enchiam as ruas e calçadas. Nas ruas principais de Pequim, havia o mesmo engarrafamento do transporte que se vê em uma cidade como Los Angeles, com a única diferença de que ali o que havia eram bicicletas. A população crescente ameaçava devastar os recursos da China.

Em uma cultura que havia sido intergeracional, precisando da geração mais nova para cuidar dos mais velhos, cada casal precisava cuidar de dois conjuntos de avós. A maioria das esposas chinesas trabalha. A necessidade nacional era grande demais para não incluir as mulheres, além dos homens, na força de trabalho. Mas como cuidar do filho único? Os avós também estavam trabalhando. Rapidamente se organizaram creches. Os salários eram baixos; e o treinamento dos funcionários para elas não tinha sido criado na China. Até então, as pessoas haviam contado com as gerações da família extensa.

Meus colegas da SRCD e eu nos encontrávamos quase diariamente para completar o nosso estudo. Comparamos crianças de três e quatro anos que estavam sendo criadas em famílias de filho único com crianças de famílias de dois filhos (ainda havia muitas). Comparamos os dois grupos com relação a (1) seu grau de narcisismo, (2) se eles compartilhavam brinquedos ou pensavam em outras crianças e (3) se outras crianças de três e quatro anos gostavam deles. Nesse estudo controlado, a pontuação das crianças das famílias de filho único foi pior em todos os itens. Houve unanimidade na explicação dessa diferença: "Claro. Eles são mimados por seis adultos (dois pais e quatro avós) que se curvam a todos os seus caprichos. Essa criança se acha o centro do universo" (embora naquela época isso fosse uma preocupação, pesquisas posteriores mostraram que os filhos únicos não são necessariamente tão mimados. Eles ainda são criados para respeitarem os mais velhos e ser orientados para as necessidades dos outros). Ao apresentarmos essas constatações a um grupo de psicólogos e administradores, eu estava sentado ao lado de certa sra. Lee, cujo marido era funcionário graduado do governo. A sra. Lee virou-se para mim e disse: "Isso não será bom para o comunismo, será?". Tive de concordar. O pequeno grupo começou a examinar as consequências dessas descobertas e o que se poderia fazer com relação a elas. As autoridades chinesas sugeriram manter longe das crianças os avós das famílias de um único filho. Assim eles não seriam tão mimados. Cabeças balançando. Não pude deixar de dizer em voz alta: "Mas num país em que a tradição e os valores passados de uma geração para a outra são tão essenciais, que mensagem vocês estariam transmitindo?". Novamente as cabeças balançaram.

Outra sugestão foi levar os bebês para longe dos ambientes que os "mimavam", uma vez que, por serem jovens demais, eles podiam ser estragados. Colocá-los em creches aos quatro meses. Voltei a dizer em voz alta: "Vocês já estão pedindo aos pais que abram mão de ter a quantidade de bebês que eles gostariam de ter. Estão lhes pedindo para investirem nesse único bebê muito precioso. O que vocês acham que vai significar para os pais desse único filho ter de deixá-lo tão cedo em uma creche?". O que a China tinha de maravilhoso naquela época é que eles estavam buscando soluções, mas não tinham necessariamente se decidido, pelo menos quanto ao que um filho único significaria para os pais. As autoridades do nosso grupo prestavam atenção. A solução deles levou em consideração todas as objeções. Além de tentarem oferecer aos filhos das mulheres trabalhadoras uma assistência melhor, eles se esforçavam para desligar os avós do emprego para que eles pudessem cuidar dos netos. Talvez isso não desse certo para todas as famílias, mas os avós poderiam escolher.

Em 1984, fui enviado para acompanhar os efeitos dessa mudança e lecionar durante um mês. Primeiro fomos para Xangai. O chefe da pediatria era um homem baixo e simpático chamado Guo Di, que comandava o departamento pediátrico do Hospital Geral de Xangai. Ele sondou os meus interesses, a minha pesquisa, o que eu já havia escrito. Posteriormente fez com que traduzissem *Infants and Mothers* [Bebês e mães] para o chinês. Diziam que era o "Livro de Ouro" para os pais aprenderem sobre desenvolvimento infantil, e o publicaram com uma capa dourada. Embora não houvesse clareza quanto ao que um livro norte-americano sobre criação de filhos poderia significar para os pais chineses, o livro foi bem recebido e teve uma nova edição em 2013.

Enquanto estávamos em Xangai, Guo Di e eu nos tornamos amigos. Ele me falava sobre a cultura comunista chinesa – seus prós e contras. Eu lhe falava sobre desenvolvimento da criança. Começamos a incorporar essas ideias no seu treinamento de pediatras e professores. O Hospital Geral de Xangai tinha o segundo maior serviço de atendimento infantil do país, e assim a sua influência era muito grande.

Antes de voltarmos para os Estados Unidos, o hospital nos ofereceu um jantar à luz de velas com seis pratos no porão do edifício. Todos nos vestimos adequadamente e cantamos juntos. Um residente tocou alaúde e cantou músicas perturbadoras sobre a história da China. Outros cantaram as músicas de marcha de Mao Tsé-tung. Conversamos abertamente sobre o passado, o que havia sido perdido e as promessas do futuro. Todos viam a China com um futuro brilhante. Ninguém parecia se ressentir com o decreto da família de um único filho.

Fomos para Pequim, onde, como representantes da SRCD, falamos sobre bebês também no Hospital da Capital. Ji Xiao Cheng era professor de pediatria no hospital. Era um homem alto, bonito, afável, obviamente bem-nascido, que estudara em San Diego com o dr. Lou Gluck, um famoso neonatologista norte-americano. Ele aprendeu a NBAS e ensinou um dos seus alunos, Bao Xiu-lan, a aplicá-la e ensiná-la. Os dois publicaram em periódicos dos EUA e nos periódicos chineses de pediatria vários artigos baseados no uso da minha escala. Criaram para mim uma chance de brincar com muitos recém-nascidos chineses. Então eu vi as mesmas diferenças no comportamento do recém-nascido que havia visto no Japão: movimentos motores tranquilos, suaves, muito competentes; estados menos descontentes, choro fácil de consolar; altamente receptivos a estímulos auditivos e visuais – muitos deles até mesmo hipersensíveis nessas áreas; longos períodos de atenção, de virar a cabeça facilmente para seguir um objeto ou um rosto.

Em uma viagem posterior, intrigado com esses bebês tranquilos, bonzinhos, sensíveis, pedi para passar horas do dia observando em casa os pais (e avós) lidarem com eles e criá-los. Os bebês facilitavam a relação com os adultos. Fui a vários apartamentos minúsculos para observar. Eu me sentava por seis a oito horas tomando notas sobre tudo o que acontecia.

Lembro-me de um apartamento que parecia muito típico, exceto pelo fato de que a mãe era uma estrela de cinema. Ela e o marido viviam num apartamento de dois quartos com um banheiro minúsculo e cozinha entre os dois quartos. Cada quarto, de cerca de três por três metros, tinha uma cama. Os avós ocupavam um dos quartos, e os jovens pais, o outro. Eles tinham um garotinho de nove meses de idade que acabara de começar a engatinhar. O bebê estava vestido com um paletozinho que abotoava no pescoço e uma calça com uma abertura nas costas para facilitar a troca de fraldas, como é tradicional na China. De tempos em tempos, a mãe o sentava num peniquinho instalado no colo dela até o garotinho fazer suas necessidades. Algumas vezes isso implicou uma espera de uma hora, durante a qual não havia brincadeiras nem leituras, apenas concentração no "trabalho" dele. Quando ele finalmente urinava ou evacuava, era recompensado ganhando a liberdade de se deslocar por ali. Isso significava que ele era colocado na cama dupla dos seus pais. Ele se arrastava e engatinhava nela. Quando chegava perto demais da extremidade, os pais o colocavam de volta no centro. Liberdade de se movimentar significava liberdade para explorar um ambiente limitado como a cama dos pais. Ninguém jamais o pôs no chão ou o incentivou a ficar de pé ou ir livremente de um lado para outro. Era um ambiente muito controlado.

Quando comentei sobre o desejo do bebê de zanzar por ali e sobre a capacidade que ele tinha de se arrastar e até engatinhar (levantando-se nas mãos e nos joelhos), a jovem mãe ficou radiante. Minha aprovação ao desenvolvimento motor da criança pareceu agradar-lhe tanto que ela admitiu: "Estamos tentando criá-lo como um garoto dos EUA, com muita liberdade e independência. O senhor acha que há alguma coisa que o senhor faz e que nós devíamos fazer para garantir isso?". O que eu podia responder? Não havia nenhuma relação entre o ambiente em que ele estava sendo criado e o que nós oferecíamos no nosso país. Já havia uma combinação de natureza e educação que fatalmente faria dele uma pessoa com valores diferentes dos nossos.

Nos Estados Unidos, os bebês se movimentam mais vigorosamente ao nascerem. Adoram que brinquem com eles de um modo ativo. Aos nove meses, desenvolvem um negativismo que praticamente inviabilizaria para aquela mãe chinesa restringi-los. Mas como o bebê era asiático e os costumes dela a levavam a selecionar o tipo de exploração e consequentemente o número de escolhas, seu bebê era mais dócil e não se desintegrava em uma idade em que isso poderia ser esperado nos Estados Unidos. Seus genes e o seu ambiente estavam atuando de modo conjunto para produzir um garotinho tranquilamente obediente.

Em uma das casas visitadas, observei um menino de dois anos subir em um sofá. Ao chegar ao alto, oscilando e correndo o risco de cair, sua mãe disse do outro lado do quarto: "Desça daí". E ele desceu! Ela controlava o menino e era óbvio que o compreendia. Eu me perguntei se essa experiência de restrição do comportamento motor ocorrida tão cedo na vida tornaria provável o desenvolvimento de expectativas limitadas e, maravilhosamente, a capacidade de encontrar satisfação em outras habilidades. As crianças que observei eram extremamente boas nas habilidades motoras sutis. Podiam quase desenhar uma figura e escreviam seu nome aos dois anos. Essas crianças demonstravam um tipo de obediência passiva e o necessário autocontrole dos sentimentos de rebeldia. O exemplo do controle exercido pela mãe sobre o seu filhinho na cama ilustra isso. Essa repressão dos sentimentos de rebeldia e a passividade tranquila na aparência dificultavam a concretização do desejo da mãe estrela de cinema de ter uma liberdade ao estilo norte-americano. Para os chineses, uma criança que pensa somente em si mesma e não está interessada em agradar é considerada "mimada".

Nessa viagem eu fiquei em uma esquina de Pequim contando os carrinhos de bebê azuis e os cor-de-rosa. Os números eram mais ou menos iguais. Mas aquilo não podia durar. Na vigência da política do filho único, os meninos eram tão mais valorizados, que as meninas eram dadas para adoção em outros países. Além disso, havia sido criada uma técnica para o diagnóstico intrauterino precoce do sexo, o que possibilitava o aborto dos fetos do sexo feminino. As famílias de um único filho seriam provavelmente famílias de garotinhos.

Em outra ocasião, fui com Harold Stevenson, professor da área de educação da Universidade de Michigan, a uma aula do primeiro ano escolar em Pequim. Os professores ensinavam representando as lições que queriam transmitir às crianças. Esperavam que aqueles chinesinhos de seis anos aprendessem visualmente. Observavam os olhos das crianças para ver se elas haviam aprendido cada trecho da matéria. Os olhos delas brilhavam e o professor sabia que elas tinham entendido. Depois de 45 minutos desse aprendizado muito passivo, o professor e os alunos estavam exaustos. As crianças tinham permissão para ir gastar sua energia brincando no pátio. O professor usava o intervalo de quinze minutos a cada sessenta para se recuperar. Depois de quinze minutos de brincadeira agitada e ruidosa, as crianças voltavam juntas à classe para o aprendizado imóvel e visual. Tanto o professor quanto as crianças estavam prontos para essa recuperação no final de cada hora de trabalho escolar. Esse ritmo certamente reforçava o tipo de desenvolvimento estável observado nas crianças chinesas à medida que elas cresciam.

Tradição e confiança: entre os navajos

Em 1983, fui convidado pela Gallup e Shiprock, no Novo México, a trabalhar com recém-nascidos entre os navajos, no Arizona. Um dos meus antigos *trainees* no Children's Hospital, Jeremy Mann, estava dirigindo o hospital dos navajos em Tuba City. Além dele, eu conhecia o chefe do serviço social de Chinle, uma das aldeias principais. Acabei indo visitar Chinle, Shiprock e Tuba City ao longo de uma semana, demonstrando o comportamento dos recém-nascidos para a equipe de cada hospital. Conheci a chefe de enfermagem, Ursula Wilson, uma navajo que falou comigo sobre as tradições daquele povo. Nós nos tornamos bons amigos e ela gostou de várias sugestões que fiz enquanto percorríamos o hospital. Perguntou-me se eu gostaria de assistir a uma cerimônia especial com o peiote como a "cura" para toda a comunidade. Seria conduzida por um curandeiro, e não era costume convidar quem não fosse navajo. Éramos umas dez pessoas sentadas em círculo. Cada um de nós segurava ossos e penas de galinha, especialmente abençoados pelo curandeiro. Um cachimbo com peiote circulava enquanto os navajos entoavam cânticos uns para os outros. O cachimbo era passado por toda a roda, obviamente algo muito sagrado para eles. Toda vez eu fazia de conta que aspirava nele. Pelo simples fato de estar envolto na fumaça, fiquei tonto. Disseram-me que, por ter sido incluído naquela cerimônia, eu havia me tornado um "navajo por adoção". Eu assimilava respeitosamente tudo o que podia.

Ursula era obviamente uma pessoa influente. Mais tarde, ela se tornou chefe das enfermeiras da comunidade navajo. Enquanto íamos de um hospital para outro, o fato de estar com ela me deu status. O novo hospital de Window Rock era ótimo, mas não era tão forte nos temas navajos quanto Ursula e eu queríamos. Eles finalmente criaram uma sala para pintura com areia em que os pacientes podiam ir pintar para registrar seus sonhos de vencer a doença. Sua visão da recuperação se revelou um avanço. As crianças competiam para fazer uma pintura com areia. Depois, verificou-se que o tempo para atingir a cura havia sido reduzido significativamente. Elas saíam mais alegres e menos ansiosas. Os índices de "satisfação do paciente" aumentaram bastante. Incorporar uma parte da tradição navajo se revelou um modo eficiente de lidar com sentimentos de desesperança e desamparo em um hospital que, sem aquela sala, parecia inglês.

Em Tuba City fui convidado a fazer para a equipe de médicos anglófonos e de enfermeiros navajos uma demonstração da avaliação dos recém-nascidos. Pedi que convidassem a mãe do bebezinho navajo para participar, achando que isso poderia aumentar as chances de ela se comunicar com a equipe. "Os navajos nunca falam", "Eles nunca fazem uma pergunta", "Eu não sinto que tenha uma relação com algum deles", me diziam os médicos. Tive a esperança de que o recém-nascido poderia romper a barreira entre eles.

Pegamos o recém-nascido no berçário e o pusemos ao lado da cama da mãe. Embora não soubesse ao certo se ela falava inglês, eu lhe pedi permissão para mostrar o que o seu bebê podia fazer. Tinham me avisado que eu *não devia* olhar para o rosto do bebê, porque uma mãe novata recearia que eu pudesse prejudicar o seu bebê. Eu tinha conhecimento dos tabus culturais e pretendia respeitá-los, assim, a cada estágio, pedia a ela permissão para aplicar os meus procedimentos de avaliação. Como eu havia esperado, ela era muito passiva e cautelosa e manifestava isso de um modo calmo. Eu sabia que ela estava amedrontada demais para dizer "não". Realizei cada passo muito lenta e tranquilamente, observando-a com o canto do olho. Todos no hospital se juntaram para ver o bebê operar os seus milagres visuais e auditivos.

O bebê foi simplesmente maravilhoso, tranquilo, atento e receptivo. Brincando com ele, fui ficando cada vez mais entusiasmado. E ele também. E a mãe dele também. Sentada na cama, ela olhava e admirava tudo o que ele fazia. Quando ele se virou para olhar a minha bola vermelha e ouvir o chocalho, sua mãe se aproximou de mim. Ele se virou ao ouvir a voz dela e olhou para o seu rosto. Ela riu quando eu falei e ele se virou para mim e seguiu o meu rosto. Àquela altura eu me senti próximo da mãe o suficiente para lhe perguntar: "A senhora quer falar alguma coisa?". Ela balançou a cabeça, mas os olhos dela estavam grudados em mim. Eu disse: "A sua cabeça diz não, mas os seus olhos dizem sim!". Novamente ela balançou a cabeça, mas continuou olhando para mim. Eu disse: "A sua cabeça continua falando uma coisa, e os seus olhos, outra". Ela assentiu com um leve movimento de cabeça. Eu perguntei: "Quer que eu peça às pessoas para saírem?". Ela concordou. Quando todos saíram e eu perguntei se ela estava com alguma preocupação sobre o seu lindo bebê, a mão dela pousou sobre a barriga do bebê e desceu até a virilha. Tirei a fralda e fiquei surpreso ao ver uma enorme hérnia inguinal. Ela começou a chorar. Depois olhou para mim atentamente e começou a me contar que sabia que tinha arruinado o seu menininho porque fizera sexo durante a gravidez. Eu disse a ela que ele não estava "arruinado". Nós podíamos reduzir e corrigir a hérnia. Eu lhe mostrei como isso seria feito e lhe garanti que a masculinidade dele estava intacta. Ela continuou chorando. Como eu ficaria ali apenas um dia, perguntei se ela se importaria caso eu chamasse o seu curandeiro para lhe dizer que ela estava preocupada, mas sem lhe revelar por que. Ela respondeu: "Ele nunca falará com o senhor". Eu disse a ela que não esperava que ele entrasse no hospital. Eu iria encontrá-lo no gramado diante do hospital. Ela aceitou que eu mandasse chamá-lo. Encontrei-o lá fora, pedi a ele que a consolasse em relação à hérnia do bebê, mas não mencionei as razões do sentimento de culpa que a atormentava. Ele disse que esperaria a visita dela. Voltei e contei a ela que o curandeiro estava disposto a ajudá-la e que nós resolveríamos o problema da hérnia antes que eles saíssem do hospital. As lágrimas correram pelo seu rosto e ela estendeu a mão para me tocar e fez em mim uma marca de cruz.

Quando comentei no hospital sobre os temores dela com relação à hérnia e sobre ela ter se aberto comigo, os médicos custaram a acreditar. "Ela nunca disse uma única palavra." "Talvez vocês não devessem usar palavras", sugeri. "Quando usei o comportamento do bebê como a minha linguagem, ela baixou a guarda." Essa visita abriu para mim a nação navajo, e depois dela eu os visitei muitas vezes junto com colegas. Mais tarde, Ned Pablo, enfermeiro e chefe da unidade, foi treinado na NBAS e passou a ensinar a todos como usar o comportamento do bebê para se comunicar com as mães.

Eu acabei me sentindo próximo à equipe do hospital e percebendo que eles confiavam em mim. Havia me interessado pelo problema comum da síndrome alcoólica fetal e criado alguns métodos de investigação. Entre os indígenas dos EUA, a incidência de síndrome alcoólica fetal com lesão cerebral grave era naquela época – e é até hoje – muito maior que no resto do país. Há também uma incidência extremamente elevada de lesão cerebral menos grave na forma do feto dos efeitos do álcool, que frequentemente não é percebida. As vítimas têm perturbações sensoriais brandas, como dificuldades de aprendizagem ou transtorno do déficit de atenção/hiperatividade. Isso pode prejudicar a capacidade da criança de se adaptar à escola ou à sua comunidade por ter sido rotulada de "ruim" em razão da sua incapacidade. Na minha visita a esse hospital, comecei a perceber que, se pudéssemos identificar essas crianças quando bebês (usando a minha NBAS), poderíamos providenciar uma intervenção em tempo oportuno e permitir que os pais delas as compreendessem. Do contrário, era muito provável que todas elas malograssem acadêmica e socialmente. Propus esse plano a Ursula Wilson, que o achou maravilhoso. Começamos a preparar uma proposta e muito rapidamente encontramos no corpo docente da Universidade do Novo México consultoria e ajuda para identificar os primeiros sinais dos efeitos do álcool sobre o feto.

Planejamos um estudo para seguir o desenvolvimento de crianças afetadas e oferecer intervenção no devido tempo. Contudo, quando voltamos com o dinheiro para o estudo, nós, os consultores e a equipe de intervenção encontramos um problema. Apresentamos ao conselho tribal o estudo que havíamos feito. Eles ouviram atentamente, assentindo com a cabeça quando falei no problema do álcool na comunidade. Mas o nosso estudo exigia a identificação das mulheres que bebiam, e eles se recusavam a isso. Se as suas mulheres estavam bebendo, parecia que eles não queriam saber. "Mas isso afeta a sua próxima geração de filhos, e nós sabemos como ajudá-los." "Não!" E, assim, nosso estudo nunca se tornou realidade. Ursula Wilson e eu ficamos arrasados. Mais tarde, eu me perguntei se não teríamos tido mais sucesso se desde o início tivéssemos trabalhado de modo mais colaborativo com o conselho tribal.

Ned Pablo, que havia trabalhado na minha avaliação dos recém-nascidos e começou a compartilhar com os pais o comportamento dos bebês, também enfrentou problemas. Ele não foi bem recebido nos hospitais de recém-nascidos dos navajos. A comunidade navajo acabou considerando o trabalho dele uma intromissão. Outros enfermeiros navajos concordaram, como se aquilo fosse uma invasão do sistema de pais-filho. Pensando retrospectivamente, acho que Ursula também deveria ter sido treinada para aplicar a escala. Assim, o nosso trabalho poderia ter sobrevivido.

Não encontrei uma resistência tão firme em outras tribos indígenas dos EUA que conheci. Percebi que a hierarquia de homens fortes e mulheres bem-sucedidas como Ursula era a chave para entrar na tribo navajo. Foi uma oportunidade perdida de incluir essa tribo no estudo e na intervenção que planejamos. Os recém-nascidos navajos tinham reações mais fortes do que os recém-nascidos de muitas outras tribos indígenas, como os maias do sul do México. Embora, como descendentes dos seus ancestrais asiáticos, tivessem o mesmo genótipo, seus recém-nascidos eram menos pacíficos. Muitos deles eram ativos quando estavam alertas. Gritavam alto, exigindo atenção. Não eram facilmente consolados como os recém-nascidos mexicanos que tínhamos visto. Era como se aqueles bebês estivessem se preparando para se enquadrar na história navajo como uma das tribos mais poderosas das Américas.

Grécia: arqueologia e doulas

A mãe de dois dos meus pacientes, Emily Vermeule, era professora de arqueologia em Harvard. Foi ao meu consultório logo após o nascimento do segundo filho. Sua primogênita tinha três anos de idade e nós começamos a conversar sobre as questões de rivalidade entre os irmãos. Então ela soltou uma bomba: "Ela vai conhecer bem o Adrian e cuidar dele enquanto eu estiver fora. Eu vou deixar os dois aqui para poder fazer uma viagem às ilhas gregas". "O quê? Deixar um recém-nascido e uma garotinha de três anos que se sente abandonada após o nascimento do irmão?" "Meu marido vai estar aqui com eles." "Mas isso não é o suficiente. A senhora não pode simplesmente abandonar os seus filhos. Eles vão sofrer, e a senhora nunca se perdoará." Emily explicou que aquela era a oportunidade da vida dela. O chefe do Departamento de Arqueologia da Universidade de Atenas, Spyros Marinatos, a havia convidado (e somente ela) para ir ajudá-lo a revelar a importante descoberta do sítio micênico recém-encontrado na ilha de Thera (popularmente conhecida como Santorini). O local havia sido coberto a partir das cinzas da explosão vulcânica ocorrida na vizinha Creta por volta de 1.500 a.C. Ninguém sabia disso. Deram-lhe o nome de "Atlântida perdida", embora isso talvez fosse apenas para popularizá-la. Ela não podia recusar essa oportunidade. Mas aceitá-la significaria ficar ausente por um período prolongado e deixar os filhos em casa com o marido e uma babá. Ela se sentia arrasada, mas impotente. Eu sabia o que significava para ela, como uma importante especialista em arqueologia grega neste país, ser convidada pelos gregos para a revelação dessa descoberta fabulosa. Mas as minhas prioridades eram as crianças e o que poderia significar para elas ficar sem a mãe. "A senhora não pode levá-los? Vão todos como uma família. Eles realmente sofreriam com sua ausência, e a senhora sofreria deixando-os aqui. Leve as crianças!" "Não posso." "Por quê?" "Porque não há médicos na ilha e eu teria receio de que eles adoecessem." "Bom, isso pode ser resolvido!" "Como?" "Leve-me com vocês." Ela me olhou perplexa, mas recuperou-se o suficiente para dizer: "O senhor fala sério?". "Falo." "Então, vá conosco", disse ela, e logo começou a planejar a exigência ao Museu de Belas Artes, que a estava patrocinando, de pagar a minha passagem como auxiliar indispensável para a sua ida.

    Para mim, uma das atrações na ilha de Thera era seguir as parteiras, chamadas de *doulas*, no seu trabalho de trazer bebês ao mundo na casa da mãe. Tivemos oportunidade de assistir a muitos partos. A mãe recebia latinhas, garrafas vazias e sapatos velhos. Quando tinha uma cólica de contração, atirava essas coisas no marido, que se encolhia e gemia em um canto do quarto. Nós nos oferecemos para ajudá-lo, mas ele disse: "Não! Esse é o meu trabalho!". A sua participação era muito importante para ela e atenuava os habituais gemidos de dor que víamos nas parturientes de outros lugares. Usava-se um banco de parto – em forma de V, de cerca de meio metro de altura, com um buraco no meio. A mãe em trabalho de parto se sentava de pernas abertas na beirada desse banco e a parteira recebia o bebê sob o assento. Após o parto, a mãe podia ir para a cama. Quando o bebê chegava, a parteira, que tinha instruído a mãe durante todo o trabalho, efetivamente o salvava. Mas eu tive a sorte de ajudar e segurar o bebê quando ele deslizou para fora. Quando ele começou a respirar, corri para mostrá-lo à mãe. Ela se virou para a parede dizendo: "Ainda não". Tínhamos ficado influenciados pela obra de Marshall Klaus e John Kennell e preocupava-nos a ideia de que, se a mãe não segurasse e interagisse com o seu recém-nascido nesse período "sensível" inicial, ela poderia não se ligar nunca ao bebê. Se tivesse outros em casa, parecia ainda mais importante que ela admirasse aquele bebê lindo, intacto.

Até seu marido, o pai que tinha trabalhado tão arduamente a cada cólica dolorosa, parecia entediado com a ideia de segurar e admirar o bebê. Ele estava remotamente interessado, mas o que queria fazer, de fato, era afagar sua mulher e anunciar o recém--chegado a toda a família que estava à espera. Depois de cerca de trinta minutos de respiração profunda e descanso tranquilo, a mãe voltou-se para mim e para o seu recém-nascido. Tinha recuperado o equilíbrio. Então disse baixinho: "Agora eu estou pronta". Ela examinou detalhadamente o bebê, sorriu, chamou-o pelo nome e o pôs no seio para mamar. O bebê sugou imediatamente (sem remédio para atrapalhar) e a mãe e o recém-nascido estavam a caminho de um vínculo amoroso. Eu havia aprendido muito: (1) os pais tinham um papel essencial; (2) o nascimento sem medicação evita deprimir o bebê; (3) a oportunidade inicial de estabelecer um vínculo com um recém-nascido podia ser adiada enquanto a mãe se recuperava do parto; e (4) a amamentação tem mais chance de sucesso quando a expectativa da mãe é de que isso vai acontecer e o bebê está alerta. Quando a garotinha não sugava satisfatoriamente, a mãe tentava despertá-la. Ela achatava o mamilo usando os dedos para pressionar o seio, fazendo do mamilo um triângulo plano e longo. Quando o bebê abria a boca como se fosse chorar, ela enterrava o mamilo até a sua garganta. Isso estimulava o reflexo de sugar, que é forte nessa área, e o bebê começava a mamar. Eu aprendi muito sobre como dar um bom começo à amamentação.

Fizemos um estudo sobre os bebês nascidos na Mitera, uma maternidade para mães solteiras fundada em 1958 pela rainha Guilhermina da Holanda. Constatamos que o comportamento dos bebês cuja mãe se alimentava bem na primeira metade da gravidez era significativamente diferente do daqueles cuja mãe havia tentado esconder dos pais e irmãos a gravidez pelo maior tempo possível, resultando disso uma alimentação insuficiente para o feto. Mais ou menos no quinto mês, elas precisavam deixar a casa dos pais e se mudar para Atenas. Se iam para o Mitera, eram bem alimentadas e cuidadas até o final da gravidez. Se não tinham recebido cuidados, o bebê nascia pequeno para a idade gestacional e bastante subnutrido. Esses bebês cuja mãe não tinha comido bem na primeira metade da gravidez eram frágeis e hipersensíveis, chorando muito e demorando em se acalmarem. Não se esperava que fossem adotados nos primeiros meses de idade. Eles não eram tão receptivos nem tão capazes de conseguir estados de sono e alerta ou de serem consolados quanto aqueles cuja mãe havia se alimentado bem e havia sido cuidada durante toda a gravidez. Mais uma vez, esse estudo nos mostrou os efeitos da alimentação da mãe sobre o bebê. Depois disso, desenvolvemos a tecnologia para visualizar o cérebro dos recém-nascidos cuja mãe não havia se alimentado bem e confirmamos essas constatações. A alimentação é um precursor essencial do desenvolvimento cerebral no útero.

Esses estudos de recém-nascidos em todo o mundo nos ensinaram que outras culturas e seus valores têm muitas contribuições a oferecer a nossa sociedade. O espectro de diferenças no comportamento do bebê ou no modo de os pais lidarem com o recém-nascido nessas várias culturas é valioso para as pessoas que cuidam de pais e de bebês nos Estados Unidos. Apesar das variações individuais dentro de cada cultura, as diferenças, das crianças tímidas e sensíveis da Ásia ou do sul do México até o comportamento dos bebês do leste da África, apontam para muitas mudanças possíveis nas nossas organizações de assistência à criança e no nosso sistema educacional.

Nós nos consideramos um caldeirão cultural, uma nação tolerante. Mas não somos. As crianças pagam um alto preço pelo modo como tratamos as famílias de outras culturas. Por exemplo, uma criança tímida é menos valorizada na nossa sociedade atual. Ela é pressionada a mudar, para ser uma pessoa diferente. Na Ásia, os pais valorizam na criança o alto grau de sensibilidade para os materiais do seu aprendizado e para as outras pessoas. Essas crianças adquirem o sentimento de serem valiosas para o mundo e para a sua família. Uma criança que se sente valorizada se sente mais segura. As crianças afeitas ao movimento que vimos no Quênia, reforçadas por suas realizações motoras, "aprendem com os pés". Para essas crianças, o ensino poderia se incorporar ao movimento físico. Nos Estados Unidos, uma criança muito ativa é rotulada e medicada desnecessariamente. Essa criança poderia ser valorizada pelos seus êxitos motores, pela intensidade das suas expressões motoras. Poderíamos ver as crianças sensíveis e as que têm um bom desenvolvimento motor como estando em extremidades opostas do espectro de diferenças individuais e levar isso em conta no nosso sistema educacional. Estamos perdendo muito quando não podemos acolher muitas culturas e as diferenças que elas trazem, capazes de enriquecer as nossas instituições e a nossa sociedade.

capítulo 5

Opondo-se ao sistema

Em 1946, a publicação de *Meu filho, meu tesouro*, de Benjamin Spock, mudou o jeito dos pais enxergarem seus filhos. Antes dessa obra tão apreciada, esperava-se que os pais fossem rígidos disciplinadores e até mesmo adeptos, frequentemente, do ensinamento de John Watson, que em 1928 advertiu no seu livro *Psychological Care of Infant and Child* [Cuidados psicológicos de lactentes e crianças] sobre os "perigos do excesso de amor materno". "Nunca os abrace ou beije. Nunca os deixe se sentar no seu colo", escreveu ele. Anderson Aldrich, no final dos anos 1930, havia começado a mudar as atitudes dos pediatras, mostrando que os pais podem ser assistidos, incentivados e ajudados a compreender os filhos, para fazerem um trabalho melhor. Veio depois o livro de Spock, que devolveu a criação dos filhos aos pais. Ele explicava os filhos para os pais, ajudava-os a esclarecer os seus próprios sentimentos, dava-lhes uma percepção do que o filho podia estar pensando e, essencialmente, lhes dizia que eles eram capazes de decidir o que fazer com relação aos problemas da criança. Seguindo o seu mentor, D. W. Winnicott, Spock foi o primeiro nos Estados Unidos a capacitar os pais. Esses, em consequência, começaram a sentir que podiam formar seu próprio juízo sobre os problemas que o filho enfrentava. Spock também apresentou aos pediatras a percepção das zangas que os pais levavam para o consultório. Na sua própria clínica ele foi o modelo para os outros pediatras de como devia ser o trabalho de confiar nos pais para alimentar a saúde emocional dos filhos.

Aprendendo a gostar dos pais

Quando eu ainda era um jovem pediatra, comecei a tomar consciência dos meus próprios sentimentos. Havia escolhido a pediatria porque gostava das crianças. Quando qualquer coisa não ia bem com elas, eu automaticamente ficava zangado com os pais. Eles estavam prontos para assumir a culpa, porque um pai ou uma mãe amorosos automaticamente sentem que a culpa é sua quando algo dá errado. Mas eu vi que criticar uma mãe resultava apenas em mais culpa e mais probabilidade de a crise enfrentada pela família não ser superada. Meus sentimentos de reprovação eram uma reação automática, que hoje chamo de obstrução de acesso. Qualquer adulto que goste de uma criança está fadado a se sentir competitivo com outro adulto pelo bem-estar dessa criança. Já observei que quando alguma coisa não dá certo, qualquer profissional que cuide da criança (pediatra, enfermeira, professor do maternal) irá quase certamente se sentir competitivo e culpar os pais. "Se eu fosse pai dessa menina, não a deixaria agir assim em público."

Entre os profissionais que lidam com as crianças, os pediatras são os que têm menos probabilidade de admirar os pais, até se tornarem pais. Então eles começam a compreender a zanga que está por trás dos conflitos dos pais com o filho. Mas ainda assim eles podem dizer aos pais: "Se pelo menos vocês fizessem isso". Uma abordagem de cima para baixo adotada por um pediatra provavelmente deixará os pais ressentidos, em vez de levá-los a aceitar ideias que podem ajudar. O livro de Spock apresentou compreensão e aceitação dos conflitos enfrentados por todos os pais. Ele certamente me fez perceber que, se eu quisesse ajudar a criança, teria de aceitar e ajudar os pais dela.

Passei a ver que o meu trabalho era aprender a gostar dos pais. Quando mudei e comecei a confiar neles, eles começaram a confiar em si mesmos. Já não éramos adversários. Podíamos ser uma equipe – e trabalhar na direção dos interesses da criança. Os pais dos meus pacientes e eu ousávamos nos interessar uns pelos outros e compartilhar o progresso da criança no seu desenvolvimento.

Conforme os pais confiavam no fato de que eu não os julgaria, percebi que a cada visita eles vinham com duas perguntas essenciais: (1) "Como estou me saindo como pai?" e (2) "Como está o desenvolvimento do meu filho?". Eu queria responder, mas percebi que para fazer isso precisava compreender o desenvolvimento infantil. A pediatria me oferecia apenas uns poucos modelos.

Milton Senn, em Yale, e Julius Richmond, em Siracusa, eram pediatras renomados que abriram caminho para o respeito aos sentimentos dos pais. Mas ninguém via, de fato, que o desenvolvimento infantil era a linguagem que poderia unir pediatras e pais. Urie Bronfenbrenner, psicólogo de Cornell, propôs um gesto de reconciliação entre pais e pediatra. Brilhante especialista em questões sociológicas, ele previu os problemas que até hoje são um flagelo para o nosso sistema médico – atenção insuficiente para a prevenção das doenças e não valorização do desenvolvimento psicológico das crianças como parte da sua capacidade de resistir à doença. Com base no seu trabalho sobre a ecologia do desenvolvimento infantil incorporada no sistema familiar e no mundo como um todo, comecei a ver a relação pai-filho como o primeiro baluarte de qualquer sistema médico bem-sucedido para as famílias.

Trazendo os pais para o hospital

Eu percebi que não estávamos nos saindo bem na promoção da saúde mental no Boston Children's Hospital. Em 1967, o dr. Leonard Cronkhite levou ao meu consultório em Cambridge suas duas filhas. Eu me espantei com isso. Além de serem poucos os pais que levavam seus filhos para um check-up, Len era o CEO do Boston Children's Hospital e eu sabia que ele era uma pessoa ocupadíssima. Suas filhas eram maravilhosas e o exame foi agradável. Um dia, quando ele já estava prestes a ir embora, comentei o fato de que dois dos outros hospitais-escola (Boston Floating – que recebeu esse nome por ter sido montado em um barco no porto de Boston e oferecer assistência e ar puro para as crianças da cidade – e o Mass General) estavam mobiliando os quartos com cadeiras reclináveis e incentivando os pais a dormirem com o filho hospitalizado. No entanto, a política do hospital infantil só permitia a visita dos pais entre 14h e 16h, aos sábados. As crianças começavam a chorar quando a visita acabava, depois choravam durante todo o domingo e a segunda-feira. Diante disso, os médicos e as enfermeiras diziam: "Estão vendo? Os pais não fazem bem às crianças doentes. Eles as perturbam. Eles exigem demais de nós e nunca estão satisfeitos. Deviam simplesmente deixar que nós cuidássemos dos seus filhos e nós os faríamos melhorar e os mandaríamos para casa mais cedo".

Mas estava começando a haver uma onda de literatura baseada em pesquisas (como o livro do dr. John Lind, na Suécia) que demonstrava o custo para as crianças implicado na separação, no medo de serem abandonadas, de terem de lidar sozinhas com a dor no tratamento hospitalar, na solidão, no receio de serem tocadas e maltratadas por estranhos e, para as crianças mais velhas, nos temores da doença e de suas consequências. A presença e a participação dos pais podia atenuar isso tudo. Além do mais, os pais podiam encarar a sua própria dor, informar-se sobre a doença e aprender a cuidar da criança antes da alta. Respaldados pelo sombrio trabalho de Harry Harlow mostrando os efeitos devastadores da separação nos filhotes de macaco e também pela visão de John Bowlby, nos convencemos de que uma doença podia facilmente deixar sequelas psicossomáticas quando a criança ficava sozinha no hospital.

As chances de posteriormente os pais ficarem ansiosos, fixando-se na doença da criança, e fazerem-na desenvolver o que chamamos de síndrome da criança vulnerável – uma criança superprotegida que internalizou as ansiedades dos pais – se ampliavam quando eles não compreendiam a doença e, especialmente, quando não tinham consciência da capacidade de recuperação da criança. Assistência paterna dentro do hospital era uma área nova e empolgante.

Ciente desses estudos, comentei com Len que simpatizava com os pais que não queriam internar os filhos no Children's Hospital a menos que isso fosse imprescindível dada a natureza da doença. Em caso contrário, eles preferiam um dos hospitais que tinham o enfoque familiar. Uma vez que o Children's Hospital tinha especialistas fabulosos e era o número um do país para pesquisa e tratamento, os pais frequentemente não tinham alternativa. Eu disse: "Você abandonaria o seu filho num ambiente frio, amedrontador, só por causa de uma doença?". Ele me ouviu e respondeu: "Por que você não nos ajuda a mudar isso? Eu lhe dou todo o meu apoio". O dr. Dane Prugh era o chefe da psiquiatria infantil no hospital e se entusiasmou, assim como o dr. Charles Janeway, chefe da pediatria. Mas eu tinha receio de assumir um papel tão vulnerável, administrativo. Relutava em deixar a minha clientela e todas as maravilhosas famílias que eu atendia. Além disso, nós precisávamos do dinheiro. Levei a minha hesitação para casa e a compartilhei com minha mulher. Chrissy queria que eu me envolvesse com a universidade. Ela recrutou Jerome Bruner, com quem eu estava fazendo uma pesquisa na época. Os dois me disseram: "Ora, vamos lá, você já está grandinho e é hora de assumir um papel mais importante. Você pode fazer isso". Esse incentivo me ajudou a tomar uma decisão. Sem abandonar a clínica, resolvi assumir o cargo de coordenador da assistência ao paciente, trabalhando das 10h (depois do meu horário de visitas, de 8h30 a 9h30) até as 16h30, deixando o hospital às 17h para ver meus pacientes até as 19h. Estava claro para mim que eu teria uma vida de múltiplas tarefas, ocupadíssima, com menos tempo para a família, mas Chrissy me incentivou. Fiquei entusiasmado com o desafio.

Eu não tinha ideia de como fazer uma mudança nos procedimentos de um hospital inteiro. Conheci Barbara Patterson, chefe das atividades do departamento infantil, e Elizabeth Maginnis, chefe da assistência social do hospital. A última foi uma aliada impetuosa, dedicada, e se tornou uma grande amiga. Ela me disse: "Claro que você pode fazer isso. Mas não abra mão da sua clínica. Ela vai protegê-lo da competição destrutiva em que você vai entrar aqui".

Muriel Vesey, chefe da enfermagem, era ambivalente, mas me disse que entendia o que eu estava falando e via que aquilo daria certo nos outros hospitais. Se essa mudança não resultasse em sobrecarga para as enfermeiras, ela apoiaria. Mostrei a ela que uma funcionária destinada às atividades infantis poderia trabalhar com a criança e a família e dar suporte às enfermeiras. Pedi a Len Cronkhite que providenciasse um aumento no número dessas *play-ladies* (damas que brincam) – uma para cada andar de atendimento hospitalar. A falecida Myra Fox dirigiu o programa Child Life Services durante muitos anos.

Liz Maginnis me aconselhou a convocar todos os chefes de departamento – medicina geral, cardiologia, otorrinolaringologia, ortopedia, cirurgia, serviço social, enfermagem, terapia física e ocupacional, atividades infantis e internamentos – para uma reunião mensal em que se trabalharia conjuntamente para a mudança. Os chefes de departamento estavam dispostos, graças, sobretudo, ao fato de seus superiores, os doutores Cronkhite e Janeway, terem lhes dito que eles deviam ir. Outros hospitais já haviam mudado, e assim eles sabiam que nós também precisávamos fazer isso.

Tínhamos uma reunião atrás da outra, discutíamos as objeções colocadas por todos, apresentávamos artigos com pesquisas que demonstravam o quanto era válido trazer os pais para ajudar no tratamento e mostravam que outros hospitais pediátricos estavam fazendo isso. Com a ajuda de Liz, começamos a fazer sessões semanais especiais em cada andar. Nessas sessões, enfermeiras (e médicos) e outras pessoas envolvidas apresentavam casos difíceis para que pudéssemos começar a identificar os ajustes necessários a fim de incorporar os pais em cada andar. Ao longo dos anos seguintes, o plano começou a ganhar força e as pessoas passaram a falar na mudança.

Nosso procedimento tinha sido mandar um texto para os pais de todas as crianças que tinham um internamento planejado, encorajando-lhes a preparar seu filho para a separação e a internação para cirurgia. Ao fazermos posteriormente um levantamento com os pais, constatamos que apenas 15% haviam lido esse material, embora ele contivesse informações sobre como era possível proteger seu filho preparando-o e sobre como era importante para a criança saber o que ia acontecer. Quando lhes perguntamos por que não tinham lido, muitos admitiram: "Não consegui encarar". Ao sabermos disso, resolvemos oferecer aos pais um livro chamado *Curious George goes to the hospital* [George, o Curioso, vai para o hospital], de Margret e H. A. Rey. Insistia-se com eles para que lessem o material para a criança na sala de internação enquanto uma especialista em atividades infantis lhes dava apoio para "encarar, eles próprios, o fato". Depois disso, as crianças se tornaram significativamente mais cooperativas nas alas.

Dois dos dirigentes do hospital, Alex Nadas, chefe da cardiologia, e Robert Gross, chefe da cirurgia, ofereceram-me a oportunidade de estudar os efeitos que a participação dos pais teria nos resultados pós-cirurgia cardíaca. Nesse projeto de pesquisa, constatamos que se os pais (1) preparavam o filho para a internação (separação, ambiente estranho, coletas de sangue, exames); (2) ficassem na ala com a criança; (3) a acompanhassem até a cirurgia; e (4) ficassem com ela até o anestésico sedá-la, essa criança não apenas teria um índice de sobrevivência significativamente mais alto como também sua necessidade de anestésico, sua recuperação depois da cirurgia e sua estadia no hospital se reduziam significativamente. Além disso, se os pais podiam estar presentes quando ela despertasse e podiam cuidar dela na ala, fazendo-a pôr para fora os seus medos e o trauma subsequente, a recuperação dessa criança era significativamente melhor. Essa pesquisa gerou uma mudança imediata em todo o hospital. Os pais não eram apenas bem recebidos: insistia-se com eles para que ficassem com o filho durante as 24 horas do dia. Tínhamos conseguido!

No mobiliário, foram introduzidas cadeiras que se transformavam em camas para o pernoite (os pais dos meus pacientes doaram dez delas). Começou então a reestruturação e o replanejamento do tamanho dos quartos para pacientes. O hospital como um todo ganhou uma atmosfera diferente. Uma lanchonete e uma sala de espera para os pais foram acrescentadas em cada andar.

Constatamos que era possível dar apoio ainda maior aos internamentos planejados se:

- os pais fossem estimulados a levar a criança para o hospital com antecedência, para elas entrarem e saírem de uma tenda de oxigênio;
- fossem introduzidas brincadeiras na internação e no pós-operatório;
- os pais fossem estimulados a brincar de "hospital" com os filhos após a alta.

As visitas dos pais mudaram. Eles eram orientados sobre como administrar remédios e cuidar do filho enfermo. No processo, recebiam apoio para encarar as suas próprias questões sobre a doença do filho e a hospitalização. Para as crianças, a experiência como um todo era diferente. Evidentemente elas choravam mais e mostravam seus sentimentos mais abertamente, mas agora a equipe médica via que, em longo prazo, isso era saudável. Os especialistas em atividades infantis propuseram brinquedos terapêuticos para cada criança e se tornaram modelos para os pais que não sabiam como conversar ou brincar com uma criança doente. O lado negativo da presença dos pais era que eles podiam se expor a uma equipe médica insensível – médicos de pé ao lado da cama conversando sobre a criança como se ela fosse apenas uma doença. Os pais se queixavam frequentemente de se comunicarem muito pouco com a equipe médica. Mas todos começaram a reconhecer o valor da presença dos pais para a recuperação da criança.

As visitas de irmãos só aconteceram quase vinte anos depois. Certa ocasião, enquanto se cogitava isso, os pais de um garotinho de dois anos que agonizava com um tumor cerebral foram visitá-lo. Ele era frágil, tinha perdido todo o cabelo e estava bastante debilitado. Mas tentava valentemente sorrir e ganhar a atenção das enfermeiras da Divisão 27. Elas o adoravam, e, por isso, o mantinham em um berço ao lado da escrivaninha da enfermeira-chefe. Assim, todas elas podiam, ao passarem por lá, conversar com ele e afagá-lo. Era um lugar cheio de carinho e ele parecia adorar aquela situação.

Certo dia seus pais apareceram. Foram até ele para saudá-lo e beijá-lo. Ele lhes sorriu sem muito entusiasmo. Podia-se ver a sua reserva, e talvez até mesmo raiva, por ter sido deixado sozinho no hospital.

Seguindo os pais, seus dois irmãos mais velhos, de seis e quatro anos, se aproximaram lentamente. Ele começou a gemer, ficou de pé agarrando-se à grade do berço. Esfregou-se neles, sentindo o rosto. Eles lhe davam tapinhas e o abraçavam. Era visível o êxtase do garotinho. Todo o berçário e a equipe do hospital estavam observando, chorando. Esse único momento ajudou a tornar os irmãos bem-vindos nas alas. Nada de objeções como "estão trazendo germes para o chão". Agora o hospital é para famílias inteiras e elas são bem recebidas, até mesmo instadas a ficar.

Após a mudança do horário de visita dos pais no hospital, me pediram para fazer um conjunto de sessões semanais sobre desenvolvimento infantil – uma experiência de ensino para o pessoal da casa (funcionários graduados, enfermeiras, terapeutas da equipe) e para alunos de medicina de Harvard. As sessões se tornaram tão populares que tivemos de passar para uma sala grande que acomodasse até cinquenta pessoas.

Ouvindo a criança hospitalizada

Nessas sessões, tive a oportunidade de demonstrar, por meio do comportamento da criança, o que a doença significava para cada uma delas. Como ela enfrentava a doença, quanto isso lhe custava, a regressão que ela sofria ao lidar com a doença. Na demonstração, eu mostrava ao corpo médico o modo de avaliar uma criança com relação aos diferentes aspectos do seu desenvolvimento. Isso incluía o seu desenvolvimento emocional (para quem ela se voltava – sua enfermeira, seus pais, ela própria, e que importância um cobertor de segurança ou o seu polegar podiam ter quando ela encarava uma doença com internação), o desenvolvimento cognitivo (como a criança podia apresentar uma regressão, mas também expor os seus temores e pensamentos; como ela usava o brinquedo como sua terapia) e seu desenvolvimento motor (como a doença afetava a ela e às outras linhas de desenvolvimento, sucessivamente). Também buscávamos a integração sensorial, pois quando uma modalidade – visão, audição, tato ou cinestesia (o sentido que detecta a posição do corpo e o movimento) – é prejudicada, as outras automaticamente são afetadas.

Nas sessões, nós também examinávamos uma linha de desenvolvimento mais importante. Um garotinho esperava ser bem-sucedido ou não? Considerar essa questão nos indicava até que ponto ele estava vencido ou, pelo contrário, mostrava resistência ao lidar com a sua doença. Essa indagação também trazia à tona suas experiências passadas.

Por exemplo: aos nove meses, a reação de um bebê a uma tarefa específica nos permitia dizer se ele esperava ser bem-sucedido ou não. Quando apresentávamos um desafio adequado à sua idade, como fazer um brinquedo novo, um bebê que esperava ser bem-sucedido ficaria surpreso, trabalharia com ele e, ao terminar, olharia orgulhoso como se dissesse: "Está vendo? Consegui! Eu não sou ótimo?". Mas um garoto que não esperava ser bem-sucedido iria se distrair rapidamente ou passar para alguma atividade em que tivesse chance de ser bem-sucedido, ou poderia falhar deliberadamente (como acontece com as crianças que vêm de situações de muita tensão em casa, onde ninguém jamais reconheceu o seu sucesso). Quando ele fracassava na tarefa, frequentemente podíamos ver que ele a entendia cognitivamente, mas apenas não tinha vontade de se empenhar para realizá-la. Então ele olhava para cima chorando, como se achasse que ia apanhar, ouvir um sermão ou, na melhor das hipóteses, ser ignorado. Aos doze meses, a mesma criança caía quando tentava se apoiar na mobília ou caminhar. Então olhava para cima, encolhida de medo. Aos dezoito meses, quando já andava, ela tropeçava e caía. Quando se tentava ver por que ela havia caído ou no que ela havia tropeçado, não se achava nada. Quando nos dirigíamos a ela, a criança se encolhia e parecia amedrontada. Essas crianças já estavam tentando dizer: "Não consigo. Não posso". Elas vinham de ambientes difíceis ou que não as recompensavam, ou então já de antemão reconheciam ser inadequadas para encarar as tarefas propostas. Eu senti que, às vezes, conseguíamos ver sinais precoces de incapacidades de aprendizagem ou transtorno do déficit de atenção com hiperatividade, de problemas de integração sensorial ou talvez até mesmo de transtornos do espectro autista. Éramos capazes de aprender muito com a cuidadosa observação do comportamento de uma criança. Achei que aquelas sessões eram um modo maravilhoso de ensinar à equipe as diferentes linhas de desenvolvimento das crianças pequenas.

Quando a mudança das regras do hospital com relação aos pais se revelou valiosa, percebemos que o nosso programa de residência estava se tornando mais popular. Espalhou-se pelo país o comentário de que no Boston Children's Hospital havia interesse não só pela doença da criança como também pelo seu desenvolvimento psicológico. Começamos a ter candidatos em maior número e melhores – especialmente mulheres.

Ironicamente, no final da década de 1980, à medida que a licença para os pais no nascimento de um filho começou a ser reconhecida, tivemos de encarar o fato de que nosso corpo médico não era tão bem tratado quanto os pais. Nossos médicos não tinham oportunidade de ficar em casa no momento da chegada de um filho para promover o vínculo com o bebê e para compreender o seu novo papel de pais. Levei a questão para o dr. David Nathan, chefe da pediatria. Ele me respondeu: "Mas nós não podemos dar licença de mais de quatro semanas para um médico interno. Afinal de contas, outros internos e residentes precisam cobrir a ausência deles, e isso significa aumentar a sobrecarga deles". Eu perguntei: "Quantos internos e residentes em cada nível você tem?". "Vinte." "Por que não aumentar para 21 em cada nível para que você tenha um residente flutuante que possa assumir os períodos de inatividade?" Eu o lembrei de que agora éramos um hospital a favor da família, que professava acreditar na importância dos vínculos familiares. Mais da metade dos nossos residentes era composta de mulheres que podiam ter recém-nascidos. "Nós não devemos reforçar a compreensão e participação delas nos vínculos familiares? Isso seria um bom investimento." David aprovou e acrescentou um residente em cada nível. O clima melhorou novamente. Os pais eram respeitados e, como benefício extra, as licenças por doenças também seriam cobertas. Os médicos residentes podiam se ausentar sem a sensação de estarem sobrecarregando os colegas.

Estimulado por essas experiências, em 1973 formamos um grupo que havia começado a planejar a futura Associação de Assistência Médica Infantil nos Hospitais (Association for Child Care in Hospitals – ACCH). Oito chefes de atividades infantis e programas de vida infantil nos hospitais de todo o país e também de locais tão distantes quanto Montreal se reuniram sob a direção de Mary Brooks, de Pittsburgh (mais ou menos na mesma época, Emma Plank, uma mulher maravilhosa que havia fugido da Alemanha por causa do nazismo e dirigia as atividades infantis do Rainbow Babies and Children's Hospital, tornou-se, em Cleveland, uma eloquente defensora da sensibilização dos hospitais para as necessidades das crianças. Ela escreveu um livro clássico, *Working with Children in Hospitals*, que serviu para mudar os hospitais pediátricos do país).

Reunimos esse grupo na varanda da nossa casa em Barnstable, Massachusetts – dois homens e seis mulheres –, e trabalhamos arduamente durante quatro dias para criar a nova associação. A ACCH nasceu com recursos limitados, e nos seus 25 anos de existência nunca arrecadou nenhum dinheiro efetivo. Mas as reuniões anuais se tornaram populares entre enfermeiras, pediatras e terapeutas educacionais e físicos. Nossa ideia original tinha sido a de profissionalizar o trabalho de especialistas em vida infantil, mas uma abordagem multidisciplinar começou a florescer. De cerca de oitenta participantes, em 1974, ela chegou a muitas centenas na década de 1980. John Kennell, da Case Western Reserve, Sprague Hazard, de Harvard, Kyle Pruett, de Yale, e Stan Friedman, do Albert Einstein Hospital, respaldaram os nossos esforços.

Na década de 1990, o Conselho da Vida Infantil (Child Life Council), organização profissional dos especialistas em vida infantil, começou a levantar voo. Derrubou a ACCH e servia ao propósito de profissionalizar todos os funcionários, nosso objetivo original. Essa missão aparece hoje no site deles: "Os programas de vida infantil nos ambientes de assistência médica promovem o melhor desenvolvimento das crianças e de suas famílias, para manter padrões de vida normais e minimizar o trauma psicológico". Hoje os profissionais de vida infantil organizam diversão que entretém e é, ao mesmo tempo, terapêutica; as atividades que eles desenvolvem preparam as crianças para os testes e procedimentos médicos, e as ajudam durante a sua aplicação. Esses profissionais também apoiam as famílias no momento da hospitalização ou em circunstâncias difíceis. Eles trabalham em várias instalações de assistência médica, mantendo uma filosofia de assistência centrada na família.

Introdução do desenvolvimento infantil na pediatria

No check-up pediátrico característico das décadas de 1960 e 1970, o médico só podia pesar, medir e fazer um exame superficial da criança. Havia pouco tempo ou atenção para as perguntas que os pais faziam: "Eu devo deixá-la chorar?", "Quando é que ela deve começar a engatinhar?". No entanto, como já mencionei, o que todos os pais queriam saber era: "Como eu estou me saindo como pai? Como está o meu filho?". Quando essas perguntas não eram respondidas, todos perdiam – o pai, a criança e o pediatra. Quando eu fiz questão de responder, tive uma experiência muito diferente. Ouvir as perguntas dos pais sobre o lado psicológico do desenvolvimento dá ao pediatra uma visão da criança como pessoa, e não somente como um conjunto de doenças e problemas médicos. O desenvolvimento infantil também dá aos pais e ao pediatra uma linguagem comum para se conectarem.

Nessa mesma época, o nosso sistema médico pediátrico estava se sofisticando cada vez mais: cirurgia do coração, antibióticos, diagnóstico neurológico precoce. Tudo isso era caro e exigia uma base de boa medicina clínica para o diagnóstico precoce e o acompanhamento. Os distúrbios mentais – o problema de saúde mais dispendioso para a sociedade – também estavam começando a ser mais reconhecidos no final da década de 1960. Perturbações mentais menos profundas podiam ser prevenidas pela intervenção em tempo oportuno. As crianças com uma série de incapacidades para o desenvolvimento se beneficiariam com o diagnóstico e a intervenção precoces. Tínhamos tomado consciência do fato de que até o autismo, uma das perturbações mentais mais severas, podia ser atenuado com o diagnóstico e a intervenção precoces.

Muitos de nós na pediatria sabíamos que tínhamos nas mãos uma mina de ouro de oportunidades para diagnosticar, prever e intervir para melhorar a saúde mental e o desenvolvimento. Mas as principais organizações médicas – a Associação Médica Americana, a Academia Americana de Pediatria (AAP) e a Sociedade de Pesquisas – estavam voltadas para o apoio aos avanços nos problemas físicos. Não havia associações atentas principalmente ao desenvolvimento infantil e à prevenção das doenças mentais. As organizações psiquiátricas se concentravam na psicopatologia, nos problemas posteriores ao fato. E nós sabíamos que os pediatras podiam ter um papel importante na prevenção dos distúrbios mentais. A minha própria pesquisa e a atividade clínica estavam me ensinando a lutar por essa oportunidade.

Líderes como Anderson Aldrich, Benjamin Spock, Milton Senn, Julius Richmond e Stan Friedman eram os modelos de quem eu dependia para o desenvolvimento da minha própria carreira. Eu sabia que queria identificar cedo os problemas das crianças. Minha clínica em Cambridge me ajudou a criar e aprimorar abordagens para ajudar os pais a prevenir desvios no desenvolvimento do filho. Tive a oportunidade de discuti-las com colegas com formação em psiquiatria e em pediatria – como Norman Sherry, Sprague Hazard, Joel Alpert, Dane Prugh e Helen Glaser. Sentimos que a falta de apoio das nossas associações nacionais era um equívoco crítico. Queríamos gerar interesse por essa área de prevenção, mas parecia que nenhuma dessas organizações nos ouvia.

Por ter sido ativo na seção de desenvolvimento infantil da AAP, eu conquistei respeito. Também fui eleito para uma organização especial de pesquisadores e acadêmicos, a Sociedade de Pesquisa em Pediatria (Society for Pediatric Research – SPR), graças às minhas publicações sobre avaliação precoce e desenvolvimento do bebê. Bob Haggerty, professor de pediatria em Rochester, no estado de Nova York, e eu solicitamos um simpósio da Sociedade de Pesquisa em Pediatra como parte das reuniões anuais da AAP para tratar da oportunidade de prevenir doenças mentais.

Evolução de um sorriso aos quatro meses.

Com cerca de três anos.

Com meu pai, Thomas Berry Brazelton, e meu avô, William Buchanan Brazelton.
Eu tinha nove meses, e meu pai, que havia estado na guerra, me viu pela primeira vez.

Com meu irmão Chuck na casa do meu avô, em Waco.

Na varanda da casa dos meus avós, em Waco, com primos e meu avô. Estou na fileira do alto, à direita.

Foto tirada para o Princeton Triangle Club quando eu era presidente.

Com minha mãe em Waco, após voltar da Marinha.

Com Christina Lowell em nosso casamento.

Com um jovem paciente do Massachusetts General Hospital, em 1946.

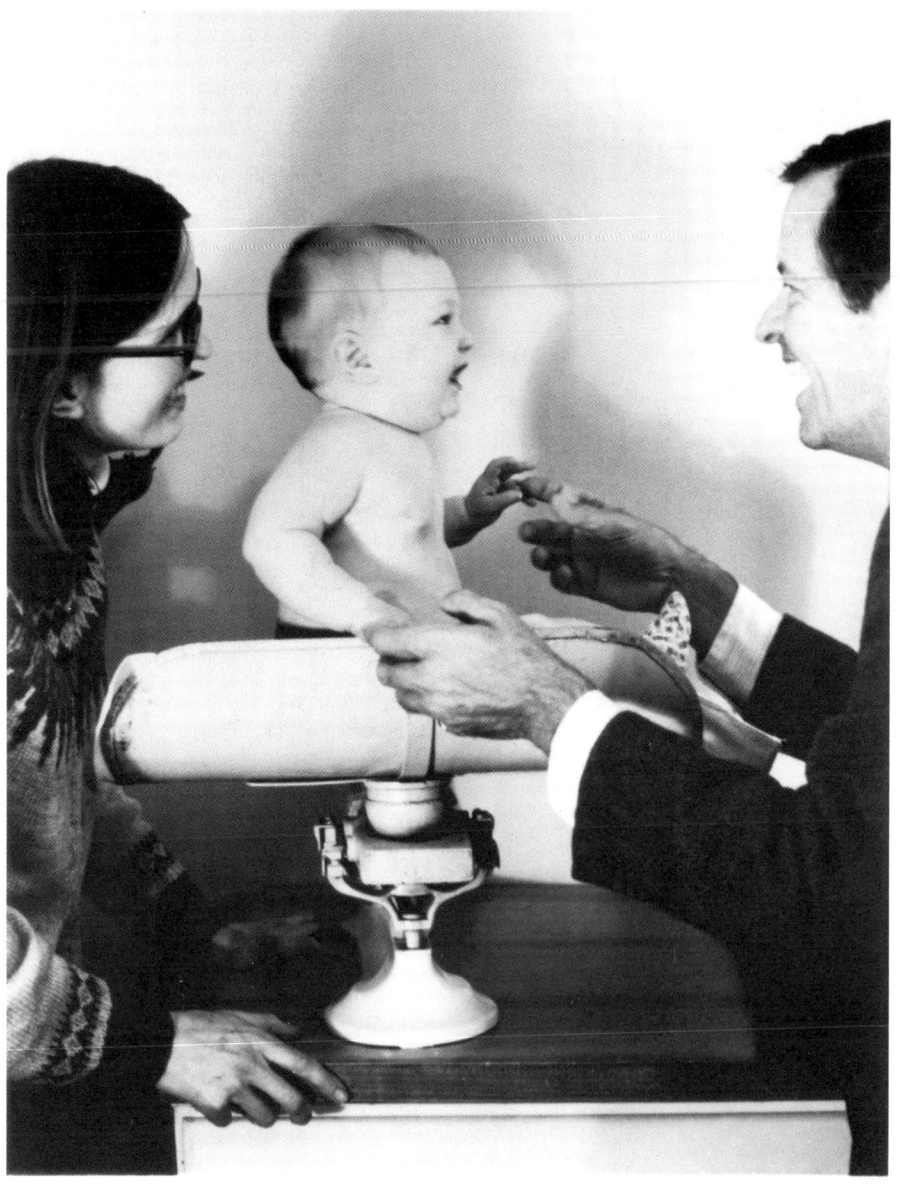

Exercendo a pediatria na década de 1970. Mantendo o bebê feliz enquanto ele está em uma balança instável. © *Steven Trefonides*

Mostrando aos pais como o bebê se senta aos seis meses, com os braços abertos, para se equilibrar. © *Steven Trefonides*

Em uma conferência em Denver, discutindo com René Spitz sobre a privação no primeiro ano de vida.

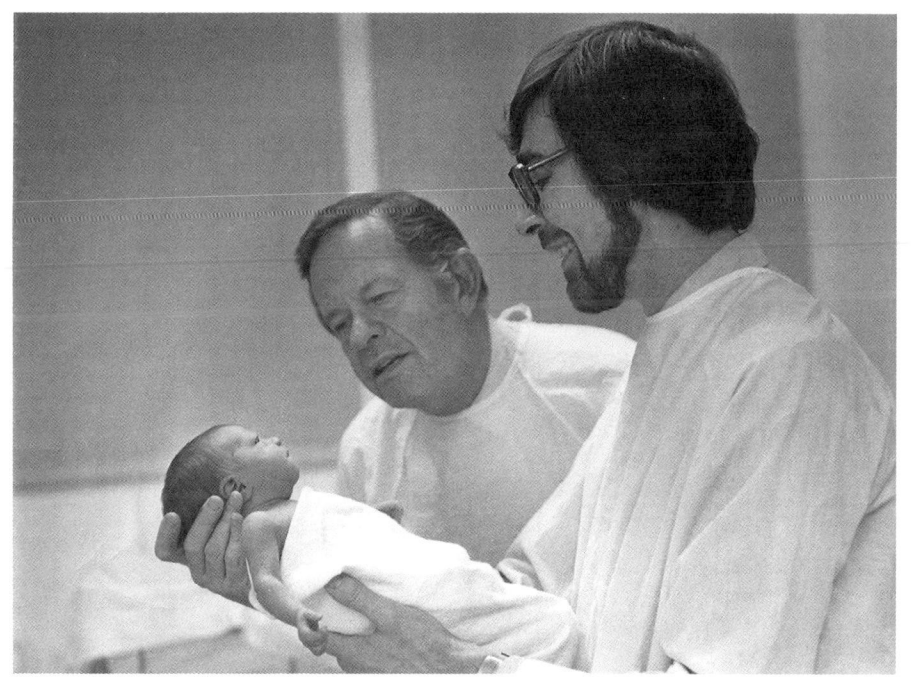

Observando com Kevin Nugent um recém-nascido no Boston Children's Hospital.

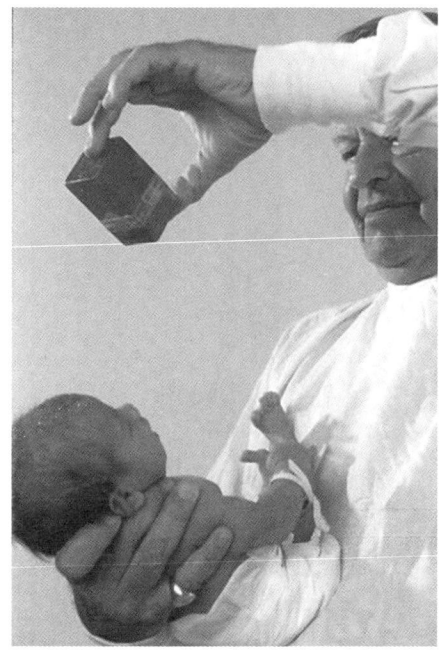

Avaliando as capacidades de um bebê com a NBAS.

Tentando estabelecer contato visual com um bebê de dois meses.
© *Valerie Winckler*

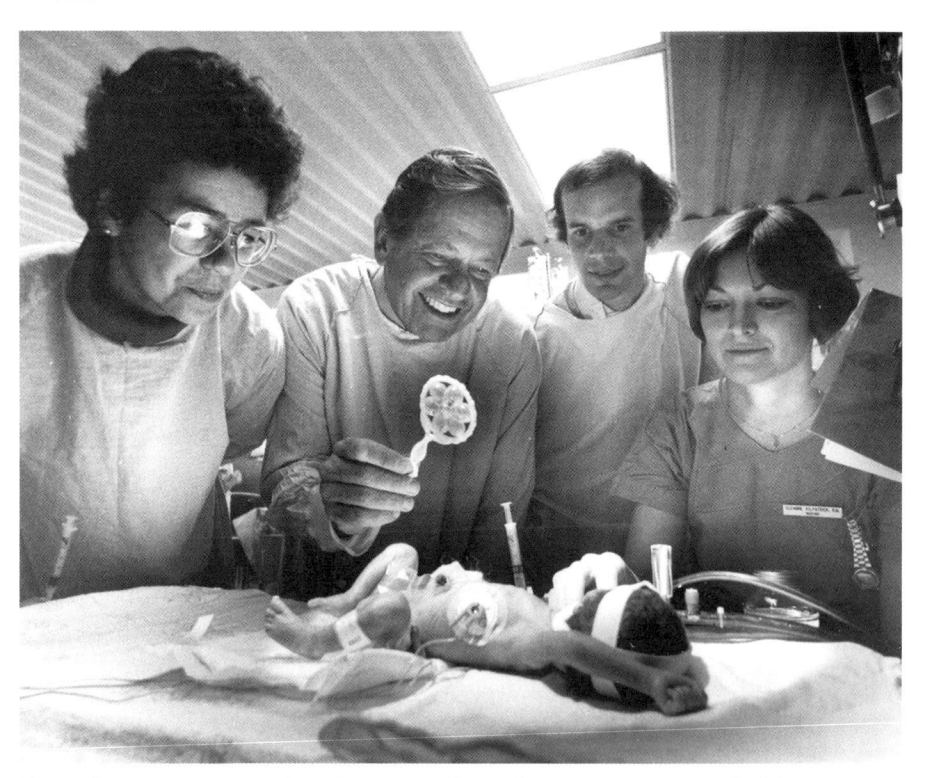

Testando com Peter Gorski e Suzanne Kilpatrick as reações de um bebê prematuro no hospital infantil.

Os bebês e as crianças pequenas se interessam tanto por outras crianças que gostam de tocar uns aos outros. © *Hornick-Rivlin*

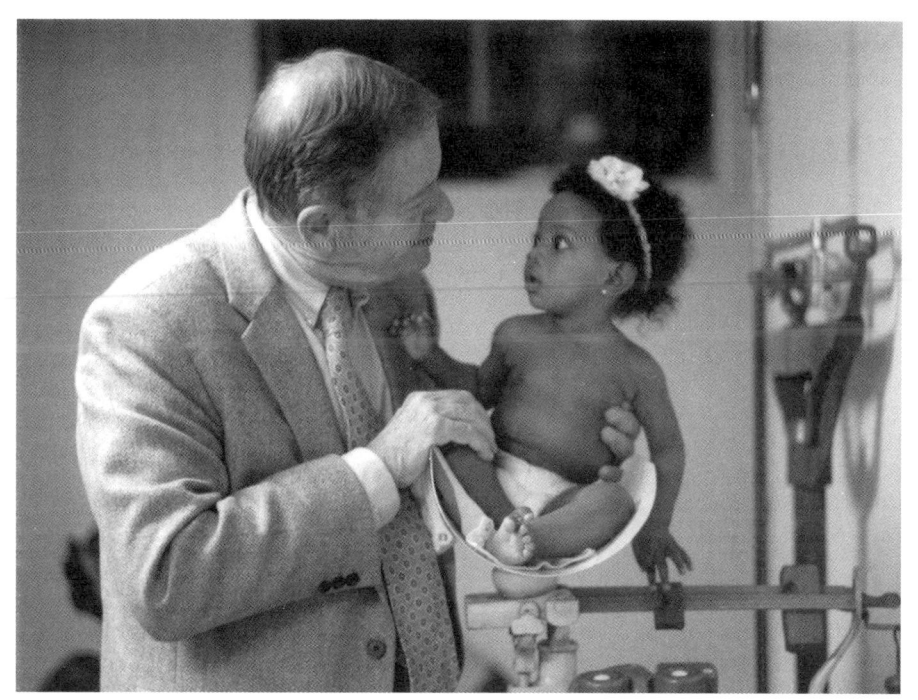

Uma paciente desconfiada. © *Valerie Winckler*

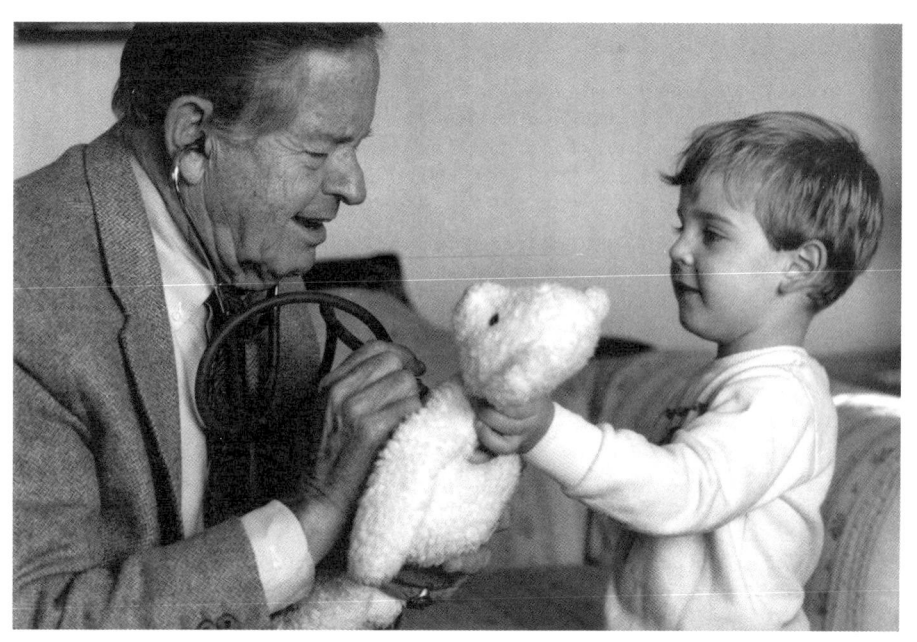

Quando ouço primeiro o coração do ursinho, normalmente obtenho permissão para ouvir o da criança. © *Valerie Winckler*

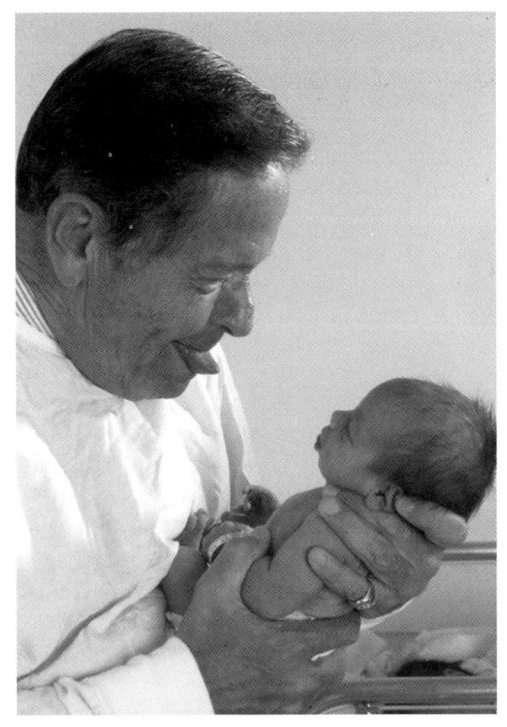

Recém-nascido me imitando.

Um recém-nascido tentando mamar na minha bochecha. © *Valerie Winckler*

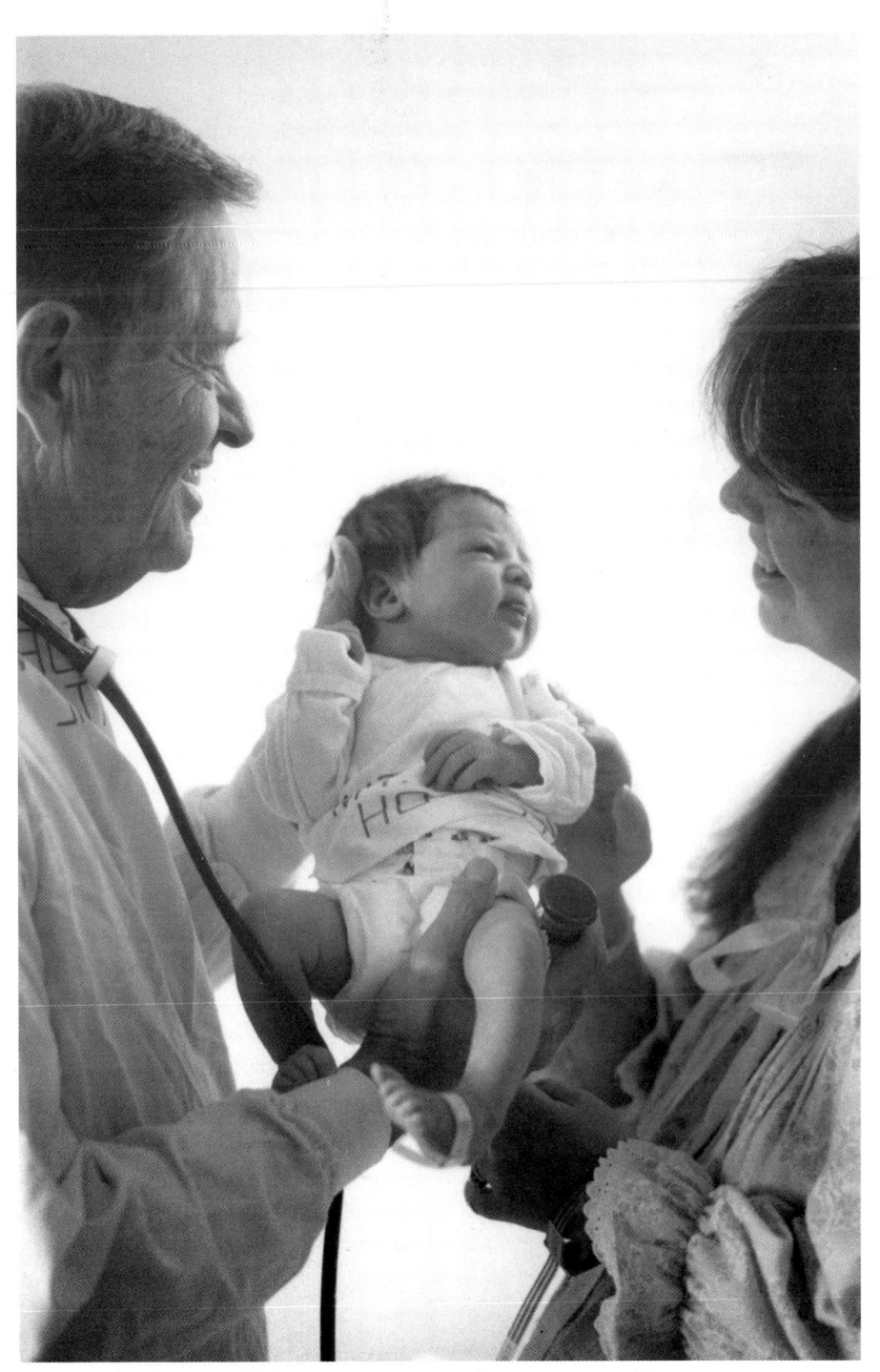

Um bebê vira para a mãe pela primeira vez. © *Valerie Winckler*

No Japão com Ellen Ross, Nittaya Kotchabhakdi e Chrissy. *Cortesia da Biblioteca Countway, da Escola de Medicina de Harvard.*

Com Joshua Sparrow, coautor e principal colega no Touchpoints Center. *Cortesia de Insieme/ Fulvia Farassino*

Conferência na Casa Branca sobre intervenção em tempo oportuno. Hillary Clinton está atrás do presidente Clinton, e o dr. Harry Chugani está à esquerda dele, ao meu lado.

Planejando com Hillary Clinton, em 1996, conferências sobre os primeiros meses de vida.

Para T. Berry Brazelton, obrigada pelo apoio e esperança, que possamos ver realizado em 1994 nosso sonho de obter cuidados médicos para todas as crianças. São os votos de Hillary Rodham Clinton, 1993

Aplaudindo o discurso feito em 1993 pelo presidente Clinton no debate sobre a lei da assistência médica. O dr. C. Everett Koo está à esquerda de Hillary Clinton.

Os organizadores do encontro previram que esse simpósio não conseguiria competir com os de medicina cardíaca e pulmonar e de outras pesquisas em rápido desenvolvimento sobre distúrbios físicos. Só depois de seis anos conseguimos uma brecha. Quando isso finalmente aconteceu, mais de trezentos pediatras estiveram presentes, ocupando todos os assentos e assistindo em pé ao longo da sala. No final, esse simpósio se tornou o mais popular de todo o evento. Ficou evidente que os pediatras estavam ávidos por ideias sobre questões de saúde mental. Defendemos nosso ponto de vista, e esse segmento da SPR e da AAP começou a progredir até um lugar apropriado no pensamento pediátrico. Criamos uma seção sobre desenvolvimento infantil dentro da SPR. A Sociedade de Pediatria do Desenvolvimento e do Comportamento (Society for Developmental and Behavioral Pediatrics – SDBP, que hoje tem de oitocentos a novecentos clínicos e pesquisadores*) é um resultado desses esforços.

Em 1970, enquanto tentávamos gerar interesse pelo desenvolvimento infantil como um acréscimo ao ensino da pediatria e à residência hospitalar, fui escolhido para presidir o setor de desenvolvimento infantil da AAP. Era uma oportunidade maravilhosa de conhecer outras pessoas da área de pediatria tão interessadas quanto eu em impulsionar o papel dos pediatras no enfrentamento das raízes dos distúrbios de saúde mental e na defesa da intervenção precoce para as crianças com necessidades especiais. Como um departamento, nós nos encontrávamos uma vez por ano nas reuniões da academia. Nosso progresso era lento. Eu era ingênuo demais com relação à política envolvida, por isso não obtive o apoio de que necessitávamos para mudar a formação dos pediatras e o modo de pensar daqueles que clinicavam. Com mais experiência da minha parte talvez tivéssemos alcançado os nossos objetivos mais cedo.

No entanto, nós encontramos modos de chamar a atenção. Sprague Hazard e eu fomos a Chicago para uma reunião de conselho

---

* De acordo com a página da Society for Developmental and Behavioral Pediatrics (SDBP) na internet, o atual número de membros associados é de, aproximadamente, setecentos profissionais. Acesso em ago./2014. (N. E.)

na sede da AAP. Estávamos tentando recrutar o conselho de diretores para apoiar a formação em medidas preventivas para a saúde mental. Esperávamos uma oportunidade de falar na sua reunião.

Como havia ficado claro que não seríamos convidados a falar, Sprague e eu nos sentamos no chão em lados opostos da porta principal da sala do conselho. Estendemos as pernas, bloqueando a entrada. Quando um famoso professor de pediatria de qualquer parte do mundo chegava para entrar na reunião, ele tinha de passar por cima de nós. Um após outro, baixando o olhar para nós, eles diziam: "Que diabo vocês estão fazendo?", e nós respondíamos: "Estamos tentando chamar a sua atenção". Quando conseguíamos, perguntavam o que queríamos. "Queremos uma divisão de pediatria do desenvolvimento para formar jovens pediatras." Então a maioria deles pigarreava solenemente. Uns poucos olhavam como se fossem dizer: "O que é desenvolvimento infantil?", mas ficavam inibidos. Percebemos que eles não podiam estabelecer uma relação com o seu tipo de pediatria, e imaginamos que muito pouca coisa ia acontecer. A pediatria preventiva ainda recebia pouca atenção, e a prevenção de distúrbios mentais estava muito longe de ser uma prioridade da AAP.

Mas eu sabia que nós estávamos lutando por uma coisa boa. Gradualmente comecei a ser convidado para ministrar conferências sobre essas questões em Cornell, Yale, e na Escola de Serviço Social da Universidade de Boston, onde me tornei professor adjunto. Em 1976, eu já começava a receber um apoio maravilhoso e uma chance de defender as minhas ideias. Recebi o prêmio Lula Lubchenco da Universidade do Colorado, em Denver (Lula Lubchenco é a vanguardista da neonatologia mencionada no Capítulo 3). Em 1977 me tornei professor visitante em Rochester, com Bob Haggerty, e em 1978 passei a ser professor visitante da Universidade do Havaí.

Embora a AAP tivesse finalmente me reconhecido e em 1983 me concedido o prêmio C. Anderson Aldrich – seu maior prêmio –, eles ainda não haviam reconhecido o tipo de trabalho que eu estava fazendo. Nos anos 1980, eu havia introduzido no Children's Hospital uma subespecialização em pediatria do comportamento e do desenvolvimento que estava sendo reconhecida e tinha lista de espera de pediatras. Morris Green e Bob Haggerty haviam publicado um importante manual sobre pediatria clínica e preventiva que assentou a base teórica para os nossos esforços. Mas nós ainda não havíamos atraído a atenção da academia ao nosso pedido de tornar a formação em desenvolvimento infantil e em pediatria preventiva parte do curso de medicina e da residência.

Àquela altura, porém, eu já estava exausto de insistir com a AAP. Meus esforços foram então canalizados para a Zero a Três: Centro Nacional para Recém-nascidos, Bebês e Famílias (Zero to Three: National Center for Infants, Toddlers, and Families) e para a SRCD. Eu havia deixado a luta na AAP para Morris e Bob, e para Stan Friedman e Joel Alpert. Depois que eles criaram e fomentaram a SDBP, esse grupo me deu o prêmio do seu fundador. Eles mantiveram a pressão sobre a AAP.

Aos 58 anos, com o avanço dessas ideias, fui promovido a professor de prática clínica de pediatria em Harvard e no Children's Hospital. A trajetória da clínica é reservada a clínicos que contribuem para o ensino e fazem pesquisas, mas não dirigem um departamento. Fiquei encantado e agradecido ao dr. David Nathan, chefe do nosso departamento no Children's.

Eu achava que o Children's devia ter uma cadeira de desenvolvimento infantil para convencer os pediatras de todo o país a usar as mudanças de comportamento das crianças, à medida que elas se desenvolvem, como uma linguagem para chegar aos pais. Foi somente em 1995 que isso aconteceu e se criou uma Cátedra Brazelton de Pediatria na Escola de Medicina de Harvard. Graças ao nosso sucesso em Harvard e no Children's Hospital, a AAP passou a recomendar que incorporássemos o que havíamos aprendido à formação dos pediatras em todo o país. Os pediatras se tornaram habilitados para responder às perguntas que os pais faziam sobre a criança e o desenvolvimento da família. Esses profissionais e os hospitais infantis estão seguindo nosso exemplo em todo o país. A AAP até lançou o programa Bright Futures (Futuros Brilhantes), oferecendo materiais sobre comportamento das crianças aos pediatras e outros provedores de assistência médica.

Hoje, contudo, com a transição para as Health Maintenance Organizations e outras assistências administradas*, e com a perda de força das nossas sociedades médicas, a capacidade dos pediatras de ficar com os pais o tempo necessário para formar uma parceria e prevenir problemas está novamente ameaçada.

O treinamento de fellows em desenvolvimento infantil

Enquanto acumulávamos sucessos na mudança do clima no Children's Hospital, o dr. Janeway sugeriu que eu começasse a formar outros pediatras. Ele achava que devíamos buscar financiamento para criar um *fellowship*** de pediatria do comportamento e do desenvolvimento – uma oportunidade com duração de dois anos para pediatras jovens após a conclusão da residência em pediatria geral. Margaret Mahoney, uma das vice-presidentes do Commonwealth Fund, se interessou. Ela financiou a formação de quatro pediatras por ano. Era o modelo perfeito, e eu mal podia acreditar naquilo.

Em 1970, inauguramos a Unidade de Desenvolvimento Infantil no Children's Hospital. Ed Tronick, psicólogo com quem eu havia trabalhado enquanto fazia uma pesquisa com Jerome Brunet, veio auxiliar em nossa pesquisa. Na Unidade de Desenvolvimento Infantil, ele tinha treinamento na NBAS e estava interessado numa pesquisa frente a frente que eu havia iniciado no grupo de Bruner com Barbara Koslowski e Mary Main (que posteriormente ajudou a aperfeiçoar o trabalho de Mary Ainsworth sobre formação de vínculo).

---

* Os planos de Assistência Médica Administrada (Health Maintenance Organization – HMO) são pré-pagos e oferecem aos seus associados amplas opções de serviço de saúde por meio de médicos, clínicas, hospitais e outros provedores de serviços de saúde conveniados. Têm caráter prioritariamente preventivo, uma vez que busca, por meio de exames, diagnosticar doenças ainda em seu estágio inicial, e são mais baratos do que os planos por reembolso em níveis similares. (N. E.)
** *Fellowship* é uma espécie de subespecialização realizada por médicos recém-saídos da residência médica sob a tutela de um médico mais experiente. Os profissionais que buscavam esse tipo de qualificação eram chamados de *"fellows"*. (N. E.)

Ed e eu assumimos o trabalho de tentar formar pediatras em desenvolvimento infantil enquanto prosseguíamos com nossa pesquisa. Tínhamos o apoio de Julius Richmond, que agora estava no Judge Baker Children's Center e em Harvard. Ele queria ver esse tipo de formação sendo oferecido, e havia tentado implantá-lo no City College of New York antes de ir para Harvard. Milton Senn, em Yale, e Bob Haggerty, em Rochester, eram outros profissionais que haviam sido tutores de pediatras em pediatria comportamental. Nossos fellows vinham de todo o país, um magnífico grupo de pessoas. Sabíamos muito pouco sobre como formar ou como envolver esses médicos, que já eram bem formados em doenças infantis, mas sabíamos que eles sabiam muito pouco sobre a criança como um todo ou sobre criação de filhos. Nosso primeiro inscrito foi Daniel Rosenn, um pediatra que trabalhara com os navajos no Arizona. Sua mulher, Barbara, havia projetado um folheto para as crianças navajo e trabalhado num centro de assistência para essas crianças, ao passo que Dan estava completando seu treinamento em Shiprock. Naquele primeiro ano, Dan, Ed e eu planejamos o treinamento, cujos fundamentos foram mantidos por vinte anos.

A parte mais notável e inovadora do treinamento era quando usávamos metade de um dia para simplesmente compartilhar uns com os outros nossos problemas com os pacientes e conosco. Nós conversávamos sobre por que tínhamos escolhido a pediatria, o que estava faltando, o que nos frustrava na nossa formação. Era uma oportunidade espetacular que tínhamos para encarar nosso passado, nossos preconceitos e nossos conflitos, e de nos tornarmos mais autoconscientes. Hoje essa atividade é chamada de supervisão reflexiva ou prática reflexiva, e se tornou o grande destaque da nossa formação. Compartilhávamos ideias e experiências com tanta paixão e entusiasmo que nunca esquecemos alguns dos insights resultantes.

Como exemplo, perguntamos por que não havíamos incluído o pai para obtermos a história de uma criança, pois tínhamos pai e mãe em nosso consultório. Tendemos exageradamente a nos dirigirmos à mãe, a lhe fazer todas as perguntas, quase ignorando o pai. Qual seria a razão disso? Ao discutirmos a questão, surgiram muitas respostas:

1) Fomos treinados para conversar com uma única pessoa e nos relacionarmos apenas com ela – é muito difícil falar com duas ao mesmo tempo.
2) Os pais naturalmente se recolhem e deixam a resposta para a mulher, por isso não obtemos muitas respostas deles.
3) As mães são mais importantes no desenvolvimento da criança do que os pais.

Por fim, as mulheres que estavam no treinamento admitiram se sentir um pouco ameaçadas quando se aproximavam muito dos pais ao lhes fazerem perguntas. Então os homens admitiram que se sentiam em terreno instável quando se aproximavam demais de outro homem. Tudo isso nos conscientizou de que o nosso comportamento envolvia muitas camadas de preconceitos e isso prejudicava muito o nosso trabalho. Naquelas sessões valiosas, isolávamos cada aspecto da prática e das relações que tínhamos com nossos pacientes, seus pais e a comunidade.

Nós tínhamos também uma clínica de avaliação do comportamento que era muito produtiva. A sala tinha um espelho com um lado transparente, atrás do qual o grupo todo se sentava enquanto um de nós entrevistava um paciente. Isso nos permitia compartilhar ideias, observações e críticas. Discutíamos pacientes difíceis e aprendíamos uns com os outros. Sabíamos que era importante tornar os fellows conscientes da sua história pessoal (os fantasmas da sua própria criação) e dos seus preconceitos. Como resultado, passamos a nos conhecer bem.

Eu adorava a estrutura de fellowship que criamos em conjunto. Ed Tronick, Heidi Als, Barry Lester e Elizabeth Maury eram fundamentais como psicólogos integrantes da equipe de formação. Muitas pessoas se juntaram à clínica após o término do fellowship: Kate Buttenweiser, como assistente social; Connie Tagiuri, como psiquiatra infantil; e Ann Stadtler, como enfermeira-médica pediatra[1].

---
[1] Livre tradução do original *pediatric nurse practitioner*. Uma enfermeira-médica atua sob a orientação de um médico e presta atendimento básico ou em determinadas especialidades. De modo muito semelhante ao pediatra, a enfermeira--médica pediatra diagnostica doenças, realiza exames e prescreve medicamentos. Costumam trabalhar com pediatras em hospitais ou clínicas, mas algumas possuem clínica própria. (N. T.)

Cada um dos fellows passava um dia em creches com situação social diferente: uma em Brookline (predominantemente de classe média branca) e uma em Roxbury (composta de afro-americanos e pobres). Eles ficavam impressionados com as diferenças culturais, e a experiência lhes dava oportunidade de entendê-las e discuti-las. Na creche da classe média branca, todos os motivos de repreensão eram tratados como uma oportunidade – para fazer escolhas, para refletir. Os meus fellows se referiam sempre àquela "maravilhosa creche!". Posteriormente, em Roxbury, a disciplina era mais rigorosa – rápida e firme. O responsável pelas crianças chegou a gritar "Pare!" sem nenhuma explicação. Os fellows voltavam dessa experiência dizendo: "Os professores são muito ruins. Eles não dão às crianças nenhuma razão para as punições que aplicam". Eu disse que talvez não houvesse boas razões. As crianças de dois anos em Roxbury tinham de ter consciência do seu ambiente, cheio de perigos que exigiam advertências severas. Discutimos as razões pelas quais os professores podiam parecer rudes e dar ordens com uma única palavra para impor disciplina. Se uma situação parecia perigosa, um pai ou professor talvez sentisse que havia pouco tempo para expor as razões da tomada de decisão. Acho que meus fellows começaram a ver as diferenças no ambiente dessas culturas que podiam levar a diferenças significativas em como os adultos lidam com as crianças. Embora não ensinassem às crianças como e quando parar, o que poderia ser um objetivo mais adequado, eles ensinavam às crianças que quando um adulto fala com autoridade é a fim de protegê-las, e isso precisa ser levado a sério. A chance de usar cada episódio disciplinar para ensinar-lhes a fazer as próprias escolhas era um luxo ao qual as famílias não podiam se dar.

Nossa clínica no Children's era uma importante oportunidade de ensino. Uma vez por semana, usando três salas (duas para entrevistas e uma para observação), todos nós podíamos, por meio de um espelho com lado transparente, observar o médico sem atrapalhá-lo durante o seu trabalho de relação e diagnóstico. Havia no meio da entrevista uma pausa durante a qual o fellow podia se aproximar da parte de trás da tela para obter orientação e apoio, a fim de avaliar as informações do diagnóstico que havia surgido e também de esclarecer o que era necessário para garantir um diagnóstico completo. As entrevistas envolviam crianças pequenas cujos pais estavam pedindo ajuda. Ao contrário de outras clínicas, nós podíamos acompanhar aquelas famílias ao longo do tempo. Os fellows podiam aprender a observar o comportamento, obter um histórico pertinente e criar relações que eram terapêuticas e também diagnósticas. Enquanto isso, contávamos com recursos do Children's Hospital sempre que fosse necessário um encaminhamento. Aprendemos a importância de uma entrevista longa o suficiente para coletar dados, observar e estabelecer relações. Ter o acompanhamento de diferentes disciplinas tinha valor inestimável, por dar aos jovens em formação a ideia de trabalho em equipe, de diferentes perspectivas e técnicas de tratamento às famílias.

Ao longo dos anos nós formamos cerca de sessenta pediatras e muitas enfermeiras-médicas no nosso fellowship de dois anos. Eles se espalharam por todo o país. Muitos são hoje professores de pediatria, chefes de departamentos de pediatria ou têm uma clínica particular. Pelo menos quatro, inclusive Dan Rosenn, optaram pela psiquiatria infantil e deixaram sua marca nessa área. Todos eles são versados em desenvolvimento infantil e ganharam o título de especialista em desenvolvimento do comportamento. Hoje essa fellowship se tornou uma especialização na área de pediatria. A American Academy of Pediatrics também exige formação em desenvolvimento infantil de todos os candidatos ao certificado da AAP.

Quando começamos a formar enfermeiras-médicas me pareceu que elas já eram treinadas para promover as relações com pais e que o conhecimento que tinham do desenvolvimento infantil estava muito à frente do dos pediatras. Achei que essa seria uma boa oportunidade para os pediatras e as enfermeiras aprenderem a trabalhar juntos como uma equipe. E foi.

A princípio, os pediatras se sentavam juntos e as enfermeiras também. Gradualmente, à medida que compartilhávamos experiências passadas nas tardes de segunda-feira, essas barreiras começavam a cair. Eles passavam a conversar uns com os outros. Começavam a formular modos de as enfermeiras e os médicos poderem se tornar uma equipe de trabalho. No processo, todos nós percebemos como essas muralhas da profissionalização haviam se tornado rígidas. Os preconceitos só atuam se não temos consciência deles. Se os percebemos como preconceitos e não como "o modo como funcionamos", eles não mais controlam o nosso comportamento – temos uma escolha. A experiência mostrava a todos nós as barreiras que diferentes disciplinas usam para defender o seu território. Agora, com a assistência pediátrica limitada pelas regulações do seguro de assistência administrada, o trabalho em equipe é ainda mais fundamental para o tipo de assistência que queremos dar às crianças.

Eu aprendi o quanto a formação das enfermeiras as havia preparado bem para o papel de respeitar e promover as famílias jovens. Os pediatras foram formados para desempenhar papéis autoritários, de cima para baixo. As enfermeiras são mais propensas a serem treinadas para prestar atenção, cuidar, trabalhar com as famílias. Ter esse ponto de vista firmemente integrado na nossa abordagem foi um verdadeiro impulsionador para a nossa formação de especialistas em desenvolvimento.

Ao formar esses fellows, esquematizamos estágios de desenvolvimento para ajudá-los a compreender as prováveis preocupações dos pais. Minha clínica estava me guiando no desenvolvimento dos conceitos que posteriormente transformei em "Pontos de Contato" (veja o Capítulo 6).

As percepções que quis incorporar na formação vieram diretamente da minha clínica:

1) Os pais devem ser considerados os peritos no desenvolvimento do seu filho – desenvolvimento comportamental, psicológico e físico, assim como do seu temperamento. Ninguém sabe mais do que a mãe e o pai, e tentar ensinar-lhes o que fazer é um modo ineficaz de ajudá-los. Eles irão aprender a partir de dentro – com o sentimento do que é certo e do que é errado para o seu filho.

2) A formação precisa sair de um modelo de atenção apenas à doença e à incapacidade e assumir um que valorize as coisas boas que os pais estão fazendo com o filho. A escola de medicina nos treina para ver o que é negativo.

3) Precisamos valorizar as emoções onde quer que elas se encontrem – uma emoção negativa pode se transformar em positiva. Esse era um ponto que precisava de explicação quando um jovem médico se defrontava com pais desesperados. Eu usava frequentemente como exemplo uma experiência que tive em uma confeitaria, em que um garotinho de dois anos estava tirando tudo das prateleiras. Sua mãe tentou impedi-lo de fazer isso – o que desencadeou uma tremenda birra. Ela se pôs a repreendê-lo e a lhe dar palmadas. Embora tivesse vontade de segurar os braços dela para contê-la, eu apenas disse: "Não seria mais fácil não trazer uma criança de dois anos à confeitaria?". Ela assentiu com a cabeça e, ajoelhando-se, começou a chorar. O garotinho se agarrou ao colo dela. A tentativa emocionalmente agitada da mãe de fazer seu filho se comportar se transformou em educação positiva.

4) Uma equipe é fundamental para fornecer o acompanhamento de que precisam os pais pressionados. O pediatra é apenas um integrante dessa equipe, embora seja um integrante vital. Precisamos que enfermeiras, terapeutas, o pessoal da recepção, todos na clínica ou hospital estejam dispostos a apoiar as famílias que necessitam de ajuda.

5) Os insights culturais são necessários para compreender o que as famílias e as crianças estão tentando realizar ao enfrentarem a assimilação na cultura dominante.

6) O uso dessas noções poderia conduzir a relações consistentes e contínuas entre pais e pediatras. Cada período decisivo na doença dá ao pediatra a oportunidade de compreender e se aproximar mais dos pais.

Em outras partes da pesquisa introduzidas nesse programa de formação, identificamos os quatro primeiros estágios do comportamento de vinculação entre os pais e os bebês, referido no Capítulo 3. A observação do padrão de atenção-retraimento-atenção--retraimento entre mães e bebês nos ofereceu uma oportunidade de entender como um pai aprende a se relacionar e a mobilizar a atenção e as reações do bebê nos quatro primeiros meses. Essa pesquisa foi iniciada quando eu estava trabalhando com Jerome Bruner e se tornou a base para a observação e o diagnóstico do comportamento e da troca rítmica que ocorre num ambiente de consultório médico. O progresso ao longo dos estágios podia ser acelerado ou retardado quando o pai estivesse deprimido ou desligado, ou quando o bebê estivesse atrasado ou sem reações adequadas. O sorriso, a vocalização, o comportamento motor, tudo se enquadra nesses estágios. A transgressão dessas interações naturais introduzida por Ed Tronick na sua experiência de "rosto imóvel", mencionada anteriormente, ajudou a provar a profundidade do vínculo.

Nossa pesquisa sobre o vínculo chamou a atenção. No final dos anos 1970, me pediram para atuar na SRCD. Por meio dessa associação eu trabalhei com astros – Mary Ainsworth, Harriet Rheingold, Arnold Sameroff, Ed Zigler, Urie Bronfenbrenner, Alicia Liberman, Stanley Greenspan, Reginald Lourie, Kathryn Barnard, Bob Emde, Mickey (Marilyn) Segal e inúmeros outros. Muitos desses colegas se tornaram bons amigos. Mais tarde, fui presidente da SRCD – um papel ilustre, mas aterrorizante. Como presidente e representante da parte clínica do desenvolvimento infantil, senti que tinha a enorme responsabilidade de incentivar os pediatras a partirem para a pesquisa de campo. Essas pesquisas, como vimos, levaram à mudança de muitos aspectos do sistema: visitas ao consultório do pediatra, assistência médica a crianças hospitalizadas, bebês prematuros e crianças que podem ter necessidades especiais e a formação de pediatras e enfermeiras.

capítulo 6

Pontos de Contato

Um relacionamento poderoso

Durante os anos em que tive clínica em Cambridge, os pais dos meus pacientes (cerca de 25 mil ao todo) me levavam novos insights toda vez que iam até lá para um check-up. Cada um deles era como um agradecimento pela nossa relação, que tinha evoluído e passado a significar muito para eles, para a criança e para mim. Eu havia trabalhado arduamente para conhecê-los melhor e ajudá-los com cada criança – eles sabiam disso, e isso lhes agradava. Minha primeira oportunidade de conhecê-los era antes do parto, demonstrando-lhes que até no útero o feto presta atenção a uma pancada ou às suas vozes. Depois do parto, compartilhar com eles o comportamento do bebê usando a minha NBAS aprofundava a nossa ligação. Após o final do primeiro ano e meio, quando todas as vacinas haviam sido dadas e o garotinho sentia por mim um verdadeiro terror, eu fazia um enorme esforço para reconquistá-lo. Insistia com o pai ou a mãe para que trouxesse a criança quatro vezes, sem pagar, perto do final do segundo ano. Cada visita era apenas para ela se tornar novamente familiarizada, e não se fazia nada mais.

- Primeira visita – Pai e filho deviam se sentar na minha sala de espera. Eu oferecia à criança um brinquedo ou um pirulito. Se ela aceitasse, era só isso.
- Segunda visita – Para receber o brinquedo, a criança precisava deixar o colo do pai e caminhar pela sala.
- Terceira visita – Ela precisava andar bem mais para ganhar o presente. Eu ficava com o estetoscópio dependurado no pescoço e segurando o otoscópio.
- Quarta visita – Para ganhar o presente, ela devia entrar na minha sala com a mãe ou o pai atrás. Então, tinha de se sentar no colo de um deles, e eu examinava primeiro o coração e o peito do seu pai e depois o dela, caso ela não sentisse mais medo de mim. Se ela permitisse, eu lhe pedia para abrir a boca e examinar sua garganta e até os ouvidos.

A essa altura as crianças normalmente gostavam de ir ao meu consultório e já não receavam me deixar examiná-las. Depois das quatro visitas, eu não me lembro de nenhuma criança que tenha gritado ao entrar na minha sala.

Os pais ficavam agradecidos por esses esforços para acostumar seu filho comigo e ansiavam por compartilhar informações sobre a criança. Eu ouvia como uma criança trabalhava para aprender um novo passo no seu desenvolvimento, o quanto ela lutava, o quanto os pais participavam e o quanto era recompensador quando ela finalmente conseguia. Acabei percebendo que havia algumas ocasiões no desenvolvimento de cada criança em que ela ficava frágil, tornava-se irritável e não comia ou não dormia. O pai também se fragilizava, ficava ansioso e inevitavelmente me procurava em busca de ajuda. "Está nascendo um dente?" "Por que ela não está comendo?" "Como é que eu faço para ela dormir mais de duas horas à noite?" Parece que essas situações vulneráveis são comuns em todas as famílias. Comecei a perceber que elas eram uma manifestação da luta da criança logo antes de uma nova explosão no desenvolvimento, como dar um primeiro passo ou começar a falar. Quando retrocedia e se tornava frágil, a criança estava reunindo forças para o próximo avanço. Se eu pudesse garantir aos pais que isso era normal e lhes dizer que eles precisavam deixar a criança lutar sozinha, então, quando fizesse o avanço seguinte seria duas vezes mais emocionante, pois ela poderia sentir que havia feito tudo sozinha. Cada uma dessas ocasiões era, para os pais, uma oportunidade de conhecerem melhor a criança, compreenderem melhor o seu papel junto a ela, e, para mim, uma oportunidade de me ligar aos pais. Escrevi muitos artigos nas décadas de 1980 e 1990 sobre o que então chamei de orientação antecipatória.

Um mapa universal

A partir da década de 1970, meus colegas e eu começamos a traçar no Children's Hospital um mapa do desenvolvimento comportamental e emocional identificando essas ocasiões previsíveis, e eu passei a chamá-lo de Pontos de Contato. Desde então, ele tem sido aperfeiçoado durante anos de pesquisa no Children's e em outros locais no mundo inteiro. Os mesmos padrões têm sido identificados em outras culturas. Seis Pontos de Contato ocorrem no primeiro ano de vida, três ou quatro no segundo e dois ou três nos anos posteriores.

O mapa é projetado para garantir aos pais que as regressões levavam a avanços previsíveis no desenvolvimento, e que eles podem conduzi-los com os recursos que encontram dentro de si mesmos, da sua comunidade e da sua cultura. Ao contrário das medidas do desenvolvimento físico (a altura, por exemplo, que os pais tanto se orgulham de marcar no batente da porta), esse mapa tem muitas dimensões: emocional, comportamental, motora e de desenvolvimento da linguagem, cada uma delas ocorrendo no seu próprio ritmo, mas afetando as outras. Os avanços de uma criança em qualquer uma dessas áreas são precedidos de retrocessos temporários, ou regressões, na mesma área ou em outra. O custo de cada nova realização, em raiva, negatividade e estresse, pode perturbar temporariamente o progresso da criança – e a estabilidade de toda a família. Mas essas perturbações também oferecem aos pais uma oportunidade de refletir, considerar uma mudança de direção e crescer junto com a criança.

Um dos presentes desse mapa é a oportunidade que os pais têm de observar junto com o pediatra ou provedor de assistência médica o modo como são alimentadas as dispendiosas exigências do sistema nervoso em desenvolvimento de uma criança. Há duas fontes. Uma é o sistema de feedback interno descrito por Robert White e Jean Piaget, visto em qualquer criança quando ela trabalha numa tarefa. Quando a realiza, ela experimenta uma sensação de autoestima. "Eu consegui! Eu fiz isso sozinho!" O alimento também é oferecido externamente pelos pais que aplaudem a realização. Esses dois tipos de realimentação incentivam o desenvolvimento de uma criança.

O conceito de Pontos de Contato é uma teoria das forças para a mudança que impulsionam o desenvolvimento de uma criança. Embora expressos de modo diferente em diferentes culturas, eles provavelmente ocorrem universalmente, porque em sua maioria são induzidos por sequências previsíveis do desenvolvimento cerebral, sobretudo nos três primeiros anos de vida. Ao mostrar aos pais esses marcos desafiadores, mas estimulantes, podemos lhes dar a confiança resultante do conhecimento de que o desenvolvimento do seu filho está seguindo padrões comuns e evoluindo de modo saudável. Os Pontos de Contato se tornam uma janela pela qual os pais podem ver a magnífica energia que alimenta o aprendizado do seu filho. Cada passo realizado gera uma nova impressão de prontidão para o próximo. Quando considerados naturais e previsíveis, esses períodos de comportamento regressivo são para os pais uma oportunidade de compreender a criança mais profundamente e de apoiar o seu crescimento, em vez de ficarem travados numa luta. As forças e as vulnerabilidades de uma criança, assim como seu temperamento e estilo de lidar com problemas, tudo vem à superfície nessas ocasiões. Nós publicamos artigos sobre esse conceito, e, em 1992, eu escrevi um livro chamado *Touchpoints*, destinado aos pais.

Um etnólogo holandês, Frans Plooij, me disse que havia observado um padrão de explosões de crescimento e regressões semelhante em bebês e mães chimpanzés! "Por que você parece tão surpreso?", perguntou-me ele, lembrando-me que 98% do nosso genoma é compartilhado. Diferentemente das mães humanas, as chimpanzés não ligam para o pediatra quando seus bebês regridem. Mas frequentemente elas parecem prever essas mudanças, isolando o bebê do grupo antes que os chimpanzés machos se aborreçam com o aumento do choro e do apego. Depois de ler *Touchpoints*, cientistas de áreas diversas me garantiram que muitos tipos de mudanças importantes na natureza se desenvolvem desse modo, com a desorganização sendo uma inevitável precursora para a reorganização num nível novo e mais complexo.

Treinamento em Pontos de Contato

Na década de 1990 começamos a ver que o modelo dos Pontos de Contato seria útil na formação dos profissionais que cuidam de mães e bebês. Reunimos uma equipe do Children's Hospital, da Escola de Medicina de Harvard e da Escola de Educação de Harvard para projetar um programa de ensino do modelo. Em 1995 tivemos o primeiro treinamento-piloto em Boston, frequentado por profissionais de três locais: uma comunidade da Califórnia, uma do estado de Indiana e outra da Carolina do Sul. A cada ano, mais locais eram acrescentados. Hoje há 180 locais de Pontos de Contato. São locais multidisciplinares compostos de enfermeiras, médicos, terapeutas, professores das primeiras séries e profissionais das creches. Eles vêm de comunidades que estão prontas para a mudança. Nós lhes oferecemos uma nova abordagem, usando as relações como a base do trabalho com os pais.

Nosso modelo tem alguns aspectos peculiares:

1) É um modelo positivo. Nós valorizamos a força e o sentimento dos pais e os vemos como os peritos, em vez de ver suas falhas e erros.

2) É um modelo colaborativo em que as pessoas que estão dando assistência atuam junto aos pais como uma equipe. Elas precisam encarar os seus preconceitos a fim de colaborar.

3) É um modelo de desenvolvimento em que o comportamento e o desenvolvimento da criança se tornam a linguagem entre as pessoas que dão assistência e os pais. Compreender a

desorganização e a ansiedade que acompanha cada regressão imediatamente antes de uma explosão de desenvolvimento permite a essas pessoas se associarem ao pai ou à mãe em cada uma dessas ocasiões de vulnerabilidade.

4) O modelo se baseia em uma teoria de sistemas, e não em um modelo de estímulos-reações. A família é um sistema em que cada integrante está em equilíbrio com os outros. Quando se apresenta uma tensão no sistema, cada integrante irá reagir de modo a voltar à homeostase. Se os prestadores de assistência querem avaliar se a reação é positiva ou negativa, eles precisam aprender muito sobre a família – sua cultura, sua experiência passada, seus sentimentos, seus valores.

Nosso modelo exige que os pais se envolvam desde o início – quanto mais cedo pudermos começar, mais significativos serão os resultados. Além disso, como no nosso treinamento trabalhávamos com profissionais dedicados das muitas comunidades, precisávamos garantir-lhes que os Pontos de Contato não eram um programa que lhes dizia o que fazer, mas sim que oferecia insights para serem acrescentados ao que eles já estavam fazendo.

O modelo de Pontos de Contato também foi aplicado em programas que visavam prevenir a violência contra crianças. Quando começamos, esse era um nicho dos programas preventivos que ainda não estava sendo preenchido. A Zero to Three, de Washington, fazia um bom trabalho nessa área quando os problemas de violência haviam sido identificados. Nós achamos que o uso do desenvolvimento das crianças no trabalho com os pais poderia *prevenir* problemas. Programas que se estendiam por todo o país buscavam atingir e trabalhar com pais turbulentos. Queríamos chegar até eles *antes* que eles ficassem turbulentos. Nas ocasiões em que as crianças regrediam a fim de reunir energia para uma nova explosão em seu desenvolvimento, os pais ficavam sob mais tensão. Localizamos nos dois primeiros anos quatro Pontos de Contato que julgamos serem ocasiões em que podemos *prevenir* a violência infantil redobrando o nosso apoio, em vez de intervir depois de ter acontecido a violência. Aqueles pais que apresentavam o risco de cometer violência contra seus filhos que se sentiam apoiados e seguros tiveram maior probabilidade de procurar um profissional de saúde para obter a ajuda de que precisavam em vez de cometer essa violência.

Muitos dos insights que agora permeiam o trabalho dos Pontos de Contato surgiram a partir do modo inusitado como desenvolvemos o currículo de treinamento no início. O psicólogo Ed Tronick, o educador de primeira infância John Hornstein, a enfermeira-médica Ann Stadtler, eu como médico e também outros profissionais desenvolvemos um caso teórico. Criamos a história de uma paciente chamada Shelley, do seu filho recém-nascido, do seu companheiro e da sua mãe. Em cada estágio nós descrevemos os seus problemas. Primeiro eu dizia o que teria feito para ajudá-los. Cada um dos demais criticava o meu enfoque, perguntava quais eram as minhas razões para pensar daquele jeito e nós examinávamos os meus motivos, as reações dos pais e o comportamento da criança. Nós discutíamos por que fizemos o que fizemos e essas ideias nos levavam a imaginar abordagens para cada um dos Pontos de Contato. Aprendemos muito e juntamos tudo num currículo pensado para formar profissionais de saúde ao ajudarem os pais a encarar cada estágio (Ponto de Contato) no desenvolvimento do seu filho. Nós criticamos e discutimos uns com os outros para aperfeiçoar cada passo no currículo e nos divertimos muito no processo. Então reunimos oito enfermeiras de pediatria muito experientes e dois pediatras para testar conosco esse currículo. Novamente pedimos feedback e críticas que nos ajudaram a aperfeiçoar ainda mais o programa.

Posteriormente desenvolvemos cursos de "treinamento de treinadores" para possibilitar o crescimento do programa. Os alunos que se tornam treinadores voltam à sua comunidade e treinam muitas centenas de profissionais em todas as disciplinas que atendem bebês, crianças e suas famílias.

Ampliação do alcance

O Brazelton Touchpoints Center (Centro de Pontos de Contato Brazelton) tem trabalhado com organizações sem fins lucrativos e governamentais, departamentos de primeira infância das universidades e faculdades, programas de residência pediátrica, programas tribais do Head Start[2], centros de saúde, escolas de enfermagem e vários programas de melhoria da educação da primeira infância. Nosso modelo Brazelton Touchpoints foi adotado por dezenas de milhares de profissionais de assistência e educação de bebês e crianças pequenas, assistência médica e intervenção inicial, atingindo milhões de famílias em todos os EUA.

Nossas experiências nos levaram a crer que o melhor modo de medir a saúde e prosperidade de uma comunidade é pelo empenho desta em dar a todas as crianças oportunidade de prosperar, independentemente das diferenças econômicas, familiares ou culturais. Assim, um dos nossos objetivos com o programa é que, de volta à sua comunidade, os treinadores qualifiquem não somente quem atua na assistência médica às crianças como também telefonistas, motoristas, recepcionistas de hospitais e locais de assistência à criança. Quando todos veem a importância dos pais como peritos, uma atmosfera positiva se amplia.

Os treinadores também precisam encarar os inevitáveis sentimentos de competição que terão com outros profissionais ao trabalharem para pôr em prática o nosso modelo. Talvez os mais importantes entre os profissionais que hoje compartilham a criança com os pais sejam os que cuidam de crianças nas creches e nos maternais. A maioria dos pais precisa levar seus bebês e crianças pequenas para serem cuidados fora de casa. Os funcionários de creches fatalmente irão competir com os pais. Se eles manifestam uma atitude de julgamento, os pais não se sentirão bem acolhidos no local onde seu filho é cuidado. As pessoas que cuidam da criança precisam saber como os pais sofrem por compartilharem seu filho com a creche. Eu acho que os pais se defendem desse sofrimento de três maneiras: (1) negação – da maioria dos seus sentimentos, (2) projeção – eles projetam quaisquer problemas em

---

[2] O Head Start é um programa do governo norte-americano voltado para as famílias de baixa renda. Atende crianças nos primeiros sessenta meses de vida, melhorando o seu desempenho cognitivo, social e emocional, promovendo, assim, sua aptidão escolar. (N. T.)

todas as outras pessoas para não precisarem se culpar, e (3) distanciamento – que pode ser destrutivo para eles e para a criança.

As creches que enviam funcionários para o nosso treinamento frequentemente ficam sabendo do nosso modelo nas nossas "apresentações itinerantes" (seminários para profissionais e pais que fazemos de modo itinerante por todo o país) e também pela propaganda boca a boca feita pelos nossos participantes. Nas apresentações itinerantes, nós expomos as exigências para o treinamento. As comunidades escolhem uma equipe multidisciplinar para assistir à nossa semana de treinamento. No entanto, nós aprendemos que uma semana de treinamento não é suficiente para absorver o nosso modelo e que as equipes dessas comunidades precisam ser acompanhadas.

Quando discuto com os pais o conceito de Pontos de Contato e exponho o papel que um pediatra, uma enfermeira-médica ou o médico da família pode desempenhar com eles na interpretação das regressões, e dos avanços do desenvolvimento, muitos me dizem que os pediatras dos seus filhos se concentram apenas na avaliação do crescimento físico e no tratamento das doenças. Os pais frequentemente acham que seu médico não quer responder às perguntas que eles fazem, quando às vezes eles podem simplesmente não saber. Embora já tenha havido progressos, a formação do pediatra ainda se baseia em grande parte no modelo médico – com a sua ênfase em testes, tratamentos e doença – e com frequência deixa de ajudar os médicos a aprender a identificar o desenvolvimento emocional e comportamental de uma criança. Além disso, os médicos muitas vezes não recebem a formação que merecem para aprender a colaborar com as famílias e criar relações terapêuticas fortes. A assistência "administrada" dificulta ainda mais isso ao tratar os médicos como técnicos muito caros para executar apenas papéis limitados nos quais se exigem as habilidades em que eles são especializados. Por causa dos esforços para reduzir a arte da medicina a algoritmos, os médicos são instruídos a ensinar e a falar, em vez de ouvir, e a compensar a falta de tempo com brochuras que os pais provavelmente não lerão. Isso pode poupar tempo em curto prazo, mas as preocupações e as indagações mais importantes das famílias podem ser deixadas de lado.

A força da relação terapêutica foi demonstrada inúmeras vezes pela pesquisa médica. Com a sua perda, a qualidade da assistência médica fica gravemente comprometida. Se os custos da prevenção negligenciada, dos diagnósticos perdidos e dos maus resultados forem incluídos como fatores, a magnitude dessa oportunidade perdida é ainda mais desencorajadora. Nem os pediatras nem os pais devem se sujeitar a isso.

capítulo 7

Em defesa das crianças

A exemplo dos meus antigos heróis, eu sempre fui um defensor das famílias e das crianças. Benjamin Spock defendia os direitos das famílias e acreditava na sua capacidade de criar os filhos com sabedoria. D. W. Winnicott defendia o apoio dos pais na Inglaterra. Seus escritos para e sobre as famílias eram uma combinação de psicologia e pediatria. Aprendi com ambos a valorizar as percepções e a capacidade intrínseca dos pais de educar os filhos. Nos meus textos especializados e nas visitas aos pacientes hospitalizados, assim como nos meus livros populares e nos programas de televisão, tentei demonstrar que os pais são os melhores peritos. Como expus no capítulo anterior, o Programa Pontos de Contato, espalhado por todo o país, incentiva os profissionais de saúde a evitar uma atividade de julgamento e a reconhecer as emoções e a dedicação dos pais. Muitos pais carecem de um apoio genuíno ao trabalharem para dar aos filhos as melhores chances para o seu futuro. Esse apoio depende de relações – com os médicos, o pessoal da creche e os professores – e também dos recursos da comunidade. No clima econômico e político de hoje, esse apoio não está garantido e nós precisamos nos associar aos pais na luta pela obtenção de fundos para os programas de que eles precisam.

Livros para os pais

Quando comecei a escrever, eu queria explicar as notáveis diferenças individuais que os bebês apresentavam para seus pais e como estas podiam afetar a relação deles. Stella Chess e Alexander Thomas exploraram isso em um trabalho sobre temperamento. Posteriormente, Bill Carey, um colega da Filadélfia, adotou os conceitos deles – sobretudo a noção de um espectro que vai das crianças ativas até as serenas – e os aplicou na pediatria. A minha experiência com Kitty, a nossa primeira filha, muito sensível, me fez investigar essas diferenças. A experiência com a NBAS me levou a querer isentar de culpa os pais quando o ajuste entre eles e seu filho não era fácil. Uma criança serena, sensível, pode ser tão difícil para um pai ou mãe ativo, impaciente, quanto uma criança ativa, impaciente, é para um pai ou mãe sereno, sensível. Em 1968 eu escrevi um artigo sobre essa incompatibilidade que pode ocorrer entre pais e bebê, e como ela podia fazer o vínculo entre os dois ser malsucedido. Mostrei meu artigo para Peter Davison, da Atlantic Monthly Press, que me devolveu os originais dizendo que eu usava um jargão médico ininteligível e que ninguém que não fosse médico leria aquilo. Fiquei desanimado. Mas procurei Peggy Yntema, também editora, que me sugeriu mostrá-lo para Merloyd Lawrence. Merloyd e seu marido, Sam Lawrence, tinham uma editora associada à Delacorte Press. Merloyd me incentivou a usar minha capacidade de observar e descrever o comportamento em vez de oferecer conselhos aos pais. Ela achava que eu tinha uma "voz" que os pais ouviriam. Trabalhei durante quase um ano para escrever *Infants and Mothers* [Bebês e mães] – um livro sobre três crianças: (1) uma criança muito ativa (Daniel), (2) uma criança serena, sensível, que era tímida e retraída (Laura), e (3) uma criança intermediária (Louis). O livro se baseou na ideia de que desde o início o temperamento do bebê molda a reação dos pais a ele. Se quiserem um bom resultado, os pais precisam avaliar como a sua conduta se ajusta à capacidade que o bebê tem de assimilar, usar e reagir aos sinais do mundo. Eu aprendi isso com Kitty, que, quando recém-nascida, fechava os olhos, estremecia e virava a cabeça para o outro lado quando eu corria para ela e tentava entrar em contato, tocando-a, conversando, murmurando e saltando. Descobri que precisava usar apenas uma modalidade de cada vez – olhar *ou* tocar *ou* conversar baixinho *ou* balançar –, pois, se começasse com mais de uma ação, ela me ignorava. Se quisesse entrar em contato e me comunicar com ela, eu precisava respeitar a sua hipersensibilidade. Aprendi muito com Kitty – assim como aconteceu com toda uma geração de pais!

Infants and Mothers, que foi publicado pela primeira vez em 1969, vendeu mais de um milhão de exemplares, e cinquenta anos depois eu ainda recebo cartas de agradecimento de pais que "aprenderam" a observar e confiar nas reações do seu bebê às suas propostas de interação. Os capítulos – que correspondiam aos meses de vida do bebê – cobriam todos os aspectos do desenvolvimento no primeiro ano e a adaptação dos pais ao filho enquanto os três cresciam juntos. Frequentemente me perguntavam se eu havia sido influenciado por Spock ou por Winnicott. Eu assimilei essas duas abordagens e as mesclei às minhas próprias. O livro *Meu filho, meu tesouro*, de Spock, permitiu aos pais pensarem em si mesmos e no seu bebê como indivíduos. Os pais aprendiam a reagir a partir da observação do bebê e da consciência de como eles haviam sido cuidados. A sua própria criação era a experiência básica em que eles se baseavam ao aprenderem seu novo papel. Winnicott, que além de pediatra era um psicanalista famoso, também enfatizava a sabedoria natural das mães e a experiência infantil de ambos os pais, que Selma Fraiberg chamou posteriormente de os "fantasmas da sua própria criação". Embora essas ideias tenham me inspirado, ao escrever eu sempre tomei por base as minhas próprias observações e as boas percepções que o trabalho com os pais me deram.

Infants and Mothers fez tanto sucesso que a Merloy and Delacorte Press insistiu comigo para que eu escrevesse outros livros. Eu estava no caminho certo. Enquanto escrevia, Chrissy lia e corrigia o texto à noite. Ela era uma ótima crítica e frequentemente cética. Na verdade, ela não achava que eu era um escritor. Certo dia ligaram para mim do *New York Times* dizendo que *Infants and Mothers* estava escrito de forma brilhante. Eu disse: "Você pode esperar um minuto?". Chamei Chrissy para que ela ouvisse. "Agora você pode repetir o que disse?" Em todos os meus livros, Merloyd Lawrence fez o trabalho de preparação. Sempre digo que ela passou para o vernáculo o texto médico. Sem ela, a crítica sinistra de Peter Davison teria se tornado realidade.

Depois dessas publicações, um editor de Princeton me procurou. Ofereceu 5 mil dólares pelo direito de usar todas as minhas ideias no seu próprio livro ilustrado destinado aos pais. O livro fez um sucesso enorme e ele provavelmente lucrou bastante. Eu era ingênuo e não estava habituado ao sucesso. Contudo, esse dinheiro permitiu que Ed Tronick, Barbara Koslowski e eu fôssemos para a África estudar o comportamento dos recém-nascidos da Zâmbia.

Toddlers and Parents [Bebês e pais] tentou reparar o fato de *Infants and Mothers* ter sido escrito para as mães. Agora os pais estavam incluídos. *Toddlers* foi um dos primeiros livros sobre crianças de dois anos de idade e também se tornou muito popular. *Infants and Mothers* acabou sendo traduzido para 24 idiomas e vendeu muitíssimo bem na Europa e na Ásia. Com *Toddlers and Parents* não foi muito diferente, e também com muitos dos meus livros. A trilogia foi aperfeiçoada com *On Becoming a Family* [Tornando-se uma família], que se baseou nas ideias de Helene Deutsch sobre a preparação dos pais durante a gravidez.

Doctor and Child [O médico e a criança] foi uma tentativa de diminuir a tensão da criança ao visitar o médico. Eu estava tentando capacitar os pais a fazerem perguntas em cada consulta. As perguntas "Como eu estou me saindo como pai?" e "Meu filho está se desenvolvendo bem?", que mencionei anteriormente, estão por trás de todas as outras perguntas que os pais levam ao médico; elas incluem questões emocionais e comportamentais, assim como as preocupações habituais sobre resfriados, dores de barriga e injeções. Eu queria incentivar os pais a se tornarem defensores do seu filho. *Doctor and Child* visava preparar os pais e, por meio deles, a criança, para o que eles experimentariam na consulta médica.

Victor Vaughan, professor de pediatria no Hospital Infantil da Filadélfia, me pediu para preparar com ele dois livros para profissionais: *The Family, Can It Be Saved?* [A família: ela pode ser salva?] e *The Family: Setting Priorities* [A família: estabelecendo prioridades]. Isso me deu credibilidade nos grupos pediátricos de todo o país. Vic era uma pessoa boa para trabalhar em conjunto. Esses livros fizeram tanto sucesso que em 1983 Barry Lester e eu dirigimos uma mesa-redonda para a Johnson & Johnson publicada como *New Approaches to Developmental Screening of Infants* [Novas maneiras de abordar o desenvolvimento do bebê (1983)]. Nessa época, a minha NBAS estava começando a ser utilizada e era o destaque desse livro.

Em 1984, Merloyd Lawrence migrou para a editora Addison Wesley, e eu fui com ela. Nosso primeiro livro ali, *To Listen to a Child* [Prestar atenção em uma criança], de 1984, convocava os pais a prestarem atenção no comportamento do bebê e da criança como sendo a sua linguagem. Meu objetivo era ajudá-los a compreender os desvios e resistências que ocorrem a cada estágio do desenvolvimento em áreas importantes como sono, alimentação e treinamento para o uso do penico, e, com essa compreensão das questões do desenvolvimento da criança, evitar conflitos.

Em 1985 eu dei atenção a um conselho da minha filha: "Pai, o nosso país mudou. Saia do século passado. Hoje mais de metade das norte-americanas têm de trabalhar fora de casa, e elas precisam do seu apoio. Escreva um livro para os pais que trabalham". *Working and Caring* [Trabalhar e cuidar] foi um dos meus livros mais populares e que exerceram maior influência. No nosso país havia (e ainda há) preconceito contra as mulheres que deixam os filhos em creches para trabalhar. Eu estive na França, onde as mulheres trabalham desde a Segunda Guerra Mundial. O país criou boas creches como um apoio importante para essas famílias trabalhadoras, mas, além disso, a cultura aceitou aquela realidade e respeitou as mães trabalhadoras. O sistema subsidiado de creches com equipe altamente profissionalizada é um modelo com o qual podíamos aprender. Ter de deixar os filhos pequenos aos cuidados de pessoas sem preparo e em quem eles nem sempre confiam é algo terrivelmente penoso para os pais. No meu livro, tentei explicar as defesas que os pais criam contra essa aflição, que já expus anteriormente.

Quando não há boas creches disponíveis, o vínculo entre os pais e o bebê está fadado a pagar um preço terrível. Ellen Galinsky, do Families and Work Institute, se interessou pelo meu trabalho, e o seu instituto investigou o que acontece quando as mulheres e os homens que trabalham não dispõem de boas creches ou políticas de apoio no trabalho com relação ao seu papel de pais. O instituto também defendeu políticas simpáticas à família.

Publicado em 1992, *Touchpoints* [Pontos de Contato] vendeu quase um milhão de exemplares em todo o mundo nas suas duas edições. Em *Touchpoints*, tentei demonstrar para os pais por que as regressões que antecedem uma explosão para um novo desenvolvimento – cognitivo, motor e emocional – são necessárias. Mostrei aos pais que eles não devem encarar essas regressões como falhas, mas sim como parte do desenvolvimento normal. Os leitores ficaram agradecidos por terem essas dificuldades normais previstas, pois podiam evitar um ciclo de preocupação e culpa.

No ano 2000, o ilustre psiquiatra infantil Stanley Greenspan e eu publicamos um livro juntos, *The Irreducible Needs of Children* [As necessidades irredutíveis das crianças]. O livro foi projetado como um diálogo entre um psiquiatra e um pediatra, esboçando o que sentíamos serem os fundamentos do desenvolvimento das crianças atuais. Tornou-se um manual para instituições que tentam apoiar famílias jovens. Ao trabalharmos juntos nele, percebemos que discordávamos bastante. Como tínhamos de chegar a um acordo se quiséssemos que o livro chegasse a ser publicado, ambos aprendemos muito. Foi uma ótima lição, que nos mostrou como, frequentemente, podemos aprender mais com os desacordos do que com os acordos fáceis.

Joshua Sparrow se tornou colega e amigo em 1991. Como psiquiatra infantil, ele traz as ideias de uma nova geração e uma mente brilhante para as minhas observações clínicas. Juntos, revisamos *Touchpoints* em 2006 e escrevemos *Touchpoints: Three to Six* [Pontos de Contato: três a seis], publicado em 2001, depois de muitos anos de trabalho. A mulher de Joshua é francesa e eles ficaram durante um ano no Wellesley College, em Aix-en-Provence, onde ela leciona, e assim eu tive a feliz necessidade de ir e voltar da França o tempo todo para trabalhar com ele no livro. O dr. Sparrow é uma pessoa agradável para se trabalhar como coautor. Ele também me ajudou a escrever a minha coluna semanal para o *New York Times Syndicate*.

Tendo em mente a vida agitada dos pais de hoje em dia, Josh e eu escrevemos sete livrinhos sobre questões que todos os pais precisam enfrentar: *Calming Your Fussy Baby* [Acalmando o seu bebê temperamental], *Disciplin* [Disciplina], *Sleep* [Sono], *Feeding Your Child* [Alimentando o seu filho], *Toilet Training* [Treinamento para o uso do penico], *Understanding Sibling Rivalry* [Compreendendo a rivalidade entre irmãos] e *Mastering Anger and Aggresion* [Controlando a raiva e a agressão]. Os livros, conhecidos como série Brazelton Way, são livros de bolso e podem ser lidos em uma sentada. Foram escritos para pais ocupados que podem não ter tempo para ler um livro longo, por isso buscam um curto que trate das questões emergenciais que os preocupam no momento. Esperamos que esses livros atinjam um público ainda maior e cumpram um objetivo preventivo. Eles foram igualmente traduzidos para vários idiomas.

Lançamento em Paris

Em 1982, as Editions Stock de Paris compraram os direitos de *Infants and Mothers* e o traduziram. Foi um livro importante para os novos pais franceses. Laurence Pernoud, minha editora na França, era ali a guru dos jovens pais. Todo ano ela publicava um tratado muito popular dirigido aos pais, que seus assistentes continuam atualizando. Todos os pais franceses reconhecem o trabalho dela. Elegante e generosa, ela me lançou na França – compartilhando a sua reputação e indo em frente para publicar ali a maioria dos meus livros até se aposentar. Permanecemos grandes amigos até a morte dela.

Por causa da NBAS, um jovem cineasta me seguiu com um recém-nascido e fez um documentário para um programa de televisão em Paris chamado *Le bébé est une personne* [O bebê é uma pessoa]. Realizado em 1984, o filme foi mostrado na televisão francesa durante muitos anos. O fato de, ao nascer, o bebê enxergar, ouvir e se expressar, e ser até mesmo uma pessoinha competente, era uma ideia nova e muito entusiasmante para os franceses da época. Claudine Amiel Tison, uma neonatalista que tinha desenvolvido um exame neurológico para bebês, entusiasmou-se muito com as nossas descobertas, e até acrescentou ao seu próprio exame muitos tipos de comportamento que foram identificados na NBAS. Deu-me um pôster que mostrava um bebê ativo dizendo: "*Il est competent, competent, competent*".

Além do filme para a TV, o apoio de Laurence e o uso dos meus conceitos pela dra. Amiel Tison, um acontecimento também contribuiu para me tornar conhecido na França. Os famosos psicanalistas infantis Serge Lebovici e Michel Soulé me pediram para fazer a palestra da princesa Bonaparte para a sociedade psicanalítica. Marie Bonaparte foi uma mulher da pequena nobreza que era psicanalista e benfeitora do movimento psicanalítico. Serge era uma forte influência nos círculos analíticos de toda a Europa.

Exatamente enquanto eu estava entrando no palco para dar a palestra da princesa Bonaparte, o dr. Lebovici me chamou de lado e disse: "Você é o primeiro norte-americano que nós convidamos para fazer essa palestra. Há mais de mil pessoas na plateia (o maior grupo já reunido ali). Eu vou lhe fazer três pedidos: (1) não use as mãos enquanto fala, (2) não tente ser engraçado, e (3) nunca diga algo se não tiver certeza". Ele estava absolutamente sério. Eu o fitei bem nos olhos. "Dr. Lebovici, o senhor está me pedindo para desistir das três coisas que todos os franceses fazem em suas palestras." Saí pisando duro e dei início à palestra. Usei as mãos, falei sobre recém-nascidos. Mostrei filmes e fotos divertidas de bebezinhos e apresentei minhas ideias sobre formação de vínculo. Discuti o que o recém-nascido traz para a equação no sentido de corresponder ao trabalho pré-natal dos pais que se prepararam para recebê-lo. Ofereci muitas especulações. O tema principal da minha conversa foi enfatizar as competências multifacetadas do bebê. A pesquisa que expus sobre a NBAS era totalmente nova. O público pareceu cativado e eu recebi uma incrível ovação. Fui rodeado por uma multidão e me emocionei.

Lebovici estava visivelmente entusiasmado e aliviado por eu não o ter constrangido (imagino o que ele devia estar esperando). Ele me disse: "Quero todo esse trabalho fascinante aqui na França". Serge deu um tapinha nas costas de Bertrand Cramer, psicanalista de Genebra: "Bertrand, você vai para os Estados Unidos aprender tudo sobre isso com o Brazelton".

Bert veio para Boston e nós começamos um livro juntos. Esse livro se chamou *The Earliest Relationship* [A primeira relação]. Sua gestação foi longa, cinco anos, mas o livro teve muito sucesso na França e na Suíça, e continua vendendo bem nos Estados Unidos. Ele expõe os estágios da ligação nos primeiros momentos de vida. A contribuição de Bert para *The Earliest Relationship* foram os seus estudos de caso psicanalíticos. Nosso livro dá aos pais e profissionais um insight sobre o trabalho e a dinâmica da gravidez e dos primeiros meses de vida. Bert e eu nos afastamos depois de uma observação perversa que fiz quando estávamos juntos num comitê no norte da França e ele se referiu a um caso que já havia mencionado muitas vezes. Quando me pediram para comentar, eu disse: "Acho interessante o fato de todos os psicanalistas direcionarem os seus casos para acontecimentos do seu próprio passado, e assim as questões da criança se resolvem da forma que eles teriam resolvido as suas próprias questões". Bert não gostou.

Nas minhas muitas visitas posteriores a Paris eu nunca fui tão bem-sucedido quanto naquela. Certa vez fui convidado para a Assemblée Nationale, onde estavam discutindo como melhorar a assistência médica pública, que já era muito desenvolvida. Arnold Sameroff, Joy Osofsky e eu fomos convidados à Assemblée para apresentar nossas ideias sobre como melhorar as creches. *Working and Caring* [Trabalhar e cuidar] foi traduzido como *À ce soir* [Nos vemos à noite]. A capa, comovente, mostrava um garotinho de três anos de idade acenando tristemente para a mãe que estava indo trabalhar. Antes de começarmos a falar, eu estava sentado ao lado da mulher do presidente da Assemblée e lhe disse: "É interessante vocês quererem as ideias dos Estados Unidos quando as suas creches são tão melhores que as nossas". Ela respondeu delicadamente: "É isso que nós queremos ouvir. Por favor, fale isso amanhã". Quando acatei a sua sugestão, a reação da mídia foi entusiástica.

Mais recentemente, um centro Brazelton para treinamento em NBAS foi criado em Paris. Drina Candilis é a diretora. Psicanalista, professora e terapeuta respeitada, ela tem treinamento em NBAS e chamou a atenção para o nosso trabalho na França. Outras cidades europeias, Marselha, Genebra, Bruxelas e Cambridge, também têm centros Brazelton como esse.

Enquanto isso, a difusão da nossa pesquisa e a tradução dos meus livros levou a outros eventos na França. Hubert Montagner, ilustre pesquisador do primeiro ano de vida, me pediu para ir à linda cidade de Besançon para falar sobre bebês. Foi uma honra e um prazer conhecê-lo. Ele fez um estudo sobre o comportamento dos bebês nas creches. Filmou dois garotinhos de sete meses sentados próximos um ao outro em cadeirinhas de bebê; os bebês sorriem entre si e até tentam se tocar com os pés. Ao fazerem isso, gemem baixinho como se estivessem se consolando. Então, se um deles é afastado do outro, começa a chorar. O que ficou ouve o choro e também chora. Em outra ocasião, se seu amigo do outro lado da sala e fora da vista começa a chorar, ele o ouve e fica agitado. Os pesquisadores de bebês acham que isso sugere que os bebês podem estabelecer relações significativas desde os sete meses de idade. Esse trabalho mostrou que os bebês que estão em creches podem aprender comportamentos novos e indicou que já na segunda metade do primeiro ano eles podem estabelecer uma relação além da que estabelecem com a mãe e o pai. Quando é adequadamente acalentada por um avô ou uma pessoa que cuida dela, ou acompanhada por outro bebê, a criança tem reações que dizem: "Eu o conheço e gosto de você". A consciência disso pode ser ameaçadora para os pais que trabalham, que se perguntam se quando for levado para ser cuidado por outras pessoas seu bebê continuará ligado a eles. "Ele vai se lembrar de mim?"; "Quem é mais importante para ele?".

Chegando aos pais pelas revistas

Baby Talk me levou a escrever para revistas em 1968. Era uma publicação dirigida por uma mulher vigorosa e calorosa chamada

Deirdre Carr. Ao ler o meu primeiro texto sobre sucção, choro e treinamento para o uso do penico, ela me convidou para escrever para a sua revista, distribuída gratuitamente para os pais. DeeDee (como passei a chamá-la) queria que eu escrevesse uma página para cada mês do primeiro ano do bebê, e ela me pagaria cem dólares por página. Ser pago para escrever me pareceu um sonho. Aceitei. Descrevi o comportamento de um bebê em cada mês e mostrei como esse comportamento nos ajudava a ver o que se passa na sua mente. O conceito de que o comportamento de um bebê é efetivamente a sua linguagem motivou as minhas observações e se tornou um tema para o que eu escrevia.

Mais tarde, em 1972, a revista *Redbook* me ofereceu uma coluna mensal. Seymour Chassler (Sey) era um homem alto, distinto, com um bigode, um sorriso peculiar e um modo de falar muito direto. Ele me disse: "Queremos *isso* de você. Não o que você escreveu. Agora escreva!". Eu me sentia bem, sabendo exatamente o que ele queria. Ele designou uma copidesque encantadora, Kitty Ball Ross, para trabalhar comigo. O marido dela, John Ross, um psicanalista conhecido, se interessava por pais. Kitty e eu conversávamos e ríamos enquanto trabalhávamos em cada artigo. Ela me comunicava as ideias que tinha, baseadas na sua experiência. Eu lhe comunicava as minhas e ela me dizia como imaginava o desenvolvimento do texto. Os artigos tinham leitores na França, Itália e Espanha, e em pouco tempo eram os mais lidos da revista. Enquanto isso, Benjamin Spock, Margaret Mead e Jane Goodall também passaram a escrever para a *Redbook*, que estava se tornando uma revista para as mulheres pensantes, com um dedicado público de pais e mães.

A *Redbook* oferecia aos seus colaboradores viagens maravilhosas. Numa delas, Chrissy e eu, Ben e sua primeira mulher, e Margaret Mead fomos mandados para Porto Rico, "para nos conhecermos melhor". Era fascinante conversar com Ben – ele tinha formação psicanalítica e uma mente muito brilhante, inquiridora. Nós nos divertimos muito e logo nos tornamos amigos, comparando anotações e ideias. Ele me disse que havia gostado muito de lecionar na Case Western Reserve, em Cleveland, e que sentia saudade dessa época. Agora a sua vida se resumia a aparecer em público. Ele estava escrevendo outro livro, tentando encontrar um pediatra jovem que o ajudasse a rever *Meu filho, meu tesouro*, já com muitos milhões de exemplares vendidos e emparelhando com a Bíblia. Seu sucesso o encantava, mas também o sufocava. Fazia-o reavaliar seu futuro, e ele começou a ter um papel político. Protestou contra a Guerra do Vietnã, candidatou-se a presidente e se tornou defensor das florestas e dos recursos naturais.

Em Porto Rico nós quatro nadamos, comemos e bebemos juntos. Percorremos a ilha num carro alugado. Certo dia, subimos até o topo de uma montanha. Subindo, subindo, serpenteando – serpenteando sempre. Apenas árvores. Finalmente encontramos uma pequena hospedaria com uma piscina. E fazia muito calor. Tínhamos suado em nosso carro conversível. Ficamos encantados ao vermos novamente a civilização. Mas a hospedaria tinha uma placa que dizia: "Ninguém pode usar essa piscina além dos nossos hóspedes". Nossas esperanças desmoronaram.

O proprietário, um italiano gordo, saiu para ver o carro. Quando começamos a conversar, ele reconheceu Ben: "Dr. Spock! Nosso herói! O senhor nos ajudou a criar todos os nossos treze filhos. Minha mulher vai dar pulos de alegria. Claro que vocês podem usar a nossa piscina! Estamos muito honrados de ter vocês aqui!". Então eu percebi as vantagens de ser famoso.

Foi nessa viagem que tive oportunidade de saber de Ben como ele conseguia, logo após o parto, ver um bebê vestido e saber se era menina ou menino. Em Cleveland essa sua incrível habilidade de observar era notória e admirada por todos. Ele acertava em 80% dos casos, ao passo que ninguém conseguia passar de 50%. "Os garotos recém-nascidos", disse ele, "tendem a ter o cabelo liso, enquanto as meninas têm cabelo anelado. Os meninos têm o rosto em V, como o seu traseiro. As meninas têm o rosto redondo, suave." "As garotinhas olham para você assim", e ele fez uma expressão branda, com as pálpebras meio baixadas... "e os garotinhos, assim", e ele fez uma expressão de olhos bem abertos, animada, "como se estivessem à espera de que brinquem com eles". Isso se coadunou com a minha ideia de que o bebê dá o tom para que se saiba o que ele precisa em termos de interação com quem cuida dele.

Quando, anos depois, Ben se divorciou de Jane e se casou com Mary Morgan, de Arkansas, ele a trouxe a Cambridge para que a conhecêssemos. Mary Morgan era 34 anos mais jovem do que Ben e dirigia uma creche onde Ben havia feito uma palestra. Depois da morte de Ben, quando Mary Morgan precisou de uma pessoa para ajudá-la a rever seu livro, ela me ligou e eu a encaminhei para Steven Parker, do Boston City Hospital. Ele a ajudou uma vez na revisão, mas depois dessa experiência não se dispôs a repetir a tarefa. A comercialização da obra de Ben é constrangedora para todos nós da pediatria.

O filho de Ben, Michael, dirige o Boston Children's Museum, e por intermédio dele eu tive uma oportunidade fora de série. Sua mulher, Judy, artista plástica, e eu projetamos uma grande privada para o museu, grande o suficiente para que crianças de nove e dez anos subissem nela e andassem lá dentro para descobrir para onde o seu "número 2" havia ido durante todos esses anos. As crianças faziam filas de quarteirões para ir conhecer essa privada. Nenhuma exposição jamais atraiu tanto a atenção delas. Isso me mostrou como é para as crianças sentir que estão deixando de usar fraldas. Esperamos que elas sintam a urina ou as fezes chegando, segurem esse conteúdo, vão até onde nós lhes dizemos para ir, façam suas necessidades e depois assistam ao desaparecimento delas. As crianças se entregam a esse treinamento.

A *Redbook* idealizou o que talvez tenha sido a minha tarefa mais desafiadora: eu fui enviado para visitar os quíntuplos Anderson, em Portland, no Oregon. Eram cinco bebês saudáveis, e eu devia escrever uma série para a *Redbook* sobre gêmeos múltiplos. Os quíntuplos Dionne, no Canadá, eram os primeiros quíntuplos a sobreviver, mas alguns deles tinham problemas de saúde. Eu devia passar uma semana com os quíntuplos Anderson, conhecendo-os e aos seus pais. Na longa viagem de avião até Portland me perguntei o que havia de errado comigo. Concordar em passar uma semana com cinco crianças de dois anos! Imaginei uma provação.

Karen Anderson, a mãe, era uma mulher extraordinária. Depois de seis gravidezes malsucedidas ela havia adotado duas crianças. Esses meninos mais velhos, de quatro e três anos, tinham necessidades especiais e estavam em intervenção precoce. Ela e Eric, o pai, quase haviam desistido de ter um filho sanguíneo. Então ela ficou grávida de cinco bebês que sobreviveram e eram normais e saudáveis.

    Karen ficou encantada em me receber para que eu conhecesse a sua família. Eric, um vendedor robusto, era carinhoso com as crianças. Ele ajudava muito, trocando-as, alimentando-as, afagando-as, jogando bola com elas. Karen controlava muito bem a situação. Por exemplo: ela trocava as fraldas em cima da máquina de lavar roupa para, em seguida, jogar dentro dela as fraldas sujas. Alimentava as cinco crianças numa mesa circular projetada especialmente para isso, com ela sentada no meio, distribuindo bocadinhos de comida para cada um. Sob essa mesa havia uma enorme lona, que depois ela lavava com um esguicho de mangueira. Ela havia resolvido tudo, e os cinco sabiam disso.

    Karen me falou sobre sua gravidez difícil: por volta do final do quinto mês, era quase impossível respirar. Foi com grande alívio que ela entrou em trabalho de parto aos seis meses. Mas quando os bebês começaram a aparecer, eram prematuros minúsculos, todos pesando em torno de 450 gramas. As radiografias haviam previsto quádruplos, mas depois que o quarto bebê, um menino, apareceu, os médicos perceberam que o útero de Karen não tinha se esvaziado. Diane, a menor e mais frágil, veio por último. Ela não respirou logo de início, e assim, quando finalmente isso aconteceu, todas as pessoas que estavam na sala de parto soltaram uma exclamação e aplaudiram. Karen diz que nunca se esquecerá dessa aclamação. Observar aqueles bebês minúsculos e frágeis dava medo. Eles foram imediatamente postos no oxigênio e receberam seus alimentos e fluidos por terapia intravenosa, com as enfermeiras sentadas em torno dos bercinhos. Todos faziam previsões pessimistas. "Eles vão sobreviver? Queremos que isso aconteça? Se sobreviverem, há 50% de probabilidade de que eles tenham alguma lesão cerebral." Ninguém podia prometer nada para os pais, nem mesmo se os bebês sobreviveriam. Se sobrevivessem, os médicos diziam: "Vamos ver". Havia muitas dificuldades a superar.

Eles não amedrontaram os Anderson. O casal resolveu que os cinco eram lindos – três meninos e duas meninas. Não eram. Os bebês prematuros de seis meses nascem carecas; a cabeça é grande demais em relação ao corpo. Eles têm olhos grandes, o rosto amassado, movimentos abruptos intercalados com nenhuma atividade aparente. O rosto é coberto por esparadrapo que fixa o tubo de oxigênio no lugar certo; o couro cabeludo é preenchido com esparadrapo para segurar a mangueira que conduz os fluidos. Os bebês desse tamanho são não apenas frágeis e amedrontadores: eles parecem pintinhos depenados. Somente seus pais podem amá-los.

Karen os amou. Disse-me que havia resolvido que eles sobreviveriam e que ela os encheria de vida. Naquela época, os pais não eram bem recebidos na UTI, e no primeiro dia ela obedeceu. Depois pediu ao marido que a levasse para um quarto próximo de onde eles estavam sendo oxigenados e monitorados. Ouvia-se o apito suave dos cinco monitores. Ela disse que primeiro conheceu os bebês pelos monitores. Rezava constantemente para que eles sobrevivessem. Nunca chorava, nunca se lamentava. Apenas tinha a convicção de que eles iam sobreviver e seriam normais. Quando mais tarde conversamos junto com o marido, ele disse: "Foi ela que conseguiu isso!".

Karen afirmou que, quando finalmente teve permissão para visitar os bebês, já sabia graças aos monitores quais eram meninos e quais eram meninas. Então ela quis saber que nome lhes daria, e assim os estudou pelas paredes da incubadora. Ao observar um bebê, viu que ele teve um vigoroso reflexo de defesa, um reflexo tônico do pescoço. Deu-lhe então o nome de Owen por causa de um famoso automobilista. Uma menina parecia discreta e inativa, mas tinha no rosto um leve sorriso. Ela a chamou de Audrey por causa da atriz Audrey Hepburn. Cada bebê recebeu o nome que parecia combinar com o seu comportamento na incubadora. "Então eu soube que eles iam viver. O que eu tinha de encarar a seguir era se eles ficariam bem. No terceiro dia eu soube que eles ficariam bem. E eles estão bem!"

Eles, de fato, estão bem. Aos dois anos eram crianças maravilhosas, ativas, receptivas, amistosas. Quando Karen lhes disse para me cumprimentarem, todos estenderam a mão e me olharam nos olhos. Algo realmente notável para um bando de crianças que ainda usava fraldas!

Comecei a ver coisas que nunca havia visto antes. De certo modo, aquelas cinco crianças não exigiam dos pais mais do que se fossem apenas uma ou duas. Isso porque elas contavam muito umas com as outras. Elas formavam uma equipe. Quando Karen queria mudar as fraldas, elas faziam fila na máquina de lavar roupa. Pareciam saber que precisavam ajudar, e queriam fazer isso. Fiquei boquiaberto.

Uma história ilustra esse fato. Roger, Owen, Audrey, Scott e Diane receberam alta após vários meses no hospital. Mas Diane, que nasceu por último, teve um diagnóstico de lesão cardíaca que recomendava uma cirurgia assim que ela atingisse 4,5 quilos. Aos sete meses, ela estava pronta para voltar ao hospital. Os quatro dormiam juntos num berço. Quando ela foi levada, eles começaram a se agitar, a chorar à noite, a se negar a comer. Estavam efetivamente lamentando a perda de Diane. Quando ela voltou para casa, intacta após a operação, eles ainda não sabiam engatinhar, mas se arrastaram até ela e a tocaram, balbuciando, dando-lhe as boas-vindas. Aos sete meses (menos os três da prematuridade), eles percebiam que um deles estava faltando. Quando de novo estavam os cinco juntos, eles começaram a comer e a dormir bem e a crescer novamente. Mais tarde, todos eles eram condescendentes com Diane. Sempre que uma aspereza se generalizava, eles não a incluíam nela, como se se lembrassem de que aquela irmã já havia sido muito frágil.

Após uns quatro dias, ousei me oferecer para levá-los ao jardim. A casa dos Anderson ficava no campo. O grande quintal era cercado. Não havia trânsito, predadores nem perigos. Mas eu estava aterrorizado. "E se um dos pirralhos corre para fora e se afasta dos outros – o que eu faço?" De repente Scotty correu para fora. Eu tentei pensar: "Vou atrás dele e deixo os outros ou faço o quê?".

Os outros quatro perceberam que Scotty os havia deixado. Eles gritaram: "Scotty! Scotty!". Parecendo sentir-se culpado por ter deixado os irmãos, Scotty pegou uma pedra e a ergueu como se tivesse ido lá por causa dela. Eles o cercaram para examinar a pedra e se reuniram novamente. Isso me mostrou que eles podiam tomar conta uns dos outros.

Além disso, nunca antes ou depois dessa temporada com eles eu aprendi tanto sobre como lidar com birras. Mais uma vez foi Scotty, que se atirou no quintal para fazer uma birra feroz. Os outros quatro se aproximaram para tentar fazer com que ele parasse. Diane se deitou ao lado dele e lhe deu palmadinhas no rosto. Owen abaixou os seus braços e Roger atirou água fria nele. Então Audrey conseguiu resultado. Ela se afastou dos demais como se para ignorar Scotty. Ele olhou surpreso e parou de fazer birra. Sentou-se parecendo dizer: "Por que você não presta atenção em mim? Isso é importante!". Desde então eu tenho recomendado isso para as mães desesperadas. "Se você está num lugar seguro e pode fazer isso, simplesmente se afaste. A birra vai perder força."

Os múltiplos aprendem bastante uns com os outros. E são muito importantes uns para os outros. Quando os pais ou professores me perguntam sobre a época certa para separá-los, eu digo: "Quando eles estiverem prontos. Não quando nós estamos. Eles vão lhes dizer quando. Isso provavelmente não ocorrerá antes de as crianças estarem com cinco ou seis anos, quando elas querem amigos e experiências diferentes, mas pode ser mais tarde. Contudo eles serão sempre próximos". Acho que os adultos podem se enciumar com as relações intensas que os múltiplos desenvolvem, e, por isso, ter pressa de separá-los. Mas quando eles ainda não estão prontos devemos aprender a esperar.

Anos depois, eu encontrei esses cinco já como jovens adultos. Eram bonitos, robustos e eficientes. Karen escreveu *Full House* [Casa cheia], um livro em que relata as suas experiências e mostra que pais fortes e determinados podem levar sete filhos a serem bem-sucedidos. Ela se tornou defensora dos múltiplos.

A revista *Family Circle* me procurou em 1984 para saber se eu estaria disposto a publicar com eles depois da mudança de proprietário da *Redbook*. O novo dono queria a revista mais "feminina, sexy". Isso foi para todos nós uma grande surpresa. *Redbook* havia recebido prêmios pela sua liderança em jornalismo. Eu havia aprendido muito com Sey Chassler e Kitty Ball Ross, que estavam sendo demitidos. *Family Circle* era uma oportunidade nova e diferente: tinha uma circulação enorme, sendo metade dela constituída por famílias de classe média baixa e minorias. Isso me atraía enormemente. A editora, Jackie Leo, que era mãe e já havia lido tudo o que eu tinha escrito, me fez uma proposta irresistível. Embora na minha clínica e nos hospitais em que havia trabalhado as pessoas atendidas fossem de todas as classes e etnias, eu sabia que até então os meus livros haviam atraído, sobretudo, os pais sofisticados, com um alto nível de instrução. Eu queria ampliar a minha capacidade de falar para todas as famílias. Benjamin Spock e Penelope Leach, dois gurus dos pais, haviam obtido sucesso falando com os pais trabalhadores da classe média, mas eu achava que as mensagens deles eram muito de cima para baixo ("é isso que vocês devem fazer"). Eu queria atrair setores da sociedade mais desprivilegiados e difíceis de atingir. Esperava que *Family Circle* fosse capaz de preencher esse hiato.

Foi maravilhoso trabalhar ali. Susan Ungaro e Ellen Stoianoff eram as minhas editoras. Posteriormente, Susan integrou o conselho do meu Brazelton Touchpoints Center e até nos dirigiu como presidente do conselho por dois anos. Ellen Stoianoff havia escrito para revistas durante muitos anos e editou meus artigos ao longo de duas décadas. Josh Sparrow, que mais tarde escreveu junto comigo, diz sobre ela: "Ellen transformava feno em ouro". Nós discutíamos as questões a fundo, os prós e contras, o que podia atrair o nosso público. Ellen tinha artrite reumatoide, o que parecia torná-la ainda mais sensível e cuidadosa. Ela compreendia as minhas ideias e ajudava a condensá-las e moldá-las para facilitar a penetração delas em outras classes e culturas. Ela me criticava, me fazia reescrever, resumir e me tornar mais incisivo na minha abordagem.

Essa ótima oportunidade durou até 2004, quando Gruner e Jahr, os editores, venderam a revista por razões difíceis de entender. A publicação havia colhido todos os louros, e Susan havia recebido o mais alto prêmio conferido a revistas pelos seus esforços para se aproximar do público. As vendas haviam aumentado.

Minha época de revista terminou. Contudo, a chance de escrever para um amplo público de pais tinha se expandido com a minha coluna no *New York Times Syndicate*, que publicava trechos dos meus livros e também textos originais. Setenta a cem jornais de todo o país a reproduziam. Mais tarde, Josh Sparrow passou a escrevê-la junto comigo. Leitores fiéis compareciam sempre que fazíamos palestras pelo país. Essas maravilhosas revistas e os nossos artigos no jornal nos deram a chance de sermos defensores dos pais e de estimulá-los a serem defensores de si mesmos.

O que todos os bebês sabem

Durante esses anos, defender os pais me gerou convites para aparecer em *talk shows*, inclusive o de Oprah Winfrey. Esses programas me trouxeram recompensas e surpresas. Barbara Walters passou um dia comigo escrevendo o nosso diálogo sobre o que significava trabalhar fora de casa. Em seguida, abandonou a gravação e usou as minhas ideias como se fossem dela. Desde então, eu me precavi com essas entrevistas. Numa das muitas excursões que fiz para divulgar meus livros, uma entrevistadora de rádio anunciou imediatamente após entrarmos no ar que não havia lido o meu livro. Tínhamos uma hora de programa. Pego de surpresa, eu disse: "Bom, o programa não vale a pena nem para mim nem para o seu público se você não fez o dever de casa". Levantei-me e saí do estúdio. Ela respirou fundo e descalçou o sapato para atirá-lo em mim enquanto eu me afastava, deixando que ela preenchesse sozinha a hora de programa.

Em 1982, me ofereceram o meu próprio programa de televisão. Peggy Lamont, um agente, me apresentou a três integrantes do Tomorrow Entertainment: Hank O'Karma, Louis Gorfein e Chuck Bangert. Demos ao programa o nome de *What Every Baby Knows*, e ele se tornou um grande sucesso. Nós fizemos novos programas a cada ano durante treze anos, de 1983 a 1996, e depois eles continuaram sendo transmitidos em muitos países do mundo inteiro. Tínhamos uma equipe fixa de filmagem dirigida por Bill Charette, que ficou conosco durante a maior parte desse tempo, junto com um sonoplasta, um auxiliar e Hank O'Karma. Eu recebi um Emmy por esse programa. Aprendi muito trabalhando com Hank e sua equipe. O programa apresentava famílias que tinham indagações a fazer e as compartilhavam com outras famílias; para encontrá-las, viajávamos por todo o país. Eu era o debatedor. Além disso, mostrávamos crianças de idades diversas, observando e comentando o seu comportamento.

Muitos episódios se destacaram nos nossos treze anos de trabalho. Num episódio filmado em Marlin, no Texas, uma mãe estava ensinando seu filho de três anos a reconhecer quando um cabrito estava sugando a teta da sua mãe. As cabras sempre têm gêmeos. A mãe já havia rejeitado um dos gêmeos de um parto anterior, e era importante que aquela gêmea fosse aceita. Um gêmeo já estava sugando bem. A mãe do garoto lhe pediu para carregar a cabritinha até a mãe dela. Como o animal era do tamanho do menino, foi uma luta levá-lo até a teta. Quando a criança encaixou a teta da mãe na boca do filhote e este parecia estar sugando, ela disse: "Mamãe, eu consegui!". A mãe respondeu: "Ainda não. Você se lembra de como a gente sabe quando ela está mesmo mamando?". O rabo da cabritinha finalmente se pôs a balançar quando ela teve sucesso na sucção. Ele disse: "Agora eu consegui!". O filhote podia sugar sem se alimentar; enquanto seu rabo não começasse a balançar, ele não estava recebendo leite. Aquele garotinho de três anos havia aprendido o sinal da sucção bem-sucedida. Seu rosto se iluminou.

Em outra ocasião estávamos filmando um recém-nascido com seu pai, Jason, e sua mãe, Sally. Eu queria lhes mostrar que ele podia me imitar e também que ele conhecia a voz do seu pai. Demonstrei para eles que se eu o segurasse meio em pé e atento em minhas mãos e pusesse a língua para fora, ele me imitaria pondo a sua língua para fora. Eu podia até mesmo fazer com que ele fizesse esse gesto de língua me imitando duas vezes seguidas. Sally e Jason ficaram em êxtase. Para demonstrar que ele se voltaria ao ouvir a voz de um dos pais, eu o segurei em minhas mãos, uma delas sob a sua cabeça e a outra sobre as suas nádegas. Quando falei com ele, ele se virou lentamente na direção da minha voz.

Quando sua mãe competiu comigo falando do outro lado, ele se virou para ela. Sally ficou admirada. Ela estendeu a mão para afagá-lo e disse: "Você já me conhece". Em seguida, pedi a Jason que competisse comigo ficando do lado oposto ao meu. Uma vez que 80% dos bebês se voltam para o pai, se ele não fizesse isso eu estava preparado para virar a sua cabeça na direção de Jason. Mas isso não foi necessário, e quando ele virou a cabeça Jason ficou radiante. Esse programa foi um dos melhores que fizemos.

Certa vez nós filmamos a família Jackson, em que a mãe e o pai eram cegos. O filho de dois anos de idade, Johnny, estava caminhando pela rua com o pai. O sr. Jackson e Johnny chegaram ao meio-fio. Johnny puxou o braço do pai para que ele parasse. Nunca esqueceremos a empolgação do sr. Jackson. Com apenas dois anos a criança já era a auxiliar do seu pai. Johnny estava consciente das limitações do pai e, além disso, sabia que precisava lhe dar as informações de que ele necessitava para saber quando devia parar no meio-fio para se proteger dos carros.

Aqueles treze anos foram produtivos e as pessoas ainda se lembram dos programas. Frequentemente sou cumprimentado pelos pais que assistiam ao *What Every Baby Knows*. Certa vez, eu estava sentado nos fundos de um avião e uma aeromoça me reconheceu. Ela me perguntou se eu não era o dr. Brazelton. Ela havia visto os meus programas e se sentia agradecida. "O senhor quer ir para a primeira classe? Venha comigo. O que o senhor gostaria de beber?"; "Um martíni". Ela me trouxe um enorme copo cheio de martíni e se sentou ao meu lado. "Agora vamos conversar sobre o treinamento para o uso do penico", o que eu tive de fazer por duas horas e meia, durante todo o voo de volta a Boston.

Nós viajamos pelo país inteiro e fomos até o Alasca filmando nossos programas. Os pais gostavam da oportunidade de compartilhar ideias e perguntas. Gostavam particularmente dos segmentos de cada programa em que podiam reconhecer o comportamento e o desenvolvimento dos seus filhos. Se tivéssemos obtido verba para gravar outros programas, eu teria aceitado continuar. Sinto saudade. Aqueles que conseguimos terminar e transmitir foram certamente uma chance que tive para fazer uma ampla defesa das famílias.

Apresentações itinerantes

Em 1981, para disseminar a mensagem da nossa pesquisa, demos início à Série Nacional de Seminários, viajando de um lugar para outro, fazendo palestras que apresentavam nossos insights sobre crianças de zero a três anos e reunindo especialistas para trabalhar conosco. Continuamos essas "apresentações itinerantes", como as chamávamos, por cerca de vinte anos. O dinheiro dos ingressos ajudava a pagar o Touchpoints Center. Na primeira noite eu falava para cem a 1.500 pais. A maioria dos pais apresentava as mesmas perguntas. Um senso de comunidade emergia quando eu os relacionava uns aos outros. No dia seguinte, três dos meus colegas se juntavam a mim para um dia de seminário profissional, normalmente falando com 350 a seiscentos profissionais. Esses pediatras, enfermeiras, psicólogos infantis e pessoal de creches descobriam que nunca haviam conversado verdadeiramente entre si, embora estivessem fazendo o mesmo trabalho em paralelo. Eles começavam também a ter um sentimento de comunidade e a se respaldar uns nos outros. Fazíamos de oito a dez apresentações em todo o país durante um ano, e muitas cidades nos convidaram várias vezes.

Gostávamos de pensar que podíamos construir um perfil de cada cidade a partir das perguntas que nos faziam. Uma noite em Salt Lake City, no estado de Utah, a primeira pessoa a falar quando começamos as Perguntas e Respostas foi uma jovem senhora que se levantou para dizer: "Eu fui abusada pelo meu pai. Minha mãe foi abusada pelo pai dela. Agora eu tenho uma filha de dezesseis meses e toda vez que o meu marido se aproxima dela eu estremeço. O que devo fazer?". Minha resposta foi aconselhá-la a começar uma terapia imediatamente. "Só assim a senhora vai poder romper o ciclo. Não é justo para o seu marido ou para a sua filha perpetuar esse fantasma da sua própria criação – e é isso que vai acontecer se a senhora não buscar ajuda." Ela estava chorando. "É o que eu quero, mas não sei onde eu posso conseguir ajuda." Eu me virei para o público. "Essa mãe falou corajosamente. Agora alguns de vocês devem chegar até ela e lhe dizer onde ela pode encontrar ajuda." Ninguém se mexeu. Eu disse zangado: "Esta é a cidade mais doente em que eu já estive. Ninguém quer ajudar essa mulher?". Nesse momento, duas mulheres se levantaram e foram para o microfone. "O senhor está certo! Salt Lake City é uma cidade doente, muito doente. Ninguém quer ajudar as mulheres aqui. Se uma mulher tem um problema sobre o qual quer falar, ele é rapidamente jogado debaixo do tapete. Muitas de nós fomos abusadas pelo nosso pai e nossos irmãos nesta sociedade polígama, mas ninguém ousa comunicar isso e pedir ajuda."

Não ficou claro se aquela mulher recebeu a ajuda de que precisava, mas posteriormente ficamos sabendo que as mulheres de Salt Lake City haviam começado a protestar e se percebia o princípio de uma mudança. Talvez tenhamos ajudado. Nossas apresentações itinerantes frequentemente revelavam segredos que precisavam ser expostos. Muitas cidades expunham para nós o seu ponto nevrálgico. Era isso que procurávamos: provocar o público para aproximá-lo e levá-lo a prestar mais atenção nas questões familiares.

Na década de 1990 havíamos nos associado a um quarteto regular que ia para as apresentações itinerantes – a dra. Kristie Brandt, de Napa, na Califórnia (enfermeira-médica e especialista em saúde mental do bebê), Maria Trozzi, do Boston City Hospital (perita em luto), nosso próprio Joshua Sparrow (psiquiatra infantil que fala de forma arrebatadora sobre aprendizagem emocional e formação de vínculos, ou sobre os pontos de contato do adolescente) e eu (que falava sobre a NBAS como uma intervenção e os primeiros quatro meses de estabelecimento de vínculos).

Em 1996, fomos para Tupelo, no Mississippi, famosa por ser a cidade natal de Elvis Presley. Maria Trozzi e eu fomos recebidos em Memphis por duas senhoras de cabelo loiro platinado com penteado elaborado que estavam num grande Cadillac. Elas iam nos levar até Tupelo para a conversa com os pais naquela noite. No caminho, como era habitual, perguntamos que problemas havia na cidade, para podermos abordá-los ou pelo menos estar cientes deles enquanto conversávamos. Com um sotaque sulista, as duas gorjearam: "Meu bem, nós não temos problemas em Tupelo". "Ah, então por que vocês nos pediram para vir aqui?"; "Meu bem, nós só queríamos conhecer vocês". "Mas aqui não há famílias pobres, crianças com dificuldades ou problema com drogas?" "Nós não sabemos de nada disso. Vocês vão só se divertir aqui." Naquela noite nós conversamos com seiscentas pessoas de Tupelo e obviamente elas tinham muitos, muitos problemas.

Visitamos cerca de duzentas cidades dos Estados Unidos com essas apresentações e seminários itinerantes. Nos últimos dez anos, nosso foco era deixar em cada cidade um programa promissor para respaldar as famílias que se reuniam na noite familiar e os profissionais que se reuniam no dia profissional. Antes disso, levávamos essas cidades maiores ou menores a se mobilizarem para favorecerem a família, mas depois tínhamos de deixá-las sem nada a fazer com relação a isso. Hoje o grande alcance do nosso projeto Pontos de Contato nos permite oferecer um programa para acompanhamento e apoio de famílias sob tensão. Os líderes da comunidade se reúnem na hora do almoço para se informar sobre os nossos programas. Pelo menos cinquenta cidades têm acompanhamento com formação nos Pontos de Contato, criando um local que pode reunir assistência de saúde centrada na família, creche e intervenção precoce. Nossas apresentações itinerantes se revelaram uma via para a mudança do apoio e da política familiar em cidades de todos os Estados Unidos.

Nas nossas viagens eu sempre encontro pacientes antigos que aparecem para me cumprimentar ou querem que eu autografe um dos meus livros. Certa noite, em Indianápolis, uma mulher com a filha de cinquenta anos foi me ver. "Eu sempre quis que a Dorothy conhecesse o senhor. Quando nós estávamos estudando em Harvard e sem dinheiro, o senhor cuidava dela e não nos cobrava nada. Agora nós falamos sempre do senhor. Eu me lembro de uma noite quando a Dorothy estava com nove meses e havia acabado de aprender a engatinhar. Ela engatinhou pelo chão, encontrou uma moedinha e a engoliu. Eu fiquei em pânico! Ia ligar para o corpo de bombeiros, mas antes resolvi ligar para o senhor. Quando lhe contei que ela parecia feliz e tranquila, o senhor disse: 'Sra. Johnson, por que a senhora está tão preocupada com a moedinha? A senhora precisa dela? Se precisar, eu posso lhe dizer como é possível recuperá-la. Uma moedinha pode passar sem problema pelos devidos caminhos.' Eu só consegui rir, e então me acalmei. O resultado foi que nós nunca nos esquecemos do senhor."

Eu adorava a minha clínica e sinto saudade dela desde que me aposentei, em 1998.

Defesa política

Em 1983, a March of Dimes[3] me convidou para um jantar em Washington oferecido para uma organização que eles patrocinavam, chamada Healthy Mothers, Healthy Babies. Eu devia fazer o discurso de abertura. A proposta da Healthy Mothers, Healthy Babies era ser um programa de longo alcance para pais e bebês carentes de assistência. Sua missão era criar centros em que as famílias jovens podiam solicitar serviços de apoio. Os centros eram projetados para ensinar os pais a exercer seu papel. A March of Dimes havia investido em educação dos pais e também na identificação precoce de crianças com necessidades especiais. Mary Hughes era a sua administradora. George Miller, Pat Schroeder, Mary Jarrett, Christopher Dodd, chefes de gabinete, esposas, muitos líderes do Congresso e do Senado deviam comparecer ao jantar. Eu liguei para a secretária de Nancy Reagan e lhe perguntei se a primeira-dama apoiava a campanha e permitiria que eu a filmasse com um recém-nascido. Sua secretária disse: "Que ótima ideia! Vou perguntar a ela" (qualquer pessoa ganha espaço na mídia quando é filmada com um recém-nascido). Eu prometi providenciar um bebê no Hospital Geral de Washington. Uma semana depois, a secretária da sra. Reagan me ligou para dizer: "A sra. Reagan não pode ir ao hospital por razões de segurança". "Tudo bem. Eu posso levar o bebê até ela." "Que ótima ideia! Tenho certeza de que ela vai querer." Duas semanas depois, ela me ligou e, com tom sombrio, disse que a visita era impossível. "A sra. Reagan

---

[3] Fundação voltada para as crianças que desenvolve pesquisas e oferece apoio. Seu foco original foi a poliomielite. Posteriormente, passou a se concentrar na prevenção dos defeitos inatos e na redução da mortalidade infantil, com atenção especial voltada para os problemas do nascimento prematuro e do baixo peso de recém-nascidos. (N. T.)

diz que preferia falar sobre bebês a segurá-los." Custei a acreditar naquilo, mas foi o fim da minha associação com a sra. Reagan.

Para o jantar da March of Dimes eu fiz um filme que passei a usar sempre – uma sequência sobre o comportamento competente de um recém-nascido de dois dias e outra sobre um bebê de dois meses interagindo com a mãe e demonstrando os ritmos, o aumento e a queda da atenção-desatenção. Esse ritmo demonstra a necessidade de homeostasia do bebê. A mãe aprende isso com o seu bebê muito rapidamente. Primeiro ela alerta o bebê. Ele reage sorrindo, vocalizando. Depois ele vira a cabeça para o lado e ela deixa que ele se recupere sozinho. Então eles interagem novamente – até que o bebê fica acabrunhado. Esse ritmo se torna a base da comunicação inicial e, posteriormente, para a fala. Você fala. Eu falo. Nesse ínterim, esse tipo de comunicação ensina o bebezinho a ficar alerta e receptivo aos estímulos de um adulto, e depois se recuperar e se preparar para a próxima troca.

O filme também mostrou como, aos dois meses, o bebê reage de modo diferente à mãe e ao pai. Com a mãe, tudo o que se refere à criança é suave, movimento de ida e de volta – dedos das mãos, dos pés, boca e olhos. Até o ritmo cardíaco é lento. O bebê reage a ela por três ou quatro ciclos, e aos dois meses isso se torna uma expectativa cognitiva no bebê. Com o pai, aos dois meses o bebê reage de modo diferente. Os pais tendem a se sentar e cutucar o bebê dos pés à cabeça – três a quatro vezes por minuto. Assim, com oito semanas, o bebê espera que brinquem com ele. O rosto e os olhos se iluminam, os dedos das mãos e dos pés, o ritmo cardíaco, tudo se acelera, os movimentos são abruptos, procurando a brincadeira. Nós também mostramos o filme do "rosto imóvel" mencionado no Capítulo 3, em que a mãe quebra o ritmo interativo. O bebê só fica aliviado quando a mãe começa a reagir novamente.

Quando mostrei os filmes para a grande plateia da March of Dimes, em Washington (sem a sra. Reagan), todos se levantaram e aplaudiram. Foi um grande lançamento para uma organização que a March of Dimes achava que podia aumentar a consciência do público sobre o despreparo enfrentado pelas famílias do nosso país. Isso me garantiu presença em Washington e no Congresso, e me acostumei desde então. Nós nos sentamos numa mesa com George Miller, Pat e Jim Schroeder, Judy Woodruff (que era âncora na CNN) e o marido dela. O marido de Pat Schroeder, Jim, era de Princeton, e tínhamos isso em comum. Pat me deixou fazer parte da sua equipe. Depois me ajudou com a lei da licença-maternidade. Ela também nos levou pelo Sul para alertar os governadores e seus líderes no Congresso sobre a necessidade de mais apoio aos pais. Nas nossas visitas aos governadores do Sul, fomos a várias mansões da Carolina do Norte e do Sul, do Mississippi, da Geórgia e do Arkansas. O ponto alto foi Arkansas. Era óbvio que Bill Clinton tinha os predicados de um presidente: charme, carisma e brilho. Hillary era forte e determinada como primeira-dama e uma ótima defensora das famílias e das crianças. Eu me encantei com ela em Arkansas e segui a sua trajetória até a Casa Branca. Fiquei grato a ela pelo apoio ao nosso trabalho de defesa das crianças. Ambos são estrelas, verdadeiros líderes, e nós ficamos amigos desde então.

Entretanto o programa Healthy Mothers, Healthy Babies, da March of Dimes, nunca chegou realmente a decolar. Há apenas alguns centros em todo o país, mas não tantos quanto se desejava, apesar da imensa necessidade. Mary Hughes se desligou da March of Dimes, e o meu envolvimento cessou junto com o dela. Posteriormente o que nós aprendemos com os nossos programas Pontos de Contato mostrou um dos defeitos existentes ali: não se "explica" para os pais como ser pai. Nós lhes damos apoio, os aconselhamos quando eles pedem uma orientação, mas não lhes dizemos o que fazer. Eles aprendem com os seus erros e também com os acertos. Aprender a cuidar dos filhos se torna uma combinação de ler o comportamento da criança e estar consciente das experiências e preconceitos do seu passado (os fantasmas da própria criação). Receber uma explicação de como ser pai ou mãe pode ser até mesmo desmoralizador quando parece que o instrutor está dizendo: "Eu sei, mas você não sabe".

Durante esses anos o Zero to Three: National Center for Infants, Toddlers and Families foi um grande apoio, oferecendo-me mais pesquisas para acrescentar às minhas e respaldar a minha defesa. Emily Fenichel, já falecida, era o cérebro que estava por trás da instituição, e eu sou eternamente grato a ela.

Em 1986, trabalhei com George Miller na Câmara e Christopher Dodd no Senado na proposição de uma lei para ampliar os serviços oferecidos às crianças com necessidades especiais. O deputado Miller me chamou em Washington para depor perante a Comissão sobre Crianças, Juventude e Famílias. Como sempre quando testemunhava, eu era observado por uma família típica – mãe, pai e dois filhos (um menino e uma menina) muito bem vestidos. Depois que supliquei ao governo para prestar atenção nas famílias e investir nelas, essa família declarou: "Se seguirem o conselho do dr. Brazelton e o governo pagar o apoio a essas famílias, vocês tirarão a escolha da família". Fiquei pensando qual escolha eles alegavam a maioria das famílias ter. Nosso país continuou a agir como se todas as famílias, embora necessitadas, pudessem cuidar das suas questões sem nenhum apoio. A nossa oposição alegava que o governo não devia dar ajuda porque cada família "escolhia" viver do jeito que vivia. Contudo, a lei foi aprovada, tornando-se a Lei Pública 99-457, a Lei da Educação para Todas as Crianças com Deficiência. Para mim, essa foi uma das leis mais importantes que o Congresso já aprovou. Nós não só nos tornamos capazes de financiar programas em todo o país para famílias com crianças que têm necessidades especiais como também aprendemos muito – sobre o cérebro dessas crianças, sobre o quanto a intervenção precoce pode ajudar as crianças com deficiência a administrá-la e até mesmo superá-la. Tudo isso foi, desde então, confirmado pelas técnicas de imagens cerebrais.

Meu depoimento também foi usado por George Miller na Câmara e Chris Dodd no Senado para lutar pela Lei da Licença Familiar e Médica. John Kerry e Daniel Moynihan foram extremamente importantes no apoio à lei. Apesar do depoimento daquelas típicas famílias da classe média, a lei foi aprovada em 1993.

Numa das minhas viagens a Washington me pediram para visitar, atender pacientes e fazer uma palestra no Gallaudet College, uma faculdade para surdos. A surdez em recém-nascidos é um enorme desafio. Frequentemente, naquela época, ela não era diagnosticada em tempo oportuno porque esses bebês pareciam ser autistas. Eles se balançavam para frente e para trás, como para preencher o silêncio. Na Gallaudet, me apresentaram a sinalização que era uma forma de comunicação entre os pais e o bebê. Era algo necessário como substituto para a audição nas primeiras interações entre os pais e o bebê que é profundamente surdo. Esse modelo inicial de comunicação ajuda a diminuir o isolamento do bebê. Ensinava-se os pais a começar a fazer sinais para o seu bebê em seus primeiros meses de vida. Eles eram orientados a incentivar o bebê que já tivesse um ano a fazer um sinal de volta. O comportamento autista desaparecia, e essa comunicação gestual entre eles revelou resultados inesperados nesses bebês minúsculos. O desenvolvimento já não se atrasava. Os pais compreenderam a experiência do seu bebê surdo e também o que significaria, para o bebê, viver sem comunicação. A partir daí, nosso trabalho sobre interação entre pais e bebê nos primeiros meses de vida assumia novas formas.

Sempre que eu depunha na Câmara ou no Senado sobre como é fundamental dar aos pais novatos um tempo para que eles conheçam o seu bebê e a si mesmos como pais, os senadores e deputados pareciam ver apenas a sinalização financeira de liberar empregados remunerados. Ninguém esperava pagar para os pais em licença, embora a Suécia tivesse demonstrado que um ano ausente do trabalho era na verdade produtivo para a economia e muito importante para as famílias jovens. Por termos sido bem-sucedidos com a aprovação da licença dos pais, achamos que era hora de começar uma comissão de ação política: "Vamos procurar os pais: nós lhes oferecemos o apoio de que eles precisam em Washington para ter ação. Eles precisam nos dar somente o nome e o voto".

Bernice Weissbourd e eu começamos a projetar uma organização chamada Parent Action. Contratamos uma mulher maravilhosa de Baltimore, Rosalie Street, para dirigi-la. Fizemos todas as relações públicas que pudemos pagar. Achamos que os pais iriam aderir prazerosamente. Em cada apresentação itinerante que fizemos, tínhamos 1.500 famílias presentes. Todos se entusiasmavam, mas apenas uns dez assinavam. Após anos lutando para obter apoio, tivemos pouco sucesso. Os pais diziam: "A ideia é ótima, mas eu não tenho tempo nem dinheiro para dar a ela". Embora nos oferecêssemos para fazer o trabalho de campo, parecia que nós simplesmente não podíamos obter dos pais energia ou empolgação suficiente para que a organização desse certo. Finalmente desistimos.

Muitos outros tentaram fazer o que nós fizemos. Rob Reiner, um diretor profundamente dedicado à causa das famílias, tentou usar estrelas do cinema, mas não teve grande sucesso. Atualmente parece que os pais estão pressionados demais pela própria vida e podem também sentir que não há chance de ter apoio do governo. Talvez eles também se preocupem inconscientemente com a possibilidade de que a regulação do governo possa lhe roubar a "escolha".

Os Clinton e a defesa das crianças

Quando os Clinton chegaram à Casa Branca, a sintonia de Hillary coincidia muito com a nossa. Bettye Caldwell, pioneira em desenvolvimento da criança até os seis anos, havia conhecido e trabalhado com ela em Little Rock. Marian Wright Edelman, principal executiva do Children's Defense Fund, era amiga de Hillary e a ajudava muito.

Após encontrá-la em Arkansas com Pat Schroeder, eu a conheci melhor na Casa Branca. Ela me incluiu nas suas reuniões para aumentar a consciência sobre algumas das questões enfrentadas pelos pais e pelas crianças. As reuniões eram sobre assuntos como os efeitos da pobreza no desenvolvimento das crianças, intervenção precoce para crianças com necessidades especiais, creches e a sua importância para as famílias de trabalhadores, e pesquisa sobre desenvolvimento cerebral. Havia também uma reunião sobre questões femininas e a sua importância para as famílias. Essas reuniões na Casa Branca eram compostas de públicos de cem a duzentos especialistas, dez a vinte palestrantes e muita publicidade. Hillary fez mais pelas famílias e pelas crianças do que qualquer outra primeira-dama. Da década de 1950 até a de 1980, havia uma reunião na Casa Branca a cada dez anos que chamava a atenção do país para questões importantes sobre crianças e famílias. Elas cessaram quando os Reagan assumiram. Para aqueles de nós que estavam imersos nessas questões, elas eram uma oportunidade estimulante de revivê-las e de compartilhar ideias com outros clínicos e pesquisadores.

Por exemplo, na reunião de pesquisa sobre cérebro, Harry Chugani, neurologista de Ann Arbor, mostrou filmes nos quais se via o cérebro do recém-nascido se iluminando em determinadas áreas pequenas quando lhe eram apresentados objetos. Quando a mãe se inclinava para pegar o bebê, todo o seu cérebro se iluminava. Que exemplo da importância de aprender com a interação interpessoal!

Minha associação com os Clinton me deu um enorme estímulo para a defesa das crianças. Certo dia eu estava em Decatur, no estado de Illinois, com Claudia Quigg no seu maravilhoso programa *Baby Talk*, quando recebi uma ligação da Casa Branca. A assistente da sra. Clinton disse: "Dr. Brazelton, a sra. Clinton gostaria que o senhor estivesse com ela hoje à noite quando o presidente Clinton apresentar o projeto de lei da assistência médica." "Eu não posso ir. Estou no sul de Illinois." "A sra. Clinton vai lamentar muito. Ela queria que o senhor e o dr. Koop estivessem na comitiva ao lado dela." A ideia de estar na comitiva me fez concordar imediatamente. "Eu vou sim. Não se preocupe!" Eu não tinha a mínima noção de como iria de Decatur até Chicago e depois até Washington, mas estava determinado a fazer isso. Não passou pela minha cabeça pedir um avião presidencial.

Voltei para Washington e me integrei à caravana. O dr. Koop e eu fomos tratados com delicadeza. Ele estava no comando dos Serviços de Saúde e Humanos, portanto numa posição muito superior à minha; era um homem do alto escalão. Foi absolutamente maravilhoso ser apanhado pelo Serviço Secreto e acomodado no assento traseiro de uma enorme limusine preta (que me fez lembrar o carro da minha avó quando eu era pequeno). Koop e eu fomos conduzidos aos nossos assentos na primeira fileira daquele imenso auditório. Os secretários de Estado já estavam ali, logo atrás de nós. Eu fiquei ao lado da mulher do porta-voz da Câmara. Do meu outro lado, entre mim e Koop, havia um lugar vago. Ficamos nos perguntando quem se sentaria nele. Depois de um soar de tambores, trompetes e uma grande fanfarra, Hillary entrou e se sentou entre nós. Eu estava tão entusiasmado e encantado que a abracei e beijei – diante das câmeras dos noticiários! Tarde demais me dei conta de que os homens não beijam em público a mulher do presidente. Mas ela gostou – e eu apreciei cada minuto da sua companhia.

Quando chegou o discurso que o presidente ia ler, Hillary percebeu que haviam se enganado – aquele era o discurso da semana anterior. Ela disse: "Ah, meu Deus! Ele não vai saber o que dizer sobre a lei da assistência médica". Mas ele soube. Fez um discurso magnífico – de improviso. Quando se pôs a falar com todo o vigor, ela começou a relaxar. Eu me inclinei para ela e perguntei: "Hillary, você quer se divertir um pouco?". "Quero", respondeu ela. Então eu disse: "Vamos medir quanto tempo os republicanos levam para começar a aplaudir cada afirmação importante que ele faz". Ela ficou encantada. Como a latência aumentava cada vez mais e como o presidente se tornava cada vez mais eloquente, ela começou a ter no olhar uma expressão de triunfo: "Acho que nós estamos ganhando!". Eu gostaria que ela estivesse certa. Não conseguimos a cobertura universal da assistência médica naquela ocasião. Dezesseis anos depois, Obama teve a coragem e o respaldo para conseguir que ela fosse aprovada.

Sentado no meio de todas aquelas pessoas famosas sobre as quais eu havia lido ou ouvido falar, eu estava me divertindo. Podia ver o rosto delas ali do meu balcão. Aquele foi um dos meus momentos de maior euforia, mas eu lamentava o fato de ninguém da minha família estar ali e de eu não ver nenhum dos meus amigos de Boston.

John Kerry, Chris Dodd, Pat Schroeder e George Miller, todos chegaram depois. Bill Clinton, já de saída, apertava a mão de todos. Quando se aproximou de mim, cumprimentando-me com um "Olá, Berry!", eu disse: "Que discurso brilhante e que apresentação emocionante!". Ele replicou: "Espero ter me saído tão bem quanto você, Berry, no seu programa de televisão!".

Hillary e Bill foram grandes apoiadores do nosso trabalho. Mais tarde, quando ela estava no Senado, levei Josh Sparrow para conhecer Hillary. Ela nos saudou calorosamente e nos levou para a sua sala no prédio do Senado. "Berry", disse ela, "eu acho que sei como ajudar você nesta administração. Eu simplesmente vou discordar de você e com isso eles ficarão do seu lado."

Bill entrou certa vez num ginásio lotado do Harlem, quando Geoffrey Canada estava comemorando a abertura da sua nova escola. Do outro lado da sala ele disse em voz alta: "Berry Brazelton! Que ótimo lugar para encontrar você". Que memória, e que diplomacia! A defesa feita pelos Clinton foi um marco importante na mudança da atitude do nosso país em relação às crianças e às famílias. Mas ainda temos um longo caminho a percorrer.

capítulo 8

Em defesa das famílias de outros países

Nas décadas de 1970 e 1980, tive a oportunidade de divulgar minhas ideias sobre recém-nascidos e intervenção precoce em todo o mundo. Minha primeira chance foi em 1977. O Departamento de Saúde, Educação e Bem-Estar Social mandou seis pediatras para Cracóvia, Polônia, a fim de se entenderem com outros colegas de lá na tentativa de fazer algo capaz de reparar as sequelas da destruição nazista naquele país, que ainda persistiam trinta anos depois. Bob Haggerty, Joel Alpert e eu estávamos entre os que foram mandados, pois éramos interessados na família e no desenvolvimento da criança. Naquela magnífica cidade antiga, conversamos sobre medidas preventivas para melhorar a vida da família e encontrar meios de usar nosso crescente conhecimento do desenvolvimento da criança. Em Varsóvia, vimos o drama dos adolescentes criados por uma geração de pais traumatizados, com problemas de drogas, violência e depressão. Conseguimos recomendar programas para jovens pais, começando no nascimento, para ajudá-los a superar a impressão de desesperança transmitida pelas gerações mais velhas. Recomendamos intervenção precoce e apoio para os pais novatos desde o princípio e com acesso contínuo, para ajudar sempre que eles chegassem a um impasse com seus filhos.

Caracas: um ciclo de pobreza resistente

Outra oportunidade surgiu em 1980 quando me pediram para fazer uma conferência em Caracas, na Venezuela. Luis Machado, designado para o recém-criado Ministério do Desenvolvimento da Inteligência Humana, queria mudar a educação e a situação das famílias. A Venezuela era uma típica sociedade sul-americana de duas classes – os muito ricos e os muito pobres. Por isso a violência e o roubo faziam parte da vida em Caracas. Os abastados viviam em verdadeiras fortalezas, protegidos por cães ferozes e cacos de vidro no alto dos muros. Quem cometesse uma pequena infração na cidade podia ser morto, não apenas preso. As crianças passavam fome e mendigavam nas ruas.

Machado viu que a educação podia romper o ciclo de pobreza. Sua talentosa assistente Beatriz Manrique havia lido os meus artigos e o livro que eu já havia escrito, e me arrumou algumas palestras em Caracas. Multidões de pais, sobretudo gente rica, compareceram em cada palestra. Beatriz veio para Boston e foi fellow no meu programa de desenvolvimento.

Beatriz e eu começamos a desenvolver programas educacionais. Pensamos em começar com os pais desde o início, educando-os para que eles, em troca, valorizassem a educação dos seus filhos. As coisas não correram tão bem quanto havíamos esperado, porque a sobrevivência era a prioridade. Sem a garantia de programas para alimentação e moradia, a educação era apenas um enfeite. Desanimamos. Machado foi eliminado do governo e aqueles que estavam na cúpula não entendiam que a pobreza profunda poderia ser melhorada com a educação aliada ao apoio básico. Mas ainda acreditávamos que se o processo com as famílias tivesse início no nascimento do bebê seria possível ter um grande efeito sobre o resultado nas crianças. Mais tarde, Beatriz criou programas de televisão para mães nas dependências das maternidades de Caracas. Esses programas eram extremamente populares. Havia um grande desejo de melhoria do bem-estar da criança diante do drama persistente da classe dos destituídos em Caracas. Que sonho, e depois que decepção foi não conseguir pôr em prática os nossos programas ali. Mas eu soube que os esforços de Beatriz prosseguiram e tiveram algum sucesso na melhoria do problema das famílias da classe baixa e no seu acesso à educação.

Nova Délhi: educação e desenvolvimento

Naquele mesmo ano, fui enviado para Nova Délhi numa comissão Estados Unidos-Índia com a tarefa de dar consultoria sobre um problema particularmente interessante. Seis especialistas norte-americanos e seis indianos foram mandados para aquela cidade a fim de examinar um estudo elaborado por pesquisadores indianos. Sempre que se construía um prédio novo na cidade, mães e pais eram contratados para trabalhar nele. Isso significava que as crianças eram deixadas com uma amiga ou um parente, ou então era preciso levar para o local de trabalho todas as crianças da família para que umas tomassem conta das outras. A maioria das famílias com mais de um filho escolheu a segunda alternativa, contando com as crianças mais velhas para tomar conta das mais novas. Em vez de permanecer na escola, as crianças de todas as idades brincavam juntas, sem supervisão, enquanto o prédio ia sendo construído. Como cada construção levava meses ou até anos para terminar, nenhuma das crianças recebia qualquer tipo de educação formal.

Os pesquisadores indianos investigavam se a oferta de educação formal para as crianças naqueles locais faria uma diferença significativa no desenvolvimento delas. Aquelas crianças vinham das castas mais inferiores da Índia, e assim tinham um sentimento de desesperança quanto ao seu potencial. Os pais sentiam o mesmo. Eles imaginavam os filhos tendo um futuro semelhante ao deles próprios – trabalhando sessenta horas por semana para poder sobreviver. As crianças, contudo, estavam interessadíssimas na instrução que os pesquisadores ofereciam. A maioria a absorveu prazerosamente. O QI delas era de setenta a noventa no início do estudo. O ensino foi tão bem-sucedido que a sua pontuação subiu vinte pontos em média – um resultado brilhante para qualquer intervenção. Nós alertamos os pesquisadores para observar também, além dos ganhos cognitivos, as vantagens em longo prazo, como concluir a educação intermediária, não se envolver em confusões, obter empregos, contribuição para a sociedade de um modo diferente, assistência à família e deixar a linha da pobreza para ingressar num modo de vida menos vulnerável.

Nossa equipe caminhava em grupo nos arredores de Nova Délhi. O barulho, as cores e os toques constantes (todos queriam nos tocar e até nos agarrar, e, julgando-nos turistas, nos pediam dinheiro) nos deixavam oprimidos. Havia nas ruas muitas crianças com incapacidades, algumas das quais, segundo nos disseram, haviam sido mutiladas pelas próprias famílias para terem mais sucesso como mendigas. Um dia, Bettye Caldwell cometeu o erro de dar umas poucas moedas para uma criancinha com deficiência. O resultado foi que passamos a ser permanentemente seguidos por um enxame de crianças, todas pedindo: "Por favor, senhor. O senhor não está vendo que eu sou aleijado?". Era uma horda aterrorizante. Depois de algum tempo ficou praticamente impossível sair para ver as atrações da cidade, a não ser que fôssemos protegidos por um ônibus. Nós percebemos a vasta extensão da pobreza na Índia, e nossos sonhos de fazer qualquer coisa com relação a isso ficaram bem reduzidos. Contudo, o projeto para as famílias que trabalhavam na construção civil foi útil como lição para outros projetos na Índia.

África do Sul: duas plateias

Ao longo dos anos, a Johnson & Johnson possibilitou várias oportunidades de trabalho em favor das crianças no exterior. Nos Estados Unidos, eles patrocinaram pesquisas pediátricas: financiaram estudos, reuniram especialistas e depois publicaram as monografias resultantes. Uma delas teve como tema a nossa pesquisa sobre a NBAS e a intervenção precoce. Outra, sobre os primeiros vínculos, apresentou a nossa pesquisa cara a cara.

A Johnson & Johnson me pediu para ir a vários países do mundo para dar palestras sobre primeira infância e criação pelos pais. Naquela época as coisas eram diferentes, e eu não precisei falar sobre os produtos da Johnson & Johnson. Eu podia divulgar o trabalho que nós tínhamos com pais e bebês, ajudando a melhorar o resultado para as crianças dos países visitados. O apoio era vital para a minha pesquisa e para a minha missão. A Johnson & Johnson também forneceu verba para a realização de filmes sobre o desenvolvimento pais-bebê. A empresa nos ajudou a criar um Brazelton Center para trabalho com recém-nascidos em Boston e Chicago, e posteriormente em uma dezena de cidades de todo o mundo. Esses centros são todos dirigidos por dedicados pediatras que treinam outros profissionais na minha NBAS e em primeiras interações bebê-pais. Eles não têm vínculos com a Johnson & Johnson.

Em 1983 eu visitei a África do Sul. O *apartheid* ainda vigorava. Os negros eram frequentemente arrancados da família e enviados para trabalhar em outras partes do país sem nenhuma promessa de volta. O resultado é que a mulher era deixada juntamente com os filhos, que ela tinha de sustentar. Muitas vezes seu único recurso era se empregar como doméstica na casa de alguma família de classe média. Com isso, as crianças frequentemente eram deixadas sozinhas durante todo o dia, ficavam em casa de vizinhos ou em orfanatos que foram criados em todos os distritos (as favelas onde moravam esses pais desesperados) e eram dirigidos por freiras católicas. As mães deixavam os filhos ali durante a semana toda. Nos fins de semana, elas buscavam os filhos e passavam esse período com eles perto do orfanato, nas encostas cobertas de capim.

Recebemos o pedido para realizar palestras nas quatro maiores cidades da África do Sul: Johannesburgo, Durban, Port Elizabeth e Cidade do Cabo. Os organizadores na África do Sul esperavam públicos de mil pessoas em cada cidade, e para a minha surpresa eles estavam certos. Temendo que os públicos fossem formados apenas por brancos, eu pedi para falar com públicos de negros também. "Todos os seus públicos serão mistos, não se preocupe" ("mistos" significava indianos – que então eles diziam ser "de cor" – e também brancos). Eu sabia o que significava "misto" e insisti na inclusão dos negros. "Mas nós não podemos pôr negros nos nossos públicos." "Então eu não vou." Eles ficaram chocados. Um mês depois, ligaram para dizer que tinham providenciado um público negro em cada um dos quatro distritos adjacentes às cidades, e assim eu poderia fazer a minha palestra para brancos e asiáticos nos locais que eles tinham providenciado originalmente. Eu tive uma sensação de sucesso.

Johannesburgo era uma cidade espraiada com mais de 5 milhões de habitantes (provavelmente nem todos os negros estavam incluídos nesse total). Desmond Tutu nos pediu uma entrevista. Ele estava muitíssimo agradecido pela nossa postura com relação aos pais negros. Winnie Mandela (nessa época Nelson estava preso) foi assistir à minha palestra em Soweto – uma coleção de casas de papelão lamacentas e malcheirosas com teto de zinco. As crianças pareciam subalimentadas, com as costelas salientes, olhos esbugalhados e famintas. Elas me cercavam, empurrando-me para me tocar ou me roubar, ou apenas para sentir as minhas roupas e a minha pele. Eu visitei o orfanato de lá – crianças em locais fechados, a maioria dormindo num berço imundo, esperando o fim de semana e a visita da mãe. As enfermeiras negras iam e vinham sussurrando nos corredores, sobrecarregadas demais nas suas tarefas para dar às crianças a atenção amorosa de que nós todos sabíamos que elas eram carentes. Vimos umas poucas crianças no parquinho lamacento, jogando com uma bola feita de barbante e um galho de árvore como bastão. Até os cães eram dignos de pena. Esqueléticos e encolhidos de medo. Os ratos pareciam ser os residentes mais bem alimentados e vigorosos, muito satisfeitos. Os líderes negros de Soweto tentavam com muito empenho me mostrar o melhor do seu distrito. Nenhum branco de Johannesburgo os visitava; o perigo e a culpa os mantinha a distância.

Nos distritos, não vimos homens, apenas mulheres, cuidando das crianças. Se houvesse alguma mulher naquelas casas de papelão, ela estava cercada de crianças. Notei que as crianças que vi em casa eram mais alertas, mais cheias de energia que as do orfanato. A simples presença da mãe lhes dava coragem e energia.

Quando tive a oportunidade de me encontrar com 35 mães negras reunidas numa construção de tijolo enlameada, não tive ideia do que dizer a elas. Eu nunca havia tido contato com tanta pobreza e desespero. Meu trabalho tinha sido com pais e mães da classe média cuja principal preocupação era decidir se a mãe devia trabalhar ou ficar em casa, e não lidar com o estresse de não ter essa escolha. Eu estava ansioso, e tenho certeza de que transmiti isso para o meu público passivo, obediente. Como era esperado, cada mãe negra no público tinha várias crianças em volta da saia. Vendo um bebê na fileira da frente, perguntei à mãe se podia brincar com ele – uma pessoinha minúscula, de cerca de três semanas, grudada ao seio mole da mãe.

Quando a afastamos do seio ela gemeu baixinho, mas relaxou depois que eu a segurei perto de mim. Conversei docemente com ela e a embalei num balanço suave. Então ela começou a entrar num estado de alerta; olhou em volta e depois ergueu o olhar para o meu rosto branco. Eu agitei de leve o meu chocalho num ouvido e depois no outro. Ela se virou para os dois lados à procura dele. Quando usei a minha bola vermelha, ela a seguiu avidamente. Àquela altura, todas as mães estavam de pé à minha volta para ver o que eu estava fazendo. Eu a pus para andar, usando o reflexo de caminhar. Todas comentaram em voz baixa. Quando eu a segurei e a deixei seguir o meu rosto e a minha voz de um lado para o outro e acima da sua cabeça, o rosto dela estava iluminado e alerta. Então o público ficou fascinado. Conversei mansamente com o bebê; ele se inclinou na minha direção e até tentou ronronar. Sua mãe se aproximou de mim. Achei que ela iria querer pegar o bebê de volta. Em vez disso, ela começou a esfregar o braço contra o meu. "O que é que a senhora está fazendo?", perguntei. Por meio de um tradutor, ela respondeu: "Eu quero que a mágica passe da sua pele para a minha!". As 35 senhoras fizeram fila para esfregar o braço contra o meu. "O senhor é mágico. Fez o nosso bebê cantar!".

A partir de então fiquei em comunicação com elas. Cada mãe me trouxe seu filho para "abençoar" e para "fazer com que ele cantasse como aquele bebê". Eu brinquei um pouquinho com cada um deles. Apesar da subnutrição, cada criança estava tão pronta para qualquer interação brincalhona que a maioria dos meus esforços foi bem-sucedida. Àquela altura, todas as mães se aproximavam de mim para falar das suas dificuldades e queriam dar aos filhos o que fosse possível. Eu lhes prometi conseguir brinquedos e livros que elas poderiam usar com as crianças.

Durante a visita aos distritos, percebi que os "orfanatos", mesmo sobrecarregados, eram realmente centros de assistência à infância para aquelas mulheres trabalhadoras. Elas podiam deixar os filhos ali enquanto trabalhavam em outros lugares. Quando tinha uma oportunidade de encontrar Desmond Tutu ou outros líderes solidários, negros ou brancos, eu os estimulava a pensar em criar locais de treinamento para mulheres jovens, que ali se prepararião para cuidar das crianças e alimentá-las nos centros de assistência à infância.

Foi difícil me afastar daquelas impressões dos distritos e da pobreza e dificuldades que vimos em cada um deles, e depois me concentrar e me relacionar com os públicos de classe média branca. Mas nossos públicos continuaram aumentando. Tivemos espaço na mídia e muitos líderes, inclusive o presidente africâner da África do Sul, pediram para falar comigo sobre cuidado preventivo e o que podia ser feito.

A linguagem dos bebês: de Sydney a Hong Kong

Em 1989, fui à Austrália para fazer palestras em Sydney, Melbourne e Brisbane, e depois segui para a Ásia. A chefe da pediatria do Hospital Infantil de Sydney, Kim Oates, havia feito residência no Boston Children's Hospital. Ela me apresentou aos profissionais de Sydney. Penny Alexander, professor de psicologia na universidade, Beulah Warren, também professor de lá, e Marianne Waugh, psicoterapeuta, tinham ido para Boston para receberem o treinamento em NBAS. Agora eles eram conhecidos em Sydney por essa formação. Como professor de pediatria em Harvard, eu tinha certa credibilidade; nossas palestras eram sempre concorridíssimas. Insistiram também para que fôssemos a Melbourne e falássemos na sua prestigiosa Escola de Medicina e no hospital infantil. Frank Oberklaid, ex-pediatra do Children's Hospital, era professor ali.

Entramos pelo país afora, até o famoso Ayres Rock – quatro horas de Sydney e da costa. Ali ainda viviam aborígines, que tinham sido tratados pelos australianos do mesmo modo como nós tratamos os índios nos Estados Unidos. Os aborígines foram expulsos das suas plantações e ficaram no interior seco demais ou úmido demais. Sobreviveram, mas sua cultura está se deteriorando. Muitos dos homens que nós vimos eram alcoólatras, as mulheres estavam esgotadas e as crianças não se desenvolviam. Era um quadro deprimente – um grande contraste com a prosperidade em estilo texano das fazendas em torno das cidades prósperas.

Da Austrália fomos para o Japão. Naquela época eu já havia ido lá diversas vezes para estudar bebês e crianças, para a pesquisa (mencionada no Capítulo 4) que realizamos nas ilhas Goto, ao largo da costa japonesa. Eu havia conhecido muitos dos pediatras do Japão por intermédio do meu amigo Kobey, professor de pediatria do Hospital Infantil de Tóquio. A Johnson & Johnson providenciou palestras para mim em Osaka, Tóquio e Nagasaki. Elas sempre pareciam ter um bom público, embora eu soubesse que já havia dito as mesmas coisas para muitas daquelas mesmas pessoas nas visitas anteriores. Mas os japoneses são bem-educados e graciosos. Eles assentiam com a cabeça durante as palestras. Hoje me parece que eles faziam isso porque já haviam me ouvido dizer aquilo antes e estavam se familiarizando cada vez mais com o meu pensamento. Eu falei sobre recém-nascidos, os maravilhosos bebês asiáticos, brandos e alertas, que tínhamos observado. Falei sobre o modelo cara a cara com o qual aprendemos tanto sobre o processo de formação do vínculo entre os pais e o bebê. Nessa ocasião, pude falar também sobre o nosso trabalho nas ilhas Goto. A maioria das pessoas daquele público não conhecia essa maravilhosa parte do seu próprio mundo. Nós estávamos aprendendo muito com aquele estudo. Desde então os locais de pesquisa em várias cidades japonesas mantêm o treinamento em NBAS.

Cingapura foi a parada seguinte. Essa cidade cintilante, limpa, disciplinada e bem-organizada foi erguida longe da esqualidez, superpopulação e pobreza que afetam tantos países asiáticos. Era algo impressionante. Dizia-se que o crime quase inexistia, talvez em razão do cumprimento rigoroso das leis. Enquanto estávamos lá, um adolescente norte-americano foi preso por grafitar as paredes de um prédio. A pobreza parecia reduzida ao mínimo. Claro, nas ruas viam-se sem-teto ou pessoas abandonadas.

Naquela época, até onde vimos, não havia variabilidade no modo como as pessoas viviam. Não havia muito ricos nem muito pobres. Mas emocionalmente as pessoas pareciam estar num meio-termo: nem deprimidas, nem muito felizes.

No entanto, nossas ideias sobre recém-nascidos, vínculo e intervenção precoce tinham sido assimiladas. A escola de medicina pediu que eu repetisse minhas conferências para que "todos pudessem me ouvir". A filha do então presidente era pediatra e estava ansiosa por nos apresentar em toda parte. Tivemos uma recepção entusiasmada, mas não muito animadora. Embora fosse fascinante e esclarecedor ver como um governo pode melhorar a vida da população de modo geral, parecia que havia restado pouca paixão para as pessoas. Isso me mostrou que mudar uma cultura em curto tempo tem um custo.

Na Tailândia, conhecemos Nittaya Kotchabhakdi no departamento de pediatria do Hospital Ramathibodi, o maior do país. Médica com mestrado em saúde pública, ela havia estado em Boston e recebido o treinamento comigo, por isso queria muito nos entreter. Seu marido, Nick, professor de neurologia e ciência neurológica, é de uma antiga família tailandesa. Ela é chinesa, de uma família com sete filhos. Seu pai e a mãe saíram da China para estabelecer uma lojinha de alimentação no centro de Bangcoc. O casal criou os sete filhos trabalhando muito, sustentando a educação de todos eles até o nível do doutorado. Bangcoc já era uma cidade muito moderna que rapidamente se modernizava ainda mais. Os ricos eram ricos, os pobres, muito pobres. Nittaya havia conseguido um milagre, que até hoje a Unicef menciona. Ela percorria de motocicleta todas as aldeiazinhas da Tailândia convocando um encontro com as mulheres mais velhas e as jovens mães. Ali ela ganhava a confiança de todas brincando com os bebês. Então abordava um trágico costume tailandês: as mães descartavam o colostro, considerando-o um leite sujo. Como o leite materno só aparece no terceiro ou quarto dia, os bebês não tinham nada para se alimentar até lá. E, quando o leite chegava, eles frequentemente estavam fracos demais para sugar o seio materno. A amamentação estava se tornando menos bem-sucedida. O substituto que as aldeias produziam era quase sempre muito aguado e inadequado para as necessidades do bebê. E certamente não continha os anticorpos necessários para combater as infecções. Assim, os bebês estavam morrendo.

Depois que Nittaya brincava com os bebês, revelando com a demonstração do comportamento deles (baseada na minha NBAS) o potencial que tinham aquelas crianças, as aldeãs se dispunham a ouvir o argumento dela. "Não joguem fora o colostro – ele vai melhorar a condição dos bebês. E a amamentação será mais bem-sucedida!" A amamentação começou a aumentar novamente, a mortalidade infantil diminuiu e a consciência desse sucesso se disseminou. A Unicef usou essa experiência como um exemplo mágico do que uma pessoa podia fazer para mudar costumes deletérios num país subdesenvolvido. Nittaya se tornou uma heroína. Ela viu como os recém-nascidos podem abrir a porta para a mudança em uma cultura.

Sempre que fazíamos uma sessão sobre pais e bebês – e fizemos muitas em Bangcoc e em toda a Tailândia – a princesa estava presente para nos apresentar. Ela raramente chegava a ouvir as minhas palestras, mas deixava bem evidente seu apoio a Nittaya e a mim. A certa altura nos pediu (a Nittaya, Chrissy e eu) para irmos até o palácio. Eu fiquei emocionado: (1) era o palácio onde fora filmado *O rei e eu*, (2) eu nunca havia sido recebido por uma princesa num palácio, e (3) achei que provavelmente isso significava que ela ia apoiar o trabalho de Nittaya com dinheiro real – o que eu acertei.

Disseram-nos que teríamos uma entrevista de quinze minutos e que eu devia levar os meus livros para presenteá-la. Chegamos pontualmente e fomos conduzidos até uma das maravilhosas salas do palácio. Nossos presentes foram depositados em bandejas de ouro para serem oferecidos à princesa. Quando chegou a hora da entrevista de quinze minutos, toda a criadagem se ajoelhou com as mãos no chão. Na Tailândia, ninguém deve ficar na mesma altura que a realeza. Os funcionários, com roupas deslumbrantes, se estenderam no chão. Até Nittaya se ajoelhou e se inclinou. Nós não fizemos isso e oferecemos a mão para cumprimentá-la – à moda norte-americana. Ela era encantadora e graciosa, teria uns 48 a 49 anos, parecia um pouco preocupada, ou talvez apenas interessada. Recebeu-nos calorosamente. Nós nos sentamos em cadeiras de ouro. Os empregados nos serviram chá e bolos deliciosos quando começamos a conversar educadamente.

Para iniciar a conversa, eu disse: "Parece que a senhora precisa estar presente numa reunião atrás da outra, pelo dever que tem de abri-las e sancioná-las". Meneio de cabeça. "Deve ser muito enfadonho." Meneio de cabeça. "A senhora gosta do seu trabalho?" Ela olhou para mim muito surpresa. Então todo o seu rosto sorriu e ela respondeu: "Não!" Nossa entrevista de quinze minutos durou duas horas, durante as quais ela nos disse que o seu trabalho era tedioso. Que era preciso estar sempre à altura da sua posição real e, no entanto, a recompensa para isso era muito pequena. Ela não disse expressamente isso, mas era possível ver o seu ressentimento reprimido por assumir um trabalho tão solitário, de tanta responsabilidade, enquanto o irmão fútil se esquivava de toda responsabilidade. O pai, que na época era o rei, havia nascido no Mount Auburn Hospital, em Cambridge. A princesa tinha uma afinidade conosco por causa dessa ligação com Cambridge. Na sua confissão de duas horas, ela nos contou que queria muito ter sido pediatra para cuidar de bebês e famílias. Ela me disse: "O senhor deve achar seu trabalho muito gratificante". No final da entrevista, nós nos sentíamos muito próximos dela, muito tristes por ela. Depois ela prometeu a Nittaya financiar a criação de um centro para pais e filhos em Bangcoc.

Em todos os lugares onde palestrei na Tailândia, havia centenas de ansiosos rostos jovens. Embora eu falasse apenas em inglês, havia tradução simultânea e as pessoas pareciam compreender, meneando a cabeça nas horas devidas e rindo das minhas brincadeiras. Nittaya havia enviado seus melhores alunos para se formarem comigo como fellows, inclusive o dr. Tom Sambakya, um brilhante pediatra jovem que se tornou o braço direito dela. Depois disso eu voltei várias vezes a Bangcoc, uma delas para ajudar Nittaya a abrir o seu centro. Monges com roupa alaranjada cantaram durante horas na inauguração – pela primeira vez no nosso trabalho em todo o mundo!

Um destaque na minha lembrança dessa viagem pela Ásia foi a visita que fiz ao maior orfanato de Seul, na Coreia do Sul. Ali as famílias norte-americanas haviam obtido grande fonte de adoções. Esses bebês coreanos eram muito impressionantes, neurologicamente intactos, muito serenos e bem-organizados. As famílias que os adotaram tiveram sorte. Na época das olimpíadas, o governo coreano tentou atenuar a reputação da Coreia do Sul como fornecedora de bebês para adoção. Isso diminuiu um pouco as oportunidades, mas o país continua sendo um dos que mais organizam adoções internacionais.

Eu queria conhecer esse orfanato porque muitos bebês magníficos como aqueles eram pacientes na minha clínica. Por causa das adoções, eu havia aprendido a advertir os pais adotivos a não se arremessarem para um abraço, a serem mansos na conversa e a olharem com calma para o bebezinho que havia acabado de entrar na sua vida. Ao deixar o ambiente a que estava acostumado e perder a pessoa que antes cuidava dele, era provável que ele ficasse excessivamente sensível a qualquer mudança. Se os pais (ainda estranhos) se precipitassem para abraçá-lo e sacudi-lo, pressionariam todo o seu sistema. Se conversassem alto demais ou com insistência demasiada – "Oi, bebê! Bem-vindo! Olhe para mim!" –, seu sistema auditivo ficaria sobrecarregado. No entanto, cumprimentá-lo tranquila e suavemente e esperar a reação dele lhe daria tempo necessário para ajustar seu sistema hipersensível e conseguir assimilar o novo ambiente.

Minha experiência com bebês asiáticos, quietos do ponto de vista motor e sensíveis dos pontos de vista auditivo e visual, me fez sentir que o ritmo deles, assim como suas modalidades sensoriais, era frequentemente sufocado no novo lar. Com tempo para se ajustarem, eles se tornavam mais capazes de reagir à pessoa que agora cuidava deles. Com um casal desconhecido saudando-o ansiosamente, o bebê podia se retrair e se fechar numa concha, desapontando os pais adotivos com o que parecia ser uma reação negativa. O processo de formação de vínculo podia facilmente sair dos trilhos. Se lhe dessem tempo, contudo, o bebê estaria pronto para se vincular aos pais adotivos, e até mesmo desejaria isso. A necessidade de sofrer por ter deixado o seu ambiente e de se ajustar a tudo o que é novo para ele será provavelmente de um mês se o bebê tiver quatro a seis meses de idade, seis semanas se ele tiver seis meses a um ano, e até mais se ele for mais velho. É preciso alertar os pais adotivos de que eles devem esperar. Essa advertência os protege do desapontamento e da impressão de rejeição que a reticência inicial do bebê lhes dá.

No orfanato, as crianças que já andavam corriam para nós. Estendiam os braços para serem acolhidas, para serem amadas. Mas quando pegávamos uma, ela se debatia, querendo voltar para o chão. A experiência de ser amadas que elas tinham era muito escassa. Receber demais as oprimia.

A avidez das crianças de seguir, de serem acolhidas, de serem abraçadas, embora superficial, certamente tinha um efeito no adulto. Eu me peguei ansioso por levar para casa uma – ou duas, ou três – daquelas crianças emocionalmente famintas. Mas os adultos que reagem assim precisam ter em mente que a adoção é para sempre. Se o bebê vivenciou privação extrema ou exposição intrauterina a toxinas, álcool ou drogas, os efeitos residuais também podem ser para sempre. Os pais adotivos precisam estar dispostos a amar o bebê que levam, mesmo se ele não for aquele com que sonharam.

Numa província da Coreia do Sul, Taegu, havia sido criada uma universidade presbiteriana com financiamento do Texas. O presidente da Universidade de Taegu, Byongh Park, havia estado em Boston para aprender a usar a NBAS com Kevin Nugent. Graças a essas experiências em Boston, haviam erigido um monumento em mármore com o meu nome gravado. Eles me fizeram plantar um cipreste no local. Entre os outros monumentos estavam os do presidente Jimmy Carter, de Eleanor Roosevelt e de Jacqueline e John Kennedy. Eu me senti imortalizado na Coreia. Uma sensação agradável, suponho, mas eu ainda não estava morto.

Hong Kong completou a nossa excursão pela Ásia. A dra. Lillian Koh, que já havia sido minha treinadora, estava na direção do treinamento em NBAS naquela cidade. Lillian é uma pediatra jovem e afetuosa que clinica e ensina na faculdade de medicina. Seu marido, Hiao Cheng, era um urologista renomado. Lillian ensinou muita gente a observar e valorizar os bebês. Com ela nós vimos mais uma vez os recém-nascidos asiáticos tranquilos, suaves, com sua atividade motora fluindo naturalmente. Como já havíamos observado, eles raramente choram e não se desenvolvem movidos por muita atividade ou perda de controle. Um bebê temperamental naquela parte do mundo é algo incomum, motivo de grande preocupação para os que estão à sua volta. Eu notei que todos respeitavam esse alto grau de sensibilidade, falando suavemente, e raras vezes ou jamais ficavam agitados ou exigentes com eles. As crianças pequenas eram controladas com ordens brandas e nunca apanhavam. Com isso parece que elas aprendiam por imitação – visual e auditiva –, e não pela experiência motora e exploração, como fazem as nossas crianças nos Estados Unidos.

Crianças na guerra

Uma experiência muito diferente de defesa das crianças no exterior aconteceu em 1992. James Grant, o principal executivo da Unicef, me ligou perguntando se eu gostaria de ir para Zagreb, na Croácia, com um grupo da Unicef que avaliaria o que poderíamos fazer pelas crianças refugiadas das lutas na vizinha Bósnia.

A guerra na Iugoslávia entre sérvios e bósnios muçulmanos foi devastadora. Sarajevo havia se transformado de uma agitada cidade ao estilo de Paris a um local assolado por bombas. Os sérvios estavam vencendo, os muçulmanos fugiam de casa. Nos Estados Unidos, ouvíamos falar dos pesadelos que as vítimas do genocídio estavam enfrentando, mas isso parecia distante. Nós líamos sobre o caso, mas nosso isolamento nos permitia uma espécie de desligamento.

Como nunca havia tido essa oportunidade, aceitei. Mas meus filhos souberam do fato. "Pai, você ficou louco? Você vai para o meio de uma guerra! Pai, você está com 74 anos! Vão atirar em você, vão sequestrar você. Não vá!" Eu estava dividido entre lhes dar ouvidos e me deixar levar pela minha preocupação. Então liguei para a Unicef e lhes falei da minha ambivalência. Jim Grant já havia reunido um grupo de quatro "peritos" e não estava inclinado a me deixar escapar do anzol. No meu íntimo, fiquei contente e esperei ansiosamente a aventura. Meus filhos me fizeram prometer que eu não iria a Sarajevo.

Zagreb, àquela altura, abrigava refugiados de ambos os lados e não tinha sido bombardeada na guerra. Mas estava cercada de campos de refugiados e sobreviventes dos ataques cruéis, gente destituída, desabrigada. Como nos ataques em massa da Alemanha hitlerista ou de Pol Pot no Camboja, os Bálcãs agora assistiam a um genocídio racial que parece emergir em ciclos ao longo da história.

Começamos a ouvir falar de estupros em massa de mulheres e de tortura e matança de homens, jovens e velhos. Era terrível ouvir essas histórias e difícil acreditar nelas. Quando Jim Grant nos reuniu no hotel em Zagreb, ele começou a planejar uma visita a Sarajevo para ver o que realmente estava acontecendo e tentar entrar em contato com líderes sérvios para lhes pedir compaixão pelas crianças iugoslavas. Os outros três estavam dispostos a acompanhá-lo numa visita aos arredores devastados de Sarajevo, a muitos quilômetros de Zagreb. Precisei insistir para ficar em Zagreb porque havia prometido aos meus filhos que não iria a Sarajevo. Jim Grant me pediu empenhadamente que fosse. Por fim, cedi, cheio de culpa. Quando, uma semana depois, o grupo voltou são e salvo, o Volkswagen pequeno e desprotegido em que viajaram estava cheio de buracos de balas. Felizmente eles não haviam sofrido nada, mas voltaram totalmente desesperançados e derrotados. Milošević era um demônio, e seu prazer pelo genocídio era evidente para todos os especialistas internacionais.

Enquanto isso eu havia usado o meu tempo para um conjunto produtivo de visitas aos campos de refugiados. Com um intérprete, pude conversar com os remanescentes de famílias poupados pela destruição em massa. Quase não havia homens nos campos. Um velho sem dentes apontou para si e para o amigo da mesma idade dizendo por meio de um tradutor: "Somos os únicos que restaram". Muitas das garotinhas haviam sido estupradas repetidamente. Ficavam horrorizadas comigo, um homem e um estranho. Poucas mulheres haviam sobrevivido aos estupros em massa e aos assassinatos que se seguiam. Essas muçulmanas estavam acostumadas a usar véu, a ficar protegidas na sua casa. Isso enraivecia os exércitos sérvios invasores. Meninas e garotas no início da adolescência me apresentaram mostras vívidas das agressões que sofreram. Seu corpo era rígido, elas claudicavam e vagavam como se estivessem atordoadas.

Um garotinho de cinco anos estava vivendo com a avó em um dos quartos de abrigo. Os dois eram os únicos sobreviventes de um grande clã de uma cidadezinha ao norte de Zagreb. O menininho ficava espantando moscas do rosto. Comentei com a avó que eu não via nenhuma mosca. Então ela respondeu: "Ah, não, elas estão na mente dele". Então me contou esta história.

Seu jovem pai estava escondido no porão da casa deles quando os sérvios invadiram a aldeia. Um vizinho contou que havia um jovem escondido. Os sérvios o arrancaram de lá, mataram-no diante da casa da família e o dependuraram pelas mãos para que ele apodrecesse. Os sobreviventes não puderam enterrá-lo. A jovem mãe do garoto, já prestes a dar à luz, não podia ser estuprada, e assim eles abriram a barriga dela para que o feto caísse. Então a dependuraram pelos braços ao lado do marido. O casal de jovens ficou balançando diante da casa, segundo a avó. Todo o resto da família foi assassinado. Pelo vidro da porta da frente o garoto de cinco anos havia observado seus pais mortos. Enquanto eles balançavam, moscas se juntavam sobre o feto exposto da jovem mãe. O garotinho soluçava: "Saiam daí, moscas. Esse é o meu bebê, o meu bebê". Desde então ele estava sempre espantando moscas. A avó encerrou sua história me perguntando: "O senhor acha que algum dia ele vai se recuperar?". Eu não podia tranquilizá-la. Como alguém pode se recuperar desses horrores? Todas as crianças daquele campo tinham uma história sinistra. Aquele menino teve sorte de ter uma pessoa da família, sua avó, para cuidar dele. Muitos não tinham ninguém.

Diariamente havia pesadelos assim. Um dia, uma jovem assistente social e psicóloga italiana que prestava trabalho voluntário para tentar ajudar aquelas pessoas me reconheceu e quase se atirou nos meus braços. "Dr. Brazelton, eu estudei o que o senhor escreveu e tenho ouvido falar no senhor durante toda a minha vida profissional." Então acrescentou: "Eu estou emocionalmente esgotada aqui. Tento levar as crianças para a escola em Zagreb. Elas não vão. Arranjo um trabalho para os sobreviventes adultos.

Eles não deixam o campo para assumir o emprego. Essas pessoas estão sem esperanças a tal ponto que não posso elevar o seu moral para levá-las a querer viver de novo. Isso está me esgotando emocionalmente. O que é que o senhor faz quando está assim?".

Eu nunca havia tido de responder a uma pergunta desse tipo. Tentei explicar a ela que por temerem não voltar a ver os adultos com quem tinham sobrevivido, as crianças não ousavam deixá-los. Os adultos não aceitavam um emprego porque isso podia simbolizar o fato de que, ao deixarem a sua casa, eles haviam aceitado o seu destino. Todos eles ainda tinham a fantasia de que mais cedo ou mais tarde poderiam voltar para casa. Ela entendeu isso. "Mas o que é que o senhor faz com o esgotamento?"

Então falei sem pensar: "Eu trato de ir ver um bebê recém-nascido!". O rosto da moça se iluminou. Ela disse: "Eu sei de um que acabou de nascer. Nós podemos ir vê-lo juntos?". Claro que concordei, e avançamos pelo campo até uma das cabanas onde uma jovem mãe e a mãe dela estavam cuidando de um recém-nascido – um menino!

Pedimos licença para brincar com aquele milagroso jovem sobrevivente que estava diante delas. Elas ficaram hipnotizadas quando o bebê se virou na direção da minha voz, depois escolheu a voz da mãe dele que soou junto com a minha. Sua mãe começou a chorar de alegria. Sem palavras, um novo bebê, mais uma vez, deu a todos nós uma coragem renovada e um sentimento de que o mundo podia prosseguir, apesar da desumanidade dos homens uns contra os outros.

Agradecimentos

A maioria das pessoas a quem quero agradecer está nos capítulos deste relato. Todos os meus colegas do Child Development Center e do Touchpoints Center me deram apoio nos esforços que tentei registrar aqui.

Entre aqueles que eu gostaria particularmente de agradecer estão o meu melhor amigo e colega Joshua Sparrow, que tem sido meu amparo há 22 anos e me substituirá no Touchpoints Center, e Kevin Nugent, que vem sendo tão importante me ajudando a levar até o público a Escala de Brazelton (NBAS). Devo um agradecimento especial a Suzanne Otcasek; sem a ajuda dela, eu provavelmente não teria conseguido me administrar. Ela me auxilia em todos os aspectos do trabalho no Touchpoints Center. Liz Wilson digitou com muita atenção e interesse todas as versões do manuscrito. Eu me sinto em dívida também com meu colega Kyle Pruett e com Michelle Seaton, que leram e comentaram as versões preliminares do livro. Minha filha Christina me ajudou em todas as etapas da escritura e, como sempre, em muito mais.

Sobre o autor

O dr. T. Berry Brazelton, fundador da Unidade de Desenvolvimento Infantil do Boston Children's Hospital, é professor emérito de clínica pediátrica na Escola de Medicina de Harvard e professor de pediatria e desenvolvimento humano na Brown University. Foi também presidente da Society for Research in Child Development e da Zero to Three: The National Center for Infants, Toddlers, and Families. Tendo atendido em sua clínica pediátrica por mais de 45 anos, ele apresentou o conceito de orientação antecipatória para pais na formação pediátrica. Autor de mais de duzentos artigos especializados, escreveu trinta livros para profissionais e leigos, inclusive *Touchpoints* (traduzido para dezoito idiomas), *To Listen to a Child* e a clássica trilogia *Infants and Mothers, Toddlers and Parents* e *On Becoming a Family*. Seu programa de televisão, *What Every Baby Knows*, foi transmitido durante doze anos e ganhou um Emmy e três prêmios Ace.

Para dar continuidade à sua importante pesquisa e colocar em prática as descobertas resultantes dela, o dr. Brazelton criou dois programas no Boston Children's Hospital: o Brazelton Institute (que promove o trabalho com a Escala de Brazelton) e o Brazelton Touchpoints Center (que treina profissionais de saúde e de creches de todos os Estados Unidos na abordagem de alcance preventivo Touchpoints).

Entre os muitos prêmios recebidos por ele estão o C. Anderson Aldrich Award for Distinguished Contributions to the Field of Child Development, concedido pela Academia Americana de Pediatria, e o Woodrow Wilson Award for Outstanding Public Service, da Universidade de Princeton. Em 1988, o dr. Brazelton foi nomeado pelo Congresso dos Estados Unidos para atuar na Comissão Nacional da Infância, e em 2012 foi honrado pela Casa Branca como Head Start Champion of Change. Mais recentemente, ele recebeu a prestigiosa Presidential Citizens Medal de 2012, concedida aos que "realizaram feitos exemplares de serviço para o seu país ou para os seus concidadãos".

Índice remissivo

A
Ambiente
  controlado, 102-3
  diferenças no, 135-6
  inicial, 95-6
  que mima o bebê, 99-100
AAP. *Cf.* Academia Americana de Pediatria
Academia Americana de Pediatria (AAP), 128-131, 132, 137
Associação Médica Americana, 128
ACBP. *Cf.* Avaliação do Comportamento do Bebê Prematuro
ACCH. *Cf.* Associação de Assistência Médica Infantil nos Hospitais (Association for Child Care in Hospitals – ACCH)
Adoção, 197-8
África do Sul, 188-9,192
Ainsworth, Mary, 132, 139
Ajuda às Famílias com Filhos Dependentes (Aid for Families with Dependent Children – AFDC), 39
Akiyama, Tomitaro, 95, 98
Aldrich, Anderson, 115, 128-130, 206
Alexander, Penny, 192
Alexandria, Virginia, 24

Alimento como comunicação, 92
Alpert, Joel, 42, 128, 131, 185
Als, Heidi, 65, 134
Amamentação, 67, 111, 194-5
Amiel Tison, Claudine, 158
Anderson, Eric, 163-166
Anderson, Karen, 163-166
Animais, 22-24
Annie May (babá), 9-10, 18-9
Anschuetz, Mary, 77
Ansiedade com estranhos, 12
Any Moment Now (peça), 27
AOA, 32
Apartheid, 191-4
Apgar, pontuação no, 66
Aprendizado
  a partir de dentro, 19
  recém-nascido maia, 74-6, 81
  motor, 83
  pais e, 60
  visual, 78-9, 81, 104
  Cf. também Sistemas educacionais
Aprendizagem visual, 78-9, 81, 104

Arrancos no desenvolvimento, 143-4, 145
Assemblée Nationale, 160
ACBP (Avaliação do Comportamento do Bebê Prematuro), 65
Assistência centrada na família, 127
Assistência pediátrica, 39, 127
    desenvolvimento infantil na, 39, 127
    fellowship em desenvolvimento infantil e, 132-8
    no Massachusetts General Hospital, 37
    abordagem preventiva à, 39
    psiquiatria associada à, 45
    Cf. também Relação pai--pediatra
Associação de Assistência Médica Infantil nos Hospitais (Association for Child Care in Hospitals – ACCH), 126-127
Atenção, 81
Atlantic Monthly Press, 152
Austrália, 192-193
Auto-organização, 59
Autoproteção, 58-59
Avaliação de reações, 47-48
    sistema nervoso autônomo, 53-4, 57, 63, 69,
    comportamento, 59-60, 61
    pontuação de riscos no parto e, 49.
    Cf. também Comportamento motor e reação; Reação sensorial
Avaliações. *Cf.* Avaliações específicas
Ayres Rock, Austrália, 192

B

Ba (avô), 10-11
Baby Talk (programa), 181
Baby Talk (revista), 160
Bama (avó), 14, 16, 28
Bangert, Chuck, 169

Bao Xiu-lan, 101
baz'I (verdadeiro caminho), 84
Bebê, 45
    adaptabilidade do, 83
    contribuição para a relação pais-criança, 46-7, 57
    relação do pai com, 10-2
    hábito, 56
    incubação, 69
    limiar de hipo e hipersensibilidade no, 51
    ouvir o hospitalizado, 18
    maias *versus* caucasianos, 85
    medicados *versus* não medicados, 64
    índice de mortalidade, 84-9
    situação neurológica, 50
    sobrecarregado, 61
    exigências fisiológicas do sistema cardíaco, 52, 55-6
    exigências fisiológicas dos pulmões, 52
    recuperação do nascimento, 64
    Cf. também Nascimento; Criação e avaliação das crianças em outras culturas; Relação pais-filho; Relação pediatria--criança; Bebês prematuros; Avaliação de reações; *locais de origem específicos*
Bebês prematuros, 49, 50, 52, 65, 164-5
Assistência preventiva de saúde
    violência contra a criança e, 146
    custo do seu fornecimento gratuito, 39
    saúde mental, 117, 128-9
    pediátrica, 39, 137
Beeghly, Marjorie, 63
Comportamento
    no contexto cultural, 83

hospitalização e, 122-7
observação do, 6-7, 125
reações, 59-60, 61
Cf. também Comportamento
do bebê; Comportamento
motor e reação; *avaliações
comportamentais específicas*
Bem-estar, 50
Bigelow (capitão), 36
Birras, 167
Blanco, Menda H., 79
Blom, Gaston, 45
Bonaparte, Marie, 158
Boia-calção, 30-1
   Boston Children's Hospital,
   39, 43, 64, 69, 117
   Unidade de Desenvolvimento
   Infantil no, 205
   fellowship para formação em
   desenvolvimento infantil na,
   131, 132-140
   política com relação aos pais,
   118-23
   licença para cuidar do bebê,
   125-6
   coordenador da assistência ao
   paciente no, 119
   residência no, 41, 125
   Treinamento em Pontos de
   Contato e, 147
Boston Children's Museum, 163
Boston Floating Hospital, 118
Boston Lying-In Hospital, 51, 67-8
Bowlby, John, 66-7,118
Brandt, Kristie, 173
Brazelton Lumber Company, 30
Brazelton, Catherine Bowles "Kitty"
(filha), 75-6, 152-3
Brazelton, Christina Lowell (filha), 43
Brazelton, Christina Lowell "Chrissy"
(esposa), 70, 71, 94, 119, 153, 161, 195
antes do casamento, 42-3

Brazelton, Churchill Jones "Chuck"
(irmão), 10, 11, 15, 18-21
Brazelton, Pauline Battle (filha),43
Brazelton, Pauline Battle (mãe),
   Chuck e, 16-18
   religião e, 13-14
   quando viúva, 30-31
Brazelton, Thomas Berry (pai), 10,
   11-5, 22-4
Brazelton, Thomas Berry, III, "Tom"
(filho), 43
Broadway, 25-6, 28
Bronfenbrenner, Urie, 117
Brooks, Mary, 126
Bruner, Jerome, 44, 69-70, 119, 139
Busca, 59
Butler, Allan, 39
Buttenweiser, Kate, 134

C
Caldwell, Bettye, 54, 180, 188
Cambridge, Massachusetts, 43, 117
128, 141, 196
Campbell, Paul, 94
Cancian, Francesco, 84
Caracas, Venezuela, 186
Carey, Bill, 152
Carr, Deirdre, 161
Case Western Reserve, 67
Cátedra Brazelton de Pediatria, 131
Cerimônia do peiote, 105
Chaner Club, 18
Charette, Bill, 169
Chassler, Seymour, 161, 168
Chavez, Roberto, 88
Chess, Stella, 51,152
Chiapas, México
   comportamento no contexto
   cultural, 83-5
   avaliações de recém-nascidos
   em outras culturas, 74-82
   papéis ligados ao sexo, 76,
   79, 81

desenvolvimento do bebê em, 81
irmãos, 77-8
Cf. também Recém-nascidos maias
Childcare and Culture: Lessons from Africa (LeVine), 89
Children's Defense Fund, 180
China
  Sistema educacional na, 100
  NBAS na, 101-4
  política da família de um único filho, 98-104
  Cf. também locais específicos
Chodorow, Nancy, 79
Choro
  como comunicação, 58
  estado de, 58
Creche, 113, 160, 161, 194
  formação de vínculo e, 155-6
  funcionários, 148
Christopher's Surgery (livro), 35-6
Chugani, Harry, 181
Cingapura, 193
Cirurgia cardíaca, 121
Clínica de avaliação comportamental, 134
Clinton, Bill, 177, 182-3
Clinton, Hillary, 177, 180, 182-3
Collier, George, 74, 75, 76, 85
Coluna no *New York Times Syndicate*, 157, 169,
Comportamento do bebê, 12, 14
  descoberta do melhor desempenho do bebê e, 51-4
Comportamento motor e reação motora, 51, 53, 59, 124
  nos recém-nascidos quenianos, 89-91
  maias, 74
  deficiências neurológicas e, 54

Comportamento no contexto cultural, 83
  hospitalização e, 122-7
  observação do, 125
  reações, 59-60, 61
Comunicação
  alimento como, 92
  choro como, 58-9
  com pais, 107-8
  na relação pai-filho, 60-1
  toque como, 60-1
Consultas por telefone, 36
Coordenador da assistência ao paciente, 119
Costumes deletérios, 195
Cracóvia, Polônia, 185
Cramer, Bertrand, 69, 159
Cravioto, Joaquin, 88
Criação de filhos e avaliações em outras culturas
  em Chiapas, no México (maias), 74-82
  na China, 98-104
  na Grécia, 109-13
  na Guatemala, 83-9
  no Japão, 93-8
  em Kisii, no Quênia, 89-93
  entre os navajos, 105-9
Criação de filhos, *Cf.* Criação de filhos e avaliações em outras culturas
Criança como um todo, 33
Crile, George, 10
Cronkhite, Leonard, 117
Cuidado evolucionário, 65
Culpa, 49, 116
Curious George Goes to the Hospital (Rey, H. A., e Rey, M.), 121

D
Davide, Myriam, 45
Davison, Peter, 152, 154
Defesa de políticas, 176-182
Delacorte Press, 152, 153

Departamento de Saúde, Educação
e Bem-Estar Social, EUA, 185
Depressão, 112
    pais e, 139
    pós-parto, 67
Desempenho no QI
    motivação, 97
    nutrição e, 88
Desenvolvimento cognitivo, 76
    avaliações, 123
    maias, 82
Desenvolvimento da criança, 39
    AAP e, 128-31, 136
    ecologia do, 117
    formação em fellowship, 132,
    134, 136
    relação pais-criança e, 47
    em pediatria, 127-32
    educação e, 189-90
    guerra e, 199-200
    Cf. também Desenvolvimento
    do bebê
Desenvolvimento do bebê, 49
    modos alternativos de
    fomentá-lo, 83
    em Chiapas, 82
    na Guatemala e nutrição,
    84-9
    Cf. também Desenvolvimento
    da criança
Desenvolvimento emocional, 41
    Equilíbrio das necessidades
    físicas e emocionais no, 37
    avaliações, 149
Desenvolvimento psicológico, 125
Desorganização pós-nascimento,
52, 61
Deutsch, Helene, 154
Diarreia, tratamento intravenoso
para, 40
Distanciamento, 149
Dixon, Suzanne, 90
Doctor and Child (Brazelton, T. B.,

II,), 154
Dodd, Christopher, 177, 178, 182
Dotação genética, 96
Doulas (parteiras gregas), 109-10

E

Edelman, Marian Wright, 180
Editions Stock, 157
Educação positiva, 138
Edwards, Joe, 42
Edwards, Pat, 42
Efeitos do álcool nos fetos, 108
EHS. *Cf.* Episcopal High School
Eletroencefalográfico, 55
Energia
    conservação da, 82
    armazenada, liberação da,
    55, 61
Entusiasmo, 97
Episcopal High School (EHS), 24
Escala de Brazelton. *Cf.* Escala de
Avaliação Comportamental Neonatal
Brazelton Touchpoints Center, 148,
168, 172, 203, 205
Escala de Avaliação Comportamental
Neonatal (NBAS), 67-68, 191, 201
    na China, 101-4
    críticas à, 61
    desenvolvimento da, 57
    na França, 155-9
    avaliações em Goto, no
    Japão, 97-8
    avaliações na Guatemala,
    85-9
    no Japão, 95-8
    avaliações nos maias, 82-5
    avaliações nos navajos, 104-6
    pais recentes e, 60-2
    refinamentos, 59-63
    treinamento, 61, 69
Escalona, Sybille, 51
Escola de Direito de Harvard, 40
Escola de Educação de Harvard, 145

Escola de Medicina da Universidade de Nagasaki, 98
Escola de Medicina de Harvard, 123, 131
    treinamento em Pontos de Contato e, 141
Escola de Medicina e Cirurgia da Universidade de Columbia, 29-30, 37
Escola de Medicina, 25-6
Medicação
    formação de vínculo e pré--medicação materna, 64-5
    nascimento e, 68, 70
Escola de Serviço Social da Universidade de Boston, 130
Escola Montessori, 19-20
Escolta de destróieres, 34-6
Escritório da Marinha no Brooklyn, 34
Espectro do autismo, 49
Estado bem acordado, 60
Estado de alerta, 51, 54, 60
Estado de alvoroço, 61
Estado de inatividade alerta, 58
Estado de sono leve, 57, 60, 61
Estado de sono profundo, 57, 59-61
Estado de sonolência, 56
Estado em que os estímulos são barrados, 50, 51-3
Estado indeterminado, 51
Estados de consciência do bebê, 55, 57
    controle, 50, 55
    Cf. também os estados específicos
Estados de sono. *Cf.* Estado de sono profundo; Estado de sono leve
Estados Unidos, 79, 80, 83, 91-3, 101, 113-4
    consumo de calorias, 85
    Cf. também locais específicos
Estimulação cara a cara, 94, 193
Estimulação motora, 84
restrita, 95
Eubank, Charlie "vermelho," 24
Expectativa de malogro, 124-5
Expectativa de sucesso, 124-5

F
"Fantasmas da sua própria criação", 153
Families and Work Institute, 156
Family Circle (revista), 167, 168
Febre, 38
    reumática, 41-42
Fellowship para formação em desenvolvimento infantil, 132, 134, 136
Ferrer, José, 26
Field, Tiffany, 63
Filho único, 98-99
Orfanato
    em Seul, 196-8
    na África do Sul, 189-90, 192
    em Osaka, no Japão, 94
Formação de vínculo, 5, 57,111-2, 125-6
    creche e, 156
    explorações da, 68
    malogro, 152
    no Japão, 93-8
    medicação da parturiente e, 64-65
    nascimento prematuro e, 63
    estágios da, 66-7,139-40, 159-60
Fox, Myra, 120
Fraiberg, Selma, 153
Friedman, Stan, 126, 128, 131
Full House (Anderson, K.), 167
Fundação Theodor Helbrügge, 70

G
Galinsky, Ellen, 156
Gallaudet College, 178-9
Gardner, Robert, 73
Gingold, Hermione, 37

Glaser, Helen, 128
Gluck, Lou, 101
Gombe Reserve, 94
Goodall, Jane, 94, 161
Gorbach, Arthur, 68
Gorfein, Louis, 169
Graham, Frances, 54
Grant, James, 199
Gravidez
    alimentação durante, 84-5,
    112-3
    futuros pais durante, 4-5
    prevenção, 85
Grécia, 109-113
    Parteira grega. *Cf. Doulas*
Green, Morris, 131
Greenhill, Alice, 19
Greenspan, Stanley, 139, 156
Gregory, Betty, 39
Gross, Robert, 121
Guatemala
    amamentação na, 85, 87, 90
    avaliações da NBAS, 86-7
    desenvolvimento e nutrição
    do bebê na, 84-8
Guerra na Bósnia, 199-202
Guerra, crianças e 199-202
Guilhermina (rainha), 112
Guo Di, 100-101
Gusii. *Cf.* Kisii, Quênia

H
Habilidades motoras
    boas, 90, 103
    amplas, 90
    aprendizado,83
    brincadeira e, 91
Hábito, 56
Haggerty, Robert, 42, 128, 130, 131,
133
    em Cracóvia, 185
Harkness, Charles, 90
Harkness, Sarah, 90

Harlow, Harry, 118
Harvard's Center for Cognitive
Studies, 69, 70
Harvard Pediatric Study, 39, 43
Harvard, 70, 90, 109, 131
Hazard, Sprague, 126, 128, 129
Hennessy, Michael, 91
Hiao Cheng, 198
Hill Printing Company, 30
Hipertireoidismo, 10
Holder, Richmond, 42
Hong Kong, 192, 198
Hornstein, John, 147
Hospital da Capital em Pequim,
101
Hospital de Window Rock, 105
Hospital Geral de Washington, 175
Hospital Geral de Xangai, 100-1
Hospital Infantil da Filadélfia, 154
Hospital Infantil de Sydney, 192
Hospital Infantil de Tóquio, 193
Hospital Ramathibodi, 194
Hospitalização
    comportamento e, 122-7
    custos da, 34
    política em relação à família
    e, 117-23
    separação e, 118-9
    visitas de irmãos e, 122-3
Hughes, Mary, 175, 177

I
Ilhas Goto, Japão, 81, 95-8
    nascimento, 96-7
    avaliações da NBAS, 95-8
Imitação de modelo, 84
INCAP. *Cf.* Instituto de Nutrición de
Centro America y Panamá
Incapacidades para o desenvolvi-
mento, 127
Incaparina, 87
Incentivo, 102
Incubação, 69

Individualidade, diferenças individuais, 57, 82
Infants and Mothers: Differences in Development (Brazelton, T. B., II,), 43, 100, 152-4, 157, 205
Insights culturais, 138
    comportamento e, 81-4
Instituto de Nutrición de Centro America y Panamá (INCAP), 85
Intervenção precoce, 127-9, 164, 174, 178, 180, 185, 188, 194
    efeitos do álcool no feto e, 107-8
    prevenção da saúde mental e, 128
Irmãos, 7-10
    em Chiapas, 79-81
    visitas no hospital, 122-3
    rivalidade, 109
    birras e, 167
Itinerantes, apresentações, 149, 172-4

J
James Jackson Putnam Children's Center, 45, 49
Janeway, Charles, 44, 119, 132
Japão, 93-8
    recém-nascidos e vínculos iniciais no, 93-8
    NBAS no, 93-4, 97-8
    Cf. também ilhas Goto, Japão; *locais específicos*
Jarrett, Mary, 175
Jessner, Lucie, 45, 47
Ji Xiao Cheng, 101
Johannesburgo, África do Sul, 189-90
Johnson & Johnson, 174, 188, 189, 193
Journal of Pediatrics (periódico), 42
Judge Baker Children's Center, 133

K
Kagan, Jerome, 83
Kaplan, Sam, 45
Katz, Sam, 42
Kawasaki, Chisato, 97, 98
Keefer, Constance, 90
Kelly, Gene, 26
Kennell, John, 42, 67, 111, 126
Kerry, John, 178, 182
Kiehl, Katherine, 39
Kisii, Quênia, 89-91
Klaus, Marshall, 67, 111
Klein, Robert, 85
Kobayashi, Noburu, 93
Koh, Lillian, 198
Koslowski, Barbara, 132, 154
Kotchabhakdi, Nittaya, 194-6
Kwashiorkor, 86

L
Lamaze, Fernand, 66
Lamont, Peggy, 169
Lasher, Miriam, 45
Lawrence, Merloyd, 152, 154, 155
Lawrence, Sam, 152
Le bébé est une personne (programa de TV), 157
Leach, Penelope, 168
Lebovici, Serge, 158
Lei da Educação para Todas as Crianças com Deficiência, 178
Lei da Família e da Licença Médica, 182
Lei Pública 178
Leo, Jackie, 168
Lesão cerebral, 49, 54, 59, 107, 164
Lester, Barry, 65, 134, 155
LeVine, Robert, 84, 89
LeVine, Sarah, 89
Licença para cuidar do bebê, 125-126
    projeto de lei, 67, 178-9
Liederman, Gloria, 90
Liederman, Herbert, 90
Limiar de hipersensibilidade, 51

Limiar de hipossensibilidade, 51
Lind, John, 118
Líquidos com eletrólitos, 40, 65
Loeb, Robert, 32
Logan, Joshua, 26, 28
Lowell, Alfred Putnam, 42
Lowell, Christina. *Cf.* Brazelton,
  Christina Lowell
Lowell, Robert, 43
Lubchenco, Lula, 52, 130

M
MacKeith Press, 71
MacKeith, Ronald, 71
MacDonald, Francis, 39
MacFarlane, Aidan, 70
Machado, Luis, 186
MacNaughton, Dorothy, 45
Mães saudáveis, bebês saudáveis, 176-7, 179
Maginnis, Elizabeth, 119-20
Mahler, Margaret, 69
Mahoney, Margaret, 132
Main, Mary, 132
Mandela, Winnie, 190
Mann, Jeremy, 104
Manrique, Beatriz, 186
March of Dimes, 175-7
Marinatos, Spyros, 109
Massachusetts General Hospital (MGH), 118
  Departamento de Psiquiatria, 45, 47
  residência no, 40-2
  pediatria no, 37
Maury, Elizabeth, 134
May, Charles, 44
McCarthy, Joseph, 39
Mead, Margaret, 73, 161
Melhor desempenho, 51, 56, 60, 63, 64
Merman, Ethel, 28
México, 88
Cf. também locais específicos

MGH. *Cf.* Massachusetts General Hospital
Milam, Jesse, 13
Miller, George, 175, 177, 178, 182
Mitera, 112
Modelo de Ponto de Contato, 147
  alcance, 148-150
  locais, 145
  treinamento, 145-148
  aspectos peculiares, 146
  como mapa universal, 143-5
  Cf. também Brazelton Touchpoints Center
Montagner, Hubert, 160
Montessori, Maria, 19
Morgan, Mary, 163
Movimento ocular rápido, 57
Moynihan, Daniel, 178
Múltiplos, 163-7
Museu de Belas Artes, 110

N
Nadas, Alex, 121
Nathan, David, 125, 131
Nativos americanos, 108, 109
Cf. também Recém-nascidos navajos
Necessidades físicas, 42
Negação, 148
New York Times (jornal), 153
Nova Délhi, Índia, 187-188
Nova Guiné, 73-4
Nova York, 26, 31, 33, 42
Nugent, Kevin, 71, 98, 198, 203
Nutrição
  desenvolvimento do bebê na Guatemala e, 85-90
  desempenho no QI e, 88
  liderança e, 88
  durante a gravidez, 85-6, 112-3
  suplementos para, 85-8

O
O'Karma, Hank, 169-70

Oates, Kim, 194-2
Oberklaid, Frank, 192
Observação, 32
　do comportamento, 125
　pelos pais, 49
Obstrução de acesso, 116
Ogi, Shohei, 98
OMS. *Cf.* Organização Mundial da Saúde
On Becoming a Family (Brazelton, T. B., II), 154
Orfanato
　em Osaka, no Japão, 94
　em Seul, 196
　na África do Sul, 188-9
Organização Mundial da Saúde (OMS), 85
Osofsky, Joy, 159

P
Pablo, Ned, 107-8
Pais, 12, 134
Palestra da Princesa Bonaparte, 158
Panama Hattie (peça), 28
Pais
　adaptação ao nascimento prematuro, 62-3
　adotivos, 199-201
　apoio, 151-2
　culpa e, 45, 46, 116, 152
　livros para, 152-7
　comunicação com, 107-8
　conflitos enfrentados pelos, 116-7
　depressão e, 139
　efeitos da sua participação nos resultados pós-cirurgia cardíaca, 121
　capacitação, 115-6
　como peritos, 138, 146, 148, 151
　defesas contra o sofrimento, 149
　envolvimento, 146
　livros para, 152-7
　NBAS e os novos, 57-9
　observações pelos, 48
　política nos hospitais, 117-23
　presença nos hospitais, 122-3
　prováveis preocupações dos, 138
　revistas e, 161-70
　sinais aprendidos pelos, 58-9
　Cf. também Formação de vínculo
Papéis ligados ao sexo
　em Chiapas, 74, 82-5
　no Quênia, 92
Parent Action, 179
Paris, França, 157, 159-60
Parker, Steven, 163
Parteira, 68
　doulas, 109-10
　maia, 74-76
Parto
　com *doulas*, 109-10
　em Goto, no Japão, 96-7
　maia, 74-6
　medicação e, 61-2, 63-6, 112
　natural, 66, 68
　pontuação de riscos, 49
　recuperação do bebê, 61
　Cf. também Parteira; Bebês prematuros
Parto natural, 66, 68
Paterson, Barbara, 119
Pavenstedt, Eleanor, 45
Penicilina, 42
Pequim, China, 99, 101-4
Pernoud, Laurence, 157, 158
Peterson, Elsa, 51, 52
Piaget, Jean, 19, 144
Plank, Emma, 126
Play, 120
Plooij, Frans, 144

Pobreza, 188-9
Política da família de filho único, 98-100
Porto Rico, 161-2
Prechtl, Heinz, 50, 54, 71
Preconceito, 134, 137
Prêmio Arnold Gesell, 70
Prêmio C. Anderson Aldrich, 130
Prêmio Lula Lubchenco, 130
Prevenção da violência contra crianças, 147
Primeira Igreja Presbiteriana, 21
Primos, 14
Problemas físicos, 128
Programa Bright Futures, 131
Programa Individualizado de Cuidado Evolucionário e Avaliação do Recém-Nascido, 65
Programa nativo para o desenvolvimento motor, 83
Projeção, 148
Provence, Sally, 53-4, 63
Pruett, Kyle, 126
Prugh, Dane, 42, 119, 128
Psicanálise, 40
Psicologia do desenvolvimento, 44
Psiquiatria infantil, 44, 45, 47
Psiquiatria. *Cf.* Psiquiatria infantil
Psychological Care of Infant and Child (Watson), 115
Pulmões, 48-9, 52
Putnam, Marian Cabot, 45

Q
Quigg, Claudia, 181
Quíntuplos, 163

R
Rainbow Babies and Children's Hospital, 126
Rank, Beata "Tola", 45
Rank, Otto, 45
Reação sensorial, 56
   avaliações, 56
   integração, 124-5
   maia, 80
   estado e, 56
   visual e auditiva, 52-4
Reação visual e auditiva, 52-4
Reações do sistema nervoso autônomo, 57, 63, 69
Reagan, Nancy, 175
Rebelião, 80, 103-4
Recém-nascidos maias, 74
   nascimento e, 75-8
   contexto cultural do comportamento, 83-5
   aprendizado, 78-9, 81
   avaliações da NBAS, 82-4
   tranquilidade, 78-81
   reações sensoriais, 80
Recém-nascidos navajo, 104
   síndrome alcoólica fetal e, 107
   avaliações da NBAS, 106-8
Recém-nascidos quenianos, 89-93
Recuperação, 122-3
   bebê, 61
   visão de, 105-6
Redbook (revista), 161, 163, 167
Reflexo de caminhar, 59
Reflexo de Galant, 59
Reflexo tônico do pescoço, 59
Reforço, 113-4
Regressões, 146
Reid, Duncan, 67
Reiner, Rob, 180
Relação criança-pediatra, 26, 27, 141-3
   terapêutica, 150
Relação dos pais com a criança, 39--40, 46, 57, 117, 156
   comunicação na, 60-1
   desenvolvimento e, 47
   inicial, 66-7
   não humana, 94

Relação pais-pediatra, 116-7,127-8, 139, 141-3
  terapêutica, 150
  Pontos de Contato e, 145-6
Repouso rigoroso, 42
Residência
  no Boston Children's Hospital, 41, 125
  no Massachusetts General Hospital, 37
  no Roosevelt Hospital de Nova York, 33
Revistas, 160-9
Rexford, Eveoleen, 45
Rey, H. A., 121
Rey, Margret, 121
Richmond, Julius, 117, 128, 133
Robey, Harriet, 45, 46, 139
Robey, John, 85
Rochester, 130
Rochlin, Gregory, 45-6
Rockefeller, Michael, 73
Romig, Edgar, 40
Roosevelt Hospital em Nova York, 33
Rosenn, Daniel, 133, 136
Ross, John, 161
Ross, Kitty Ball, 161, 168
Ross, Ralph, 43
Roxbury, Massachusetts, 135

S

Salt Lake City, Utah, 172-3
Sambakya, Tom, 196
Sameroff, Arnold, 159
Saúde mental, 130
  intervenção precoce e, 129
  prevenção, 117-8, 128, 130-1
Scheppe, Karl J., 70
Schroeder, Jim, 177
Schroeder, Pat, 175, 177, 180, 182
SDBP. *Cf.* Society for Developmental and Behavioral Pediatrics

Segunda Guerra Mundial, 32-6
Seminário Teológico de Princeton, 40
Senn, Milton, 117, 128, 133
Seul, Coreia do Sul, 196-9
Separação
  precoce, 110-1
  hospitalização e, 118-9
Série Brazelton Way, 157
Série Nacional de Seminários, 172
Serviços de vida infantil, 120, 127
Sherry, Norman, 128
Síndrome da criança vulnerável, 118
Sistema de feedback interno, 144
Sistema de reflexos, 59
Sistema educacional na, 112
Saúde mental, 130
  intervenção precoce e, 128
  prevenção, 117-8, 128, 130-1
Sistema nervoso, sinais de funcionamento normal, 55-9
Sistemas cardíacos, 55-56, 61
Sistemas de feedback, 50-2, 119, 144
Sistemas educacionais, 92, 113-4
  na China, 104
  na Índia, 187-9
Situação de rosto imóvel, 70, 139, 176
Situação neurológica, 46
  identificação de deficiências e, 51
Smith, Gypsy, 21, 22
Sociedade de Pesquisa em Pediatria, 128
Sociedade de Pesquisas, 128
Sociedade de Psicanálise de Boston, 45
Society for Developmental and Behavioral Pediatrics (SDBP), 129
Society for Research in Child Development (SRCD), 99, 101, 131, 139
Soulé, Michel, 158
Soweto, África do Sul, 190

Sparrow, Joshua, 156, 173
Spock, Benjamin, 115, 128, 151, 153
    mensagens de cima para
    baixo, 169
    morte de, 164
    na *Redbook*, 162-3
SPR. *Cf.* Sociedade de Pesquisa em Pediatria
SRCD. *Cf.* Society for Research in Child Development
Stadtler, Ann, 134, 147
Stanford-Binet, exame, 97
Stechler, Gerald, 55
Stevenson, Harold, 104
Stewart, Jimmy, 26-8
Stoianoff, Ellen, 168
Street, Rosalie, 179
Subnutrição, 85-9
Superproteção, 17-8
    doença e, 118-9
Supervisão reflexiva, 133
Surdez, 178

T

"To Be Born in Zinacantan" (Anschuetz), 77
Tagiuri, Connie, 134
Tailândia, 194-6
Talbot, Beatrice, 36
Taylor, Greer, 40, 42
Temperamentos, 51, 57
    espectro de, 47-9
Terapia de pais, 45-6
Teste de Bayley, 75, 97
The Earliest Relationship (Cramer & Brazelton, T. B., II,), 66, 159
"The Emotional Effects of Rheumatic Fever in Children" (Brazelton, T. B., II,), 42
The Family, Can It Be Saved? (Vaughan), 154
The Family: Setting Priorities (Vaughan), 155

The Irreducible Needs of Children (Greenspan & Brazelton, T. B., II,), 156
Thomas, Alexander, 51
Tizzard, Peter, 70-1
To Listen to a Child (Brazelton, T. B., II,), 155
Toddlers and Parents (Brazelton, T. B., II,), 154
Toque, como comunicação, 60-1
Tóquio, Japão, 94
Touchpoints (Brazelton, T. B., II,), 145, 156
Touchpoints: Three to Six (Sparrow & Brazelton, T. B., II,), 157
Trabalho em equipe, 136-7
Treinamento em Pontos de Contato 145
Triangle Club de Princeton, 26, 27
Tronick, Ed, 65, 70, 89, 132, 134, 139
Trozzi, Maria, 173
Tuba City, Novo México, 104-5
Tupelo, Mississippi, 173-4
Tutu, Desmond, 190, 192

U

Ungaro, Susan, 168
Universidade de Atenas, 109
Universidade de Michigan, 104
Universidade de Munique, 70
Universidade de Oxford, 68
Universidade de Princeton, 25
Universidade de Stanford, 74
Universidade de Taegu, 198
Universidade do Colorado, 130
Universidade do Havaí, 130
Universidade do Novo México, 108
Universidade do Texas, Galveston, 29
USS Dale Peterson, 34
UTI neonatal, 53, 65-6

V

Varsóvia, Polônia, 185
Vaughan, Victor, 154

Verdadeiro caminho, 84
Vermeule, Emily, 109
Vesey, Muriel, 120
Visão de recuperação, 105-6
Vogt, Evon, 74, 85

X

Xangai, China, 100-1

W

Waco, Texas, 9
Walters, Barbara, 169
Warren, Beulah, 192
Watson, John, 115
Waugh, Marianne, 192
Weissbourd, Bernice, 179
Wesley, Addison, 155
What Every Baby Knows (programa de TV), 28, 169-71
White, Robert, 144
Wilson, Ursula, 105, 108-9

Window Rock Hospital, 105
Winfrey, Oprah, 169
Winnicott, D. W, 115, 151, 153
Wolff, Peter, 71
Woodruff, Judy, 177
Working and Caring (Brazelton, T. B., II,), 155, 159
Working with Children in Hospitals (Plank), 126

Y

Yale Child Study Center, 53
Yntema, Peggy, 152

Z

Zagreb, Croácia, 199-202
Zero to Three: National Center for Infants, Toddlers, and Families, 131, 146, 177, 205
Zinacantán. *Cf.* Chiapas, México; Recém-nascidos maias

1ª edição fevereiro 2015 | **Fonte** ITC Garamond Std
Papel chambril avena 70g | **Impressão e acabamento** Yangraf